中国国情调研丛书
村庄卷
China's national conditions survey Series
Vol. VIllages

中国国情调研丛书·村庄卷
China's National Conditions Survey Series · Vol. Villages

主 编 蔡 昉
张晓山

无工业村庄现代农业发展之路
——山东良乡一村国情调查报告

Modern Agricultural Development Road
of One Village without Industry
——Shandong's Liangxiang Yi Actual
Situation Survey Report

徐鲜梅 著

中国社会科学出版社

图书在版编目（CIP）数据

无工业村庄现代农业发展之路：山东良乡一村国情调查报告 /
徐鲜梅著 . —北京：中国社会科学出版社，2016.3

（中国国情调研丛书·村庄卷）

ISBN 978 - 7 - 5161 - 7114 - 1

Ⅰ.①无…　Ⅱ.①徐…　Ⅲ.①现代农业 - 农业发展 - 研究报告 -
淄博市　Ⅳ.①F327.525

中国版本图书馆 CIP 数据核字（2015）第 283316 号

出　版　人	赵剑英	
责任编辑	任　明	
责任校对	闫　萃	
责任印制	何　艳	

出　　版	中国社会科学出版社	
社　　址	北京鼓楼西大街甲 158 号	
邮　　编	100720	
网　　址	http://www.csspw.cn	
发 行 部	010 - 84083685	
门 市 部	010 - 84029450	
经　　销	新华书店及其他书店	

印刷装订	北京市兴怀印刷厂
版　　次	2016 年 3 月第 1 版
印　　次	2016 年 3 月第 1 次印刷

开　　本	710×1000　1/16
印　　张	18.5
插　　页	2
字　　数	302 千字
定　　价	65.00 元

凡购买中国社会科学出版社图书，如有质量问题请与本社营销中心联系调换
电话：010 - 84083683

总　序

为了贯彻党中央的指示，充分发挥中国社会科学院思想库和智囊团作用，进一步推进理论创新，提高哲学社会科学研究水平，2006 年中国社会科学院开始实施"国情调研"项目。

改革开放以来，尤其是经历了近 30 年的改革开放进程，我国已经进入了一个新的历史时期，我国的国情发生了很大变化。从经济国情角度看，伴随着市场化改革的深入和工业化进程的推进，我国经济实现了连续近 30 年的高速增长。我国已经具有庞大的经济总量，整体经济实力显著增强，到 2006 年，我国国内生产总值达到 209407 亿元，约合 2.67 万亿美元，列世界第四位；我国经济结构也得到优化，产业结构不断升级，第一产业产值的比重从 1978 年的 27.9% 下降到 2006 年的 11.8%，第三产业产值的比重从 1978 年的 24.2% 上升到 2006 年的 39.5%；2006 年，我国实际利用外资为 630.21 亿美元，列世界第四位，进出口总额达 1.76 万亿美元，列世界第三位；我国人民生活水平不断改善，城市化水平不断提升。2006 年，我国城镇居民家庭人均可支配收入从 1978 年的 343.4 元上升到 11759 元，恩格尔系数从 57.5% 下降到 35.8%，农村居民家庭人均纯收入从 133.6 元上升到 3587 元，恩格尔系数从 67.7% 下降到 43%，人口城市化率从 1978 年的 17.92% 上升到 2006 年的 43.9% 以上。经济的高速发展，必然引起国情的变化。

我们的研究表明，我国的经济国情已经逐渐从一个农业经济大国转变为一个工业经济大国。但是，这只是从总体上对我国经济国情的分析判断，还缺少对我国经济国情变化分析的微观基础。这需要对我国基层单位进行详细的分析研究。实际上，深入基层进行调查研究，坚持理论与实际相结合，由此制定和执行正确的路线方针政策，是我们党领导革命、建设与改革的基本经验和基本工作方法。进行国情调研，也必须深入基层，只有深入基层，才能真正了解我国国情。

为此，中国社会科学院经济学部组织了针对我国企业、乡镇和村庄三类基层单位的国情调研活动。据国家统计局的最近一次普查，到 2005 年年底，我国有国营农场 0.19 万家，国有以及规模以上非国有工业企业 27.18 万家，建筑业企业 5.88 万家；乡政府 1.66 万个，镇政府 1.89 万个，村民委员会 64.01 万个。这些基层单位是我国社会经济的细胞，是我国经济运行和社会进步的基础。要真正了解我国国情，必须对这些基层单位的构成要素、体制结构、运行机制以及生存发展状况进行深入的调查研究。

在国情调研的具体组织方面，中国社会科学院经济学部组织的调研由笔者牵头，第一期安排了三个大的长期的调研项目，分别是"中国企业调研""中国乡镇调研"和"中国村庄调研"。"中国乡镇调研"由刘树成同志和吴太昌同志具体负责，"中国村庄调研"由张晓山同志和蔡昉同志具体负责，"中国企业调研"由笔者和黄群慧同志具体负责。第一期项目时间为三年（2006—2008 年），每个项目至少选择 30 个调研对象。经过一年多的调查研究，这些调研活动已经取得了初步成果，分别形成了《中国国情调研丛书·企业卷》《中国国情调研丛书·乡镇卷》和《中国国情调研丛书·村庄卷》。今后这三个国情调研项目的调研成果，还会陆续收录到这三部书中。我们期望，通过《中国国情调研丛书·企业卷》《中国国情调研丛书·乡镇卷》和《中国国情调研丛书·村庄卷》这三部书，能够在一定程度上反映和描述 21 世纪初期在工业化、市场化、国际化和信息化的背景下，我国企业、乡镇和村庄的发展变化。

国情调研是一个需要不断进行的过程，今后我们还会在第一期国情调研项目的基础上将这三个国情调研项目滚动开展下去，全面持续地反映我国基层单位的发展变化，为国家的科学决策服务，为提高科研水平服务，为社会科学理论创新服务。《中国国情调研丛书·企业卷》《中国国情调研丛书·乡镇卷》和《中国国情调研丛书·村庄卷》这三部书也会在此基础上不断丰富和完善。

陈佳贵

2007 年 9 月

编 者 的 话

　　2006 年中国社会科学院开始启动和实施"国情调研"项目。中国社会科学院经济学部组织的调研第一期安排了三个大的长期调研项目，分别是"中国企业调研"，"中国乡镇调研"和"中国村庄调研"。第一期项目时间为三年（2006—2008 年），每个项目至少选择 30 个调研对象。

　　经济学部国情调研的村庄调研工作由农村发展研究所和人口与劳动经济研究所牵头，负责组织协调和从事一些基础性工作。农发所张晓山同志和人口与劳动经济研究所的蔡昉同志总体负责，工作小组设在农发所科研处，项目资金由农发所财务统一管理。第一期项目（2006—2008 年）共选择 30 个村庄作为调研对象。2010 年，在第一期国情调研村庄项目的基础上，中国社会科学院经济学部又组织开展了第二期国情调研村庄项目。第二期项目时间仍为三年（2010—2012 年），仍选择 30 个村庄作为调研对象。

　　农发所、人口与劳动经济研究所以及中国社会科学院其他所的科研人员过去做了很多村庄调查，但是像这次这样在一个统一的框架下，大规模、多点、多时期的调查还是很少见的。此次村庄调查的目的是以我国东中西部不同类型、社会经济发展各异的村庄为调查对象，对每个所调查的村庄撰写一部独立的书稿。通过问卷调查、深度访谈、查阅村情历史资料等田野式调查方法，详尽反映村庄的农业生产、农村经济运行和农民生活的基本状况及其变化趋势、农村生产要素的配置效率及其变化、乡村治理的现状与变化趋势、农村剩余劳动力转移的现状与趋势、农村社会发展状况等问题。调研成果一方面旨在为更加深入地进行中国农村研究积累村情案例资料和数据库，另一方面旨在真实准确地反映30多年来中国农村经济变迁的深刻变化及存在的问题，为国家制定科学的农村发展战略决策提供更有效的服务。

为了圆满地完成调查，达到系统翔实地掌握农村基层经济社会数据的预定目标，工作小组做了大量的工作，包括项目选择、时间安排、问卷设计和调整、经费管理等各个方面。调查内容包括"规定动作"和"自选动作"两部分，前者指各个课题组必须进行的基础性调查，这是今后进行比较研究和共享数据资源的基础；后者指各个课题组从自身研究兴趣偏好出发，在基础性调查之外进行的村庄专题研究。

使用统一的问卷，完成对一定数量农户的问卷调查和对调查村的问卷是基础性调查的主要内容，也是确保村庄调查在统一框架下开展、实现系统收集农村基本经济社会信息的主要途径。作为前期准备工作中最重要的组成部分之一，问卷设计的质量直接影响到后期分析和项目整体目标的实现。为此，2006年8月初，农发所组织所里各方面专家设计出调查问卷的初稿，包括村调查问卷、调查村农户问卷等。其中，村问卷是针对调查村情况的详细调查，涉及村基本特征、土地情况、经济活动情况、社区基础设施与社会服务供给情况等十三大类近500个指标；农户问卷是对抽样农户详细情况的调查，涉及农户人口与就业信息、农户财产拥有与生活质量状况、教育、医疗及社会保障状况等九大类，也有近500个指标。按照计划，抽样方法是村总户数在500户以上的抽取45户，500户以下的抽取30户。抽样方法是首先将全村农户按经济收入水平分为好、中、差三等分，然后在三组间平均分配抽取农户的数量，各组内随机抽取。问卷设计过程中，既考虑到与第二次农业普查数据对比的需要，又汲取了所内科研人员和其他兄弟所科研人员多年来的村庄调查经验，并紧密结合当前新农村建设中显露出来的热点问题和重点问题。问卷初稿设计出来之后，农发所和人口与劳动经济研究所的科研人员共同讨论修改，此后又就其中的每个细节与各课题组进行了集体或单独的讨论，历时半年，经过四五次较大修改之后，才定稿印刷，作为第一期村庄调研项目统一的农户基础问卷。

在第二期村庄调研项目启动之前，根据第一期调研中反映出来的问题，工作小组对村和农户问卷进行了修订，以便更好地适应实际调研工作的需要。今后，还将随着农村社会经济形势的发展，本着"大稳定、小调整"的原则，对问卷内容继续进行修订和完善。

在项目资金方面，由于实行统一的财务管理，农发所财务工作的负担相对提高，同时也增加了管理的难度，工作小组也就此做了许多协调工作，保障了各分课题的顺利开展。

到 2010 年 7 月为止，第一期 30 个村庄调研已经结项 23 个；每个村庄调研形成一本独立的书稿，现已经完成 11 部书稿，正在付梓印刷的有 5 部。第一期村庄调查形成的数据库已经收入 22 个村 1042 户的基础数据。

国情调研村庄调查形成的数据库是各子课题组成员共同努力的成果。对数据库的使用，我们有以下规定：（1）数据库知识产权归集体所有。各了课题组及其成员，服务于子课题研究需要，可共享使用数据资料，并须在相关成果关于数据来源的说明中，统一注明"中国社会科学院国情调研村庄调查项目数据库"。（2）为保护被调查人的权益，对数据库所有资料的使用应仅限于学术研究，不得用于商业及其他用途；也不得以任何形式传播、泄露受访者的信息和隐私。（3）为保护课题组成员的集体知识产权和劳动成果，未经国情调研村庄调查项目总负责人的同意和授权，任何人不得私自将数据库向课题组以外人员传播和应用。

国情调研是中国社会科学院开展的一项重大战略任务。其中村庄调研是国情调研的重要组成部分。在开展调研四年之后，我们回顾这项工作，感到对所选定村的入户调查如只进行一年，其重要性还显现得不够充分。如果在村调研经费中能拨出一部分专项经费用于跟踪调查，由参与调研的人员在调研过程中在当地物色相对稳定、素质较高、较认真负责的兼职调查员，在对这些人进行培训之后，请这些人在此后的年份按照村问卷和农户问卷对调查村和原有的被调查的农户开展跟踪调查，完成问卷的填写。坚持数年之后，这个数据库将更具价值。

在进行村调研的过程中，也可以考虑物色一些有代表性的村庄，与之建立长远的合作关系，使它们成为中国社会科学院的村级调研基地。

衷心希望读者对村庄调研工作提出宝贵意见。也希望参与过村庄调研的同志能与大家分享他们的经验，提出改进工作的建议。让我们共同努力，把这项工作做得更好。

编者　2010 年 7 月 28 日

内容简介

　　"经济学在迅速发展自身的逻辑分析工具和数学描述语言的今天，田野调研仍然是中国社会科学重要研究方法之一"。"无工不富"尚未给"无农不稳"留下"多少余地"，却以"压倒性"的优势成了 20 世纪 90 年代"中国经济发展道路"的"代言"。中国无数新兴工业城市的崛起和无数村庄农业工业化的"暴富"不仅继续转移了"农村剩余"，而且给"无工不富"注入新的"要素活力"。

　　伴随着首席村主任赵波的到来和第一书记徐勇的"加盟"，山东青岛胶州里岔镇良乡一村——"里岔黑猪"繁育基地、杏鲍菇农产品生产地，吹响了"无工业村庄现代农业发展革命"的号角，大胆并审慎地踏上了现代农业发展新征程，努力探索和尝试"中国农村建设新道路"。

　　本书基于实地调查与翔实的数据，从历史与发展视角及逻辑秩序，以"农业内在生长、农村内生变量、农民自主发展"为基准点（Benchmark）或参照系（Reference），围绕"现代农业发展"这条轴线，对"良乡一村"的建设全貌、全程，以及生产要素、产业活动、市场化度、生活状态、福利水平等主要方面进行分析和描述，包括新村建设设想，农业产业化基础设施，职业农民培育设计，村庄资源、资产、资本及劳动力状况与市场化进程测度等；重点对其发展思路特点、农民创业增收路径、土地要素配置手法和农产品市场竞争力等核心问题进行剖析。

　　良乡一村现代农业发展实践及土地整治新思路新尝试，颇有突破、创意和时代特征，一定程度上彰显出了中国农业现代化路径的特殊性、新农村建设的示范性和现代农业发展的启示性；展示了中国绝大多数农村可借鉴的发展路径——在其新型城镇化道路上，鼓励企业家参与农村发展，倡导"村企联盟"，"选派第一书记下乡"，以及从财力反哺农业单条腿扶农扩展到人才智能助农"双条腿走路"的制度安排，具体体现了习近平总书记关于"农村绝对不能成为荒芜的农村，乡村建设不能靠'涂脂抹粉'""要把生态文明理念和原则全面融入城镇化全过程，走集约化、智能、特色、低碳的新型城镇化道路"等农村发展战略思想。

前　言

> 对直接经验的解释是任何思想得以成立的唯一依据，而思想的起点是对这种经验的分析观察。
>
> ——怀特黑德《过程与现实》

行政村是中国村民自治的基本单位，发挥着组织农民建设、农户生活和农业生产的功能。费孝通、黄宗智、杜赞奇、彭慕兰和阎云翔等是研究中国村庄的代表人物，且颇有成就。费孝通的村庄研究成果（江村经济）被认为是应用社会学和人类学的宪章。[①] 他从社会学和人类学视角，调查剖析了江村（开弦弓村），从乡村生活、农业经济、农民人口利益与需求中寻找文化基础元素。并指出：中国越来越迫切需要这种知识，因为这个国家再也承担不起因失误而损耗任何财富和能量。此外，对形势或情况的不准确的阐述或分析，不论是故意或是无意，对这个群体均是有害的。它可能会导致令人失望的后果——预先假设了不存在的力量或是忽视了前进道路上的障碍。[②]

黄宗智对华北小农经济的研究也可堪称研究经典。他指出：任何人如果试图把中国的实际情况等同于其中任一理论模式（舒

---

① 布·马林诺斯基：《费孝通江村经济（序）》，内蒙古人民出版社 2010 年版，第 4 页。

② 费孝通：《江村经济》，内蒙古人民出版社 2010 年版，第 14 页。

尔茨的理性小农理论与恰亚诺夫的道义经济理论）就会误入歧途。[①] 并将实体主义与形式主义结合起来，继承了理性小农和道义小农理论的基础上，提出了理解小农的"第三条道路"，开宗明义地描述了中国小农的综合特征——中国小农既不完全是恰亚诺夫等实体主义者笔下的生计生产者，也不完全是舒尔茨和波普金等形式主义者所描述的追逐利润最大化的理性小农。小农作为一个阶级社会和政治体系下的成员，既是自给自足的单位，又可以是市场生产者。[②]

近几年，在宏观政策和特殊语境下，中国村庄研究再度成为热点，且出现了多维度、多视角的研究成果。其中，中国社会科学院经济学部组织的，并由农村发展研究所张晓山教授和人口与劳动经济研究所蔡昉教授总体负责的《中国国情村庄调研》最具代表性。笔者有幸再度成为中国国情村庄调研项目的一员，并承担山东省青岛市胶州里岔镇良乡一村的调研任务。

（一）

"无工不富"尚未给"无农不稳"留下"多少余地"，却以"压倒性"的优势成了 20 世纪 90 年代"中国经济发展道路"的"代言"。长江三角洲和珠江三角洲的经济迅速增长和财富的骤增进一步"捍卫"了"无工不富及其唯工业论思想"在中国经济发展进程中的"霸主地位"。作为国家粮食安全战略选择的"南粮北调"向"北粮南调"的转移事实表明了中央政府对"现行工业化、城市化发展路径选择"的肯定态度，同时折射出了"中央政府"与"地方政府"关系的"新格局"，使"无工不富"的影响如虎添翼。中国无数新兴工业城市的崛起和无数村庄农业工业化的"暴富"不仅继续转移了"农村剩余"，而且给"无工不富"注入新的"要素

---

① 黄宗智：《长江三角洲小农家庭与乡村发展》，中华书局 2000 年版。
② 黄宗智：《华北的小农经济与社会变迁》，中华书局 1986 年版。

活力"。

在"无工不富及其唯工业化"思想势力的"围剿"下，人们开始关注和反思，"中国 GDP 增长和财富积累"道路选择是否存在与"无工不富及其唯工业化"不同的"路径"？农业、农村和农民"内增、内生、自主"的现代农业发展是否可能？"工业农业化，利用工业技术设备和先进管理思想武装农业，无工业的村庄发展"是否可行？

伴随着首席村主任赵波①的到来和第一书记徐勇②的"加盟"，山东青岛胶州里岔镇良乡一村，"里岔黑猪"繁育基地、杏鲍菇农产品生产地，吹响了"无工业乡村现代农业发展革命的号角"，大胆并审慎地踏上了现代农业发展新征程，努力探索和尝试"中国农村建设新道路"。

调研发现，良乡一村的"现代农业发展新视野规划，村庄治理策略愿景，可用资源要素配置手法，村委新班子的革新思想"，以及所凸显出来的现代农业发展路径的市场性，当代村庄建设的文化性和时代农民能力培育的迫切性等增量元素和增值变量，值得全面挖掘和系统剖析，并载入国情村庄史册。

(二)

调研结论表明，良乡一村无工业现代农业发展实践蕴含着中国

---

①　赵波首席主任：青岛里岔黑猪繁育基地董事长、将"里岔黑"国家级猪种资源"抢救性保护、进入市场、推向高端"的第一人，胶州市东宝制衣有限公司和青岛天泽皮革制品有限公司法人代表，2010 年 4 月，作为青岛市胶州组织部"能人治村工程"项目的一员成为良乡一村村主任。2010 年山东省青岛市胶州市组织部启动和实施了"能人治村工程"，推荐和选拔有经济实力且在当地有影响力的能人、企业家回村带动村庄发展，详见关于实施"千名能人"培养工程加强村党组织书记后备干部队伍建设的意见（胶组发〔2009〕38 号）。

②　第一书记徐勇：青岛市委宣传部驻村干部、曾是海军航空部队的副师长、工程学硕士、管理学博士。2012 年青岛市组织部以"下基层、访民情、办实事、转作为"为基调，从市直属机关选派 92 名干部驻村担任"第一书记"，详见《青岛市党政机关干部深入基层联系服务群众活动实施方案》（青组〔2012〕6 号）和《青岛市村党组织"第一书记"选派管理办法》（青组〔2012〕43 号）。

首席主任赵波（右）

第一书记徐勇照片（中）

村庄建设转型发展路径的现实性和示范性，不仅关系到"谁来治村、谁在治村、谁会治村"的价值取向和社会导向问题，势必关乎中国"三农"内生资源要素酵母、孕育和高效配置，以及农村经济发展实质和现代农业发展路径范式的问题。

主任、书记肩并肩奔向现代农业发展之路

张晓山教授认为，良乡一村现代农业发展实践经验展示了中国绝大多数农村可借鉴的发展路径，在其新型城镇化道路上，鼓励企业家参与农村发展、倡导"村企联盟""选派第一书记下乡"，从财力反哺农业单条腿扶农扩展到人才智能助农反哺农业"双条腿走路"的制度安排。具体体现了习近平总书记关于"中国的粮食安全要靠自己，农村绝对不能成为荒芜的农村，乡村建设不能靠'涂脂抹粉'"，"要把生态文明理念和原则全面融入城镇化全过程，走集约化、智能、特色、低碳的新型城镇化道路"等农业和农村经济发展战略思想。

良乡一村"当代新村建设设想""现代农业发展思想""村庄治理试错性策略""三农持续发展新秩序""资源要素配置新思维"和"职业农民培育新概念"，以及"小有良教、老有颐养、病有好医、住有宜居、技有所用、劳有所得"的农民福利机制和人地剥离及货币化市场配置农地确权实践，颇具有经验性和启发性意义。

在良乡一村治理团队看来，中国新农村建设之所以步履艰难，未能获得预期效果，问题的关键就在于未能按照"三农"的内在逻辑程序进行制度安排和资源市场配置。并认为，中国"三农"问题归根结底正是"现代农业发展"问题，农业问题解决了，农村问题也就随之解决，从而农民问题迎刃而解。农民关心的是实惠和利益，而农业产业发展是农民收入的源泉；农民关注的是城乡差别与城乡不平等待遇问题，只要农村环境改善了，城乡差距缩短了，福利待遇增加了，有更宽的就业机会可供选择，有更多的公共产品可以分享，农民也就满意了。这一切均有赖于发展现代农业产业和建设新型农村。

良乡一村的"土地整治与配置"思路和办法，颇有突破、创意和时代特征，包含着合规律、合逻辑的地权"元素"，一定程度上影射出了中国农村土地制度的特殊性与农民土地权益的复杂性。在"土地承包关系长久不变"思想指导下，以农民为单位，按其经营能力、职业水平与年龄，把村民划分为：耕作农民、务工农民、技术农民、经营农民和其他农民（不耕作者、缺乏技能者和无业者等），以及60岁以上者和60岁以下者，从而以货币化为载体，将"土地与农民"进行剥离，实行"集体所有、分类经营"的土地耕作制度。

（三）

村情统计调查数据显示，截至2012年年末，良乡一村共有人口548人，其中，男性271人占49.45%，女性277人占50.55%。16岁以下75人占13.69%，16—25岁83人占15.15%，26—35岁68人占12.41%，36—45岁87人占15.86%，46—60岁141人占25.73%，60岁以上94人占17.16%。全村劳动力335人，占全村人口（548人）的61.13%，其中，16—60岁的309人，占劳动力的92.24%。在劳动力（309人）人口中，务农人员比重为53.72%（166人），其中女性务农人员占45.78%（76人），经商人员比重为10.68%（33人），打工人员比重为35.60%（110），其中女性打工人员占48.18%（35人）。全村初中至大学的在校学生人数64

人，其中，初中 17 人占 26.56%，高中 35 人占 54.69%，大学生 12 人占 18.75%，女性大学生 8 人占 66.67%。

全村土地面积 1160.6 亩，其中，耕地面积 1020 亩（水浇地 100%），居民用地 63.6 亩，公共设施用地 3.4 亩，交通用地 47.5 亩，商业建设用地 26.1 亩。农户承包耕地面积 1020 亩，由 140 户农户承包经营。其中，承包耕地面积 5 亩及以下的农户 60 户、占 42.86%，合计 130 亩、占 12.75%；6—10 亩的农户 46 户、占 32.86%，合计 320 亩、占 31.37%；11—20 亩的农户 24 户、占 17.14%，合计 270 亩、占 26.47%；21—40 亩的农户 8 户、占 5.71%，合计 180 亩、占 17.65%；41 亩及以上的农户 2 户、占 1.43%，合计 120 亩、占 11.76%。经营面积 1145.15 亩，耕地流转面积 641.1 亩，其中，流转入面积 419.3 亩、占 65.40%，流转出面积 221.8 亩、占 34.60%。

2012 年，全村生产总值 2000 万元，其中，第一产业增加值 1000 万元、占 50.0%，第三产业增加值 1000 万元、占 50.0%。全村农户（140 户）家庭总收入 1166.77 万元，其中，经营性收入 669.33 万元、占 57.37%，工资性收入 416.31 万元、占 35.68%，财产性收入 23.37 万元、占 2.0%，转移性收入 57.76 万元、占 4.95%。其中，高收入户家庭收入总额 457.69 万元、占 39.22%，户均 16.35 万元，最高收入户 62.96 万元，最低收入户 11.08 万元；次高收入户家庭收入总额 281.43 万元、占 24.12%，户均 10.05 万元，最高收入户 11.07 万元，最低收入户 9 万元；中等收入户家庭收入总额 224.86 万元、占 19.27%%，户均 8.03 万元；次低收入户家庭收入总额 148.83 万元、占 12.76%，户均 5.32 万元；低收入户家庭收入总额 53.96 万元、占 4.63%，户均 1.93 万元。

截至 2012 年年末，全村电力用户、电话用户和自来水用户均达到 100%；新农合农户参合率 100%；参加农村养老保险的农户比重 89.29%。村小学教职工中，本科文化程度的教师比重为

34.78%，专科的比重为 26.09%，中专及以下的比重为 39.13%。

（四）

户情调查数据显示，2012 年，良乡一村调查户（50 户）家庭总收入 451.97 万元，其中，经营性收入 296.83 万元、占 65.67%，工资性收入 131.01 万元、占 29.0%，财产性收入 5.91 万元、占 1.3%，转移性收入 18.22 万元、占 4.03%。家庭消费总支出 281.50 万元，其中，经营费用支出 147.97 万元、占 54.03%，生活消费支出 121.75 万元、占 41.91%，财产性支出 1.29 万元，转移性支出 10.49 万元、占 3.61%。家庭纯收入总额 304 万元，其中，经营性收入 148.86 万元、占 48.97%，工资性收入 131.01 万元、占 43.1%，财产性收入 5.91 万元、占 1.94%，转移性收入 18.22 万元、占 5.99%。其中，高收入户家庭纯收入总额 121.86 万元、占 40.09%，户均 12.19 万元，最高收入户 22.96 万元，最低收入户 9.24 万元；次高收入户家庭纯收入总额 7.36 万元、占 24.22%，户均 7.36 万元，最高收入户 8.43 万元，最低收入户 6.43 万元；中等收入户家庭纯收入总额 53.06 万元、占 17.45%，户均 5.31 万元，最高收入户 6.22 万元，最低收入户 4.44 万元；次低收入户家庭纯收入总额 37.61 万元、占 12.37%，户均 3.76 万元，最高收入户 4.41 万元，最低收入户 3.25 万元；低收入户家庭纯收入总额 17.85 万元、占 5.87%，户均 1.78 万元，最高收入户 3.05 万元，最低收入户 0.55 万元。

2012 年，良乡一村调查户农民人均纯收入 14541.5 元，比全国农户同期农民人均纯收入 7917 元的水平高 83.67 个百分点，人均最高纯收入 45920 元，人均最低纯收入 2760 元。其中，高收入组人均纯收入 28107.3 元，比全国同比 19009 元的水平高 47.86 个百分点；次高收入组人均纯收入 16323.2 元，比全国同比 10142 元的水平高 60.95 个百分点；中等收入组人均纯收入 12877.6 元，比全

国同比 7041 元的水平高 82.89 个百分点；次低收入组人均纯收入
9595.3 元，比全国同比 4807 元的水平高 99.61 个百分点；低收入
组人均纯收入 5804 元，比全国同比 2316 元的水平高 1.51 倍。

　　2012 年，良乡一村调查户农民人均生活消费支出 6046 元，比
全国农户同期农民人均活消费支出 5908 元的水平高 2.34 个百分
点，人均最高生活消费 16684.8 元，人均最低生活消费 2236.3 元。
其中，高收入组人均生活消费 11310 元，比全国同比 10275 元的水
平高 62.38 个百分点；次高收入组人均生活消费 6854.8 元，比全
国同比 6924 元的水平低 0.99 个百分点；中等收入组人均生活消费
5414.5 元，比全国同比 5430 元的水平低 0.29 个百分点；次低收入
组人均生活消费 4138.7 元，比全国同比 4464 元的水平低 7.29 个百
分点；低收入组人均生活消费 2236.3 元，比全国同比 3742 元的水
平低 40.24 个百分点。其中，食品消费比重为 44.4%，衣着比重为
7.43%，居住比重为 17.61%，交通通信比重为 8.18%，医疗保健
比重为 9.57%，家用设备比重为 3.27%，文教娱乐比重为 8.17%
和其他比重为 1.37%。

（五）

　　在无工业现代农业发展命题下，中国"圈地运动"的经济学意
义何在？农业职业农民如何培育？"政府、企业、农民"如何有效
联动？哈耶克指出："一个致富得势的世界胜过得势而致富的世
界。"同理，"企业家成为村主任所治理的村庄势必普遍优于村主任
成为企业家所治理的村庄"。"谁在治村、谁能治村"是中国村庄
建设转型与市场化发展进程中最重要的问题之一。这不仅关系到村
庄自身的发展，且关系到"三农"整体的发展，甚至关系到中国村
庄的生死存亡。"市场起决定性作用"的政策指示中，包含着"市
场作为一种特殊社会资源""市场作为一种配置工具""市场作为
一种农业发展路径"的内涵及意义。在资源要素中，人力资源最为

重要，是一切其他要素作用的关键和核心。在现代资源市场配置理念和现代农业发展战略框架下，山东省青岛市、胶州市组织部启动和实施了"能人治村工程项目"①和"第一书记现代农业发展举措"②，其效果如何、能否仿效和推广，备受关注。

本村庄调研，从"第三方、研究者"的角度，选择良乡一村进行调研、考量和测度。结论表明：第一，行政村作为中国农村基层自治的基本单位及其组织村民生存、生产和生活的性质和功能，决定了"能人治村工程项目"和"第一书记现代农业发展举措"实施的必要性；第二，中国农业现代化路径的特殊性、新农村建设的示范性和现代农业发展的启示性等客观需求决定了"能人治村工程项目"和"第一书记现代农业发展举措"实施的可行性；第三，"市场决定性作用"的政策基调，决定了"能人治村工程项目"和"第一书记现代农业发展举措"下，所产生的首席主任和第一书记，在土地、资金、劳动力、技术和信息等市场要素配置过程中，呈现出思维、策略和方式的特色性，拥有"普通"村干部难以拥有的资源条件的现实意义；第四，中国村庄现代农业规模化、产业化发展要求决定了企业家、能人和文人治村所彰显出来的精神意志、宽阔视野和运思方式的重要性；第五，退休延迟制度思想动议，决定了二线领导人在村庄文化建设转型中所具有的丰富经验和优良作风等作用及贡献。

---

① 2010 年，山东省青岛市胶州市组织部启动和实施了"能人治村工程"，推荐和选拔有经济实力且在当地有影响力的能人、企业家回村带动村庄发展。详见关于实施"千名能人"培养工程加强村党组织书记后备干部队伍建设的意见（胶组发〔2009〕38 号）。

② 2012 年，青岛市组织部以"下基层、访民情、办实事、转作为"为基调，从市直属机关选派 92 名干部驻农村担任"第一书记"。详见《青岛市党政机关干部深入基层联系服务群众活动实施方案》（青组〔2012〕6 号）和《青岛市村党组织"第一书记"选派管理办法》（青组〔2012〕43 号）。

目　　录

第一章

分析框架

只在量的方面寻求各个对象的一切差别和一切规定性，这是最有害的成见之一。量只会表明自身是一种（可增可减的）可能性，而我们对于这种增减的必然性也会缺乏认识。但是，在我们的逻辑发展的道路上，不仅量是作为自己规定自己的思维的一个阶段得出来的，而且事实也表明在量的概念里就有全然超出自身的含义，因而我们在这里不仅要研究一种可能的东西，而且要研究一种必然的东西。①

——黑格尔

我积累起惊人的数量，用千百万堆成群山重峦，我把时间加在时间之上，把世界垒到世界之上，当我从可怕的高峰，用眩晕的眼再仰望您的时候：这个数量的全部乘幂，就是再增大万千倍，还是不及您的一部分。（可是）我摆脱它们的纠缠，您整个儿呈现在我面前。②

——哈勒尔

---

① 黑格尔：《逻辑学：哲学全书·第一部分》，人民出版社 2002 年版，第 196、202 页。

② 同上书，第 203 页。

回顾我们党的发展历程可以清楚地看到，什么时候全党从上到下重视并坚持和加强调查研究，党的工作决策和指导方针符合客观实际，党的事业就顺利发展。①

————习近平

一　方法视角

实地调查和深度访谈一直是社会科学普遍适用的最基础的研究方法之一，且是一个优良的学术传统。"这种小范围的深入实地的调查（村庄调查），对当前中国经济问题宏观的研究是一种必要的补充。在分析这些问题时，它将说明地区因素的重要性并提供实事例子。这种研究也将促使我们进一步了解传统经济背景的重要性及新的动力对人民日常生活的作用。"② 中国越来越迫切需要这种知识，因为这个国家再也承担不起因失误而损耗任何财富和能量。此外，对形势或情况的不准确的阐述或分析，不论是故意或是无意，对这个群体均是有害的。它可能会导致令人失望的后果——预先假设了不存在的力量或是忽视了前进道路上的障碍。③ 习近平（2011）同志甚至将"调查研究"的重要性提高到"关系到党和人民事业得失成败的大问题"的高度。"回顾我们党的发展历程可以清楚地看到，什么时候全党从上到下重视并坚持和加强调查研究，党的工作决策和指导方针符合客观实际，党的事业就顺利发展。"④

（一）视角与深度访谈

访谈不仅是一种能力，也是一种视角、价值取向和思维方式。

---

① 习近平：《谈谈调查研究》，《党建研究》2011 年第 12 期。
② 费孝通：《江村经济》，内蒙古人民出版社 2010 年版，第 13 页。
③ 同上书，第 14 页。
④ 习近平：《谈谈调查研究》，《党建研究》2011 年第 12 期。

良乡一村调研者长期致力于国情村庄调查，积累了丰富的经验，也形成了相对成熟的访谈方法和体例。

本研究报告基于实地调查与翔实数据，抱予客观的态度，从历史与发展视角及逻辑秩序，以"农业内在生长、农村内生变量、农民自主发展"为基准点（Benchmark）或参照系（Reference），围绕"现代农业发展实践"主线，对"良乡一村"的建设全貌及其生产、市场与农民福利等主要方面进行调查、分析和描述，包括新村建设设想、农业产业化基础设施、职业农民培育设计、村庄"三资"（资源、资产、资本）及劳动力状况与市场化进程（程度）测度等。重点对其发展思路特点、农民就业创业增收路径、土地资源要素配置手法和农产品市场竞争力等核心问题进行剖析。

（二）任务与承担情况

本报告在中国社会科学院国情村庄调研统一目标框架下，从多维、动态和发展的视角，即，"村情、民情、户情"三维度，"整体与分层、自上与自下"多层面，"经济、社会、文化"和"历史、现在、未来"广视角，进行调查和收集素材，并在翔实教材的基础上，进行梳理、归纳和描述。

本报告调研历时23个月（2013年4月18日—2015年3月24日），六次往返和34人次，主要由徐鲜梅、赵伯强、张晓艳、钱青青、朱思柱、伽红凯、陈康、李沐楠、赵波、徐勇、丁志德、黄新光等完成。村情问卷，由徐鲜梅、赵波、赵伯强、徐勇和黄新光等完成。户情问卷，由张晓艳、钱青青、朱思柱、伽红凯、陈康、李沐楠、徐鲜梅和赵伯强等完成；深度访谈，由徐鲜梅、丁志德、张晓艳、钱青青、朱思柱、伽红凯、陈康等完成。

张晓艳做户情调查

伽红凯做户情调查

钱青青做户情调查

朱思柱做户情调查

陈康做户情调查

调研座谈会

二 报告结构

本研究报告从"区域、村庄、村组"和"社情、村情、民情","资源、要素、变量"和"产业专业化、经营规模化、农艺科学化、发展持续化"等多层次、多维度,对"良乡一村"进行调查和剖析,遵循其内在发展规律,以及"设想·设计·设施→制度·组织·治理→实验·行动·路径→调查·测度·评估→经验·价值·影响"逻辑秩序,再现良乡一村无工业现代农业发展实践的道路和经验。

全书共分为"村情分析、户情梳理、经验解释、价值研判"四个部分十四章四十五节。第一章,分析框架。重点阐述了调研方法和报告结构,并对样本选择进行简要说明,包括对数据素材来源的介绍。第二章,村庄简史。从文化、人口、交通等三个层面对村庄的历史进行回顾及梳理,力求真实,这是分析的基础(本章主要由山东省青岛市委讲师团良乡一村第一书记黄新光整理和编辑)。第三章,发展困境。从资源、条件、路子等方面调查了解"村庄现代农业发展"前所存在的限制和困境,这是全书分析的基点。第四章至第五章,从"思想、视野、方案、行动"等方面进行调查分析,揭示和诠释"无工业现代农业发展"新路径的含义和理念,包括村庄建设策略和治理机制。

第六章至第八章,主要是对全村全新生产率要素(土地确权、资本融通、人力培育等)的创新突破与市场配置效率进行分析和描述,这是全书的核心内容。第九章,产业活动。主要从"粮食、猪业和蔬菜"的主要方面(产量、销量、价格等),对全村的农产品发展与市场竞争力状态进行分析和描绘,展现"新路径"发展活动的主要特征。第十章至第十一章,从"农户生活与农民福利"两个方面进行分析和说明,全面彰显"新路径"的主要成果。第十二章至第十三章,主要对村庄无工业现代农业发展进程及市场化程度进行测度,归纳发展中所面临的新情况、新问题,并基于调研结论,提出相应的建议。第十四章,重要附件。访谈笔录——报告活性材料;数据编辑——第一手调查资料和信息的汇总处理,以便核实和查阅。

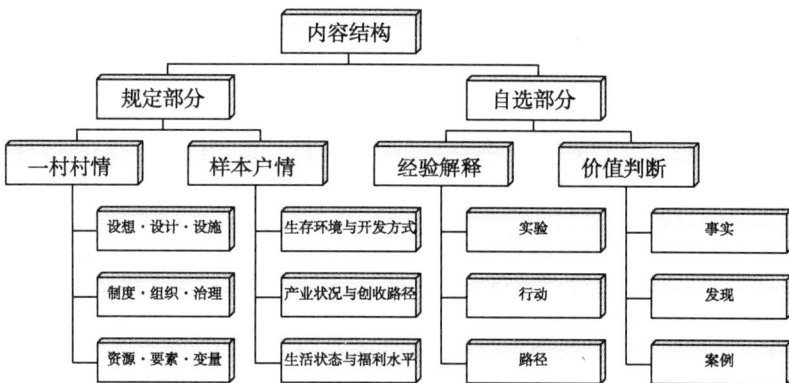

图 1 - 1　内容结构

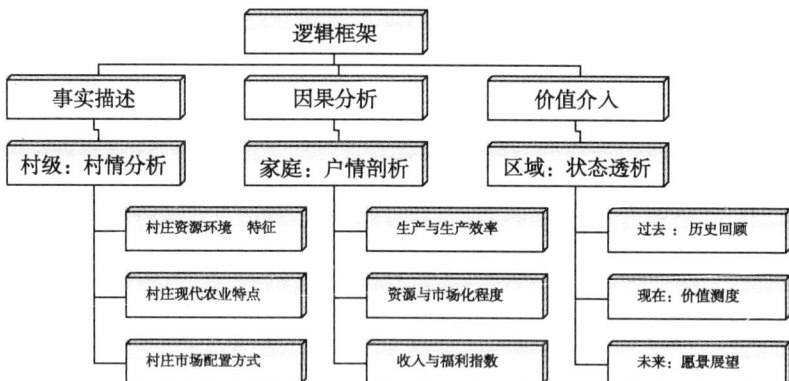

图 1 - 2　逻辑框架

三　样本说明

本报告主要确定和选择三类样本：村庄问卷调查样本、农户问卷调查样本和村民深度访谈样本。

第一类："村庄问卷调查样本"——"良乡一村"行政村。采用"中国社会科学院国情调研项目：村庄调查——行政村调查表"进行调查，并辅于焦点问题访谈。调查内容主要包括：

1. 村庄基本特征（村地理信息和社区基本信息）、土地情况

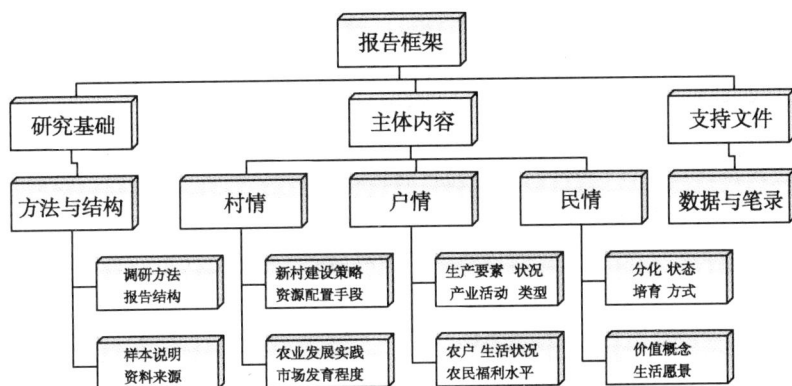

图 1-3 报告框架

（耕地和征地情况、其他农用地面积、其他用地情况、土地承包情况和耕地种植状况）。

2. 经济活动情况（全村生产总值、全村工商税收总额、全村三次产业生产总值、非农业经济活动情况、各类专业合作经济组织及合作社情况、主要作物种植情况等）、金融与民间信贷（集体负债、集体债权）；人口就业情况（全村户数、人口数，外来户、人口，全村劳动力，全村外出务工经商人口，以及外出经商途径）。

3. 社区基础设施与社会服务供给情况（道路交通情况、生活设施、广播电视情况、住房情况、学校、妇幼保健设施、其他文化体育设施、农田水利设施等）；文化教育科技情况（学校情况、农业技术与生产方式）；农村社会保障情况（调查年度获得国家救助总额、参加新型合作医疗户数、参加社会养老保险户数、参加商业养老保险户数、享受最低生活保障户数、特困户数、五保户数、享受计划生育养老补助户数和享受村级养老补助户数等）。

4. 村庄治理与党建状况（党员基本情况、党支部基本情况、村委会基本情况和村委会选举情况）、社会稳定情况（调查年度和上年度刑事案件数量、判刑人数、接受治安处罚人数、违反计生户数、上访人次和村级主要社会治安问题）、宗教信仰情况（宗教信仰类型、建设与维护费用来源）。

5. 村庄财务、公共事务开展与农民集资状况（上级补助、村集体企业收入、发包土地收入、道路学校水利建设集资等村财务收入，村干部工资、水电费、办公费、慰问金、困难补助款）。

第二类："农户问卷调查样本"——"50 户全面（情况）随机问卷调查"（调查方式 I）与"140 户重点（问题）问卷普查"（调查方式 II）。

调查方式 I：采用"中国社会科学院国情调研项目：村庄调查——行政村入户调查表"在"良乡一村"140 户农户中采取随机方式抽取 50 户进行入户调查。包括"人口与就业信息""农户财产拥有与生活质量状况""医疗及社会保障状况""农户收入与支出情况""生产性固定资产拥有与折旧情况""农户的金融状况""土地承包经营和宅基地情况""农业生产经营情况""参加政治活动和社会活动的情况"等。

50 户样本户基本情况：顾问小组 6 户占 12.0%，第一小组 10 户占 20.0%，第二小组 8 户占 16.0%，第三小组 7 户占 14.0%，第四小组 10 户占 20.0%，第五小组 9 户占 18.0%；高收入 15 户占 30%，中等收入 20 户占 40%，低收入户 15 户占 30%。

调查户户主年龄在 36—45 岁的农户比重为 20.0%（10 户），46—55 岁的农户比重为 38.0%（19 户），56—65 岁的农户比重为 24.0%（12 户），65 岁的农户比重为 18.0%（9 户）。答卷人年龄在 36—45 岁的农户比重为 30.0%（15 户），46—55 岁的农户比重为 38.0%（19 户），56—65 岁的农户比重为 18.0%（9 户），65 岁的农户比重为 14.0%（7 户）。

调查户户主文盲半文盲的农户比重为 2.0%（1 户），小学文化的农户比重为 42.0%（21 户），初中文化的农户比重为 52.0%（26 户），高中文化的农户比重为 4.0%（2 户）。答卷人文盲半文盲的农户比重为 2.0%（1 户），小学文化的农户比重为 38.0%

（19 户），初中文化的农户比重为 52.0%（26 户），高中文化的农户比重为 6.0%（3 户），大专及以上文化的农户比重为 2.0%（1 户）。

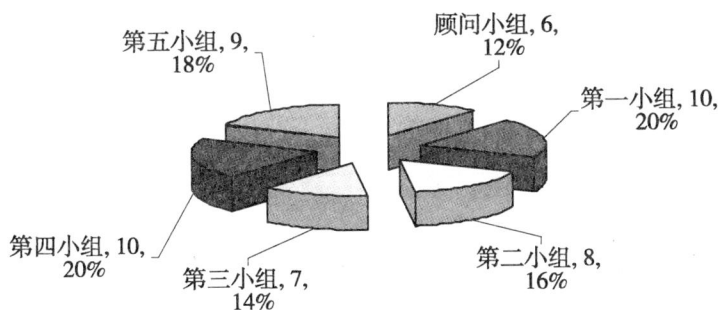

图 1-4　良乡一村（国情）调查样本户村庄分布状况

调查方式Ⅱ：采用"中国社会科学院国情调研项目：村庄调查——行政村入户调查表"，仅仅就"人口、收入、土地、住房"四项内容对全村 140 户（50 户 +90 户）进行统计普查。

全村 140 户统计结果，全村人口 548 人，其中，男性 271 人占 49.45%，女性 305 人占 55.65%；16 岁以下 75 人占 13.69%，16—25 岁 83 人占 15.15%，26—35 岁 68 人占 12.41%，36—45 岁 87 人占 15.86%，46—60 岁 141 人占 25.73%，60 岁以上 94 人占 17.16%。全村劳动力 335 人，占全村人口（548 人）的 61.13%，其中，16—60 岁的 309 人，占劳动力的 92.24%。在劳动力（309 人）人口中，务农人员比重为 53.72%（166 人），其中女性务农人员占 45.78%（76 人）；经商人员比重为 10.68%（33 人）；打工人员比重为 35.60%（110），其中女性打工人员占 48.18%（35 人）。全村初中至大学的在校学生人数 64 人，其中，初中 17 人占 26.56%，高中 35 人占 54.69%，大学生 12 人占 18.75%，女性大学生 8 人占 66.67%。

全村人口性别结构状况：1930—1948 年年龄段人口 82 人，其中，男性 39 人、占 47.6%，女性 43 人、占 52.44%；1949—1967

年年龄段人 163 人，其中，男性 78 人、占 47.85%，女性 85 人、占 52.15%；1968—1986 年年龄段人口 145 人，其中，男性 69 人、占 47.59%，女性 76 人、占 52.41%；1987—2005 年年龄段人口 128 人，其中，男性 69 人、占 53.91%，女性 59 人、占 46.09%；2006—2012 年年龄段人口 30 人，其中，男性 16 人、占 53.33%，女性 14 人、占 46.67%。

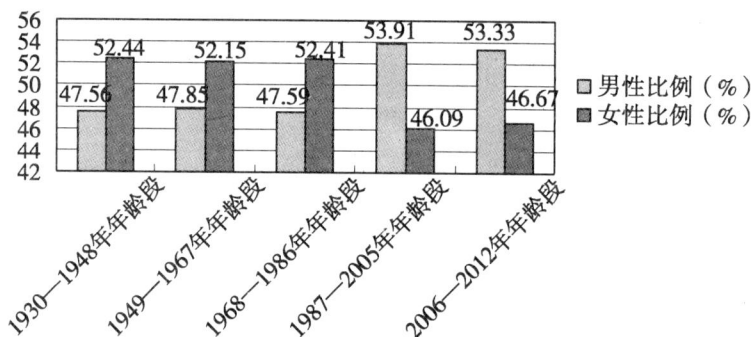

图 1-5 良乡一村（国情调查）全村人口性别比例状况

第三类："村民深度访谈样本"——村民访谈 30 人/户，其中，村主任和村书记非本村村民。即，在入户问卷调查数据的基础上，就其问题的重要性、特殊性和典型性，从中选择 30 人/户进行深度访谈。

访谈主题结构：村庄发展 3 人占 10.71%、种田主体 3 人占 10.71%、创收渠道 3 人占 10.71%、集体制度 3 人占 10.71%、市场流通 4 人占 14.29%、经营方式 2 人占 7.14%、农民福利 5 人占 17.87%、贫困医疗 2 人占 7.14%、外出务工 2 人占 7.14% 和金融服务 1 人占 3.57%（见图 1-3）。

受访者年龄结构：36—45 岁 7 人占 25.0%，46—55 岁 11 人占 39.2%，56—65 岁 5 人占 17.9%，65 岁 5 人占 17.9%。

受访者教育结构：小学文化程度 10 人占 35.7%，初中文化 14 人占 50%，高中文化 3 人占 10.7%，大专及以上 1 人占 3.6%。

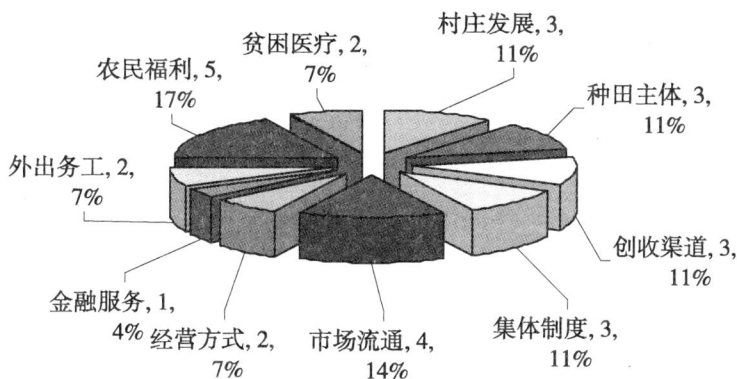

图1-6 良乡一村（国情）调查访谈内容结构

四 数据来源

第一类数据：事实数据——村情问卷调查数据、村情统计调查数据、户情问卷调查数据、地方及乡村政府统计数据和官方公布数据。

第二类素材：经验故事——交流性经验、访谈式故事、传奇式人物和典型代表，以及村庄《创业路》播报的事例和人物。

第三类数据：对比数据——相关村庄调查数据，（经济绿皮书）《中国农村经济形势分析与预测》（相关年度），《中国农村贫困监测报告》（相关年度），《中国农产品价格调查年鉴》（2010年），《中国统计年鉴》（相关年度）和《山东省统计年鉴》（相关年度）等。

第四类信息：参考信息——电视、广播和网络播报的相关信息，中央新闻联播、山东新闻、青岛新闻和胶州新闻等。

第五类资料：文献资料——公开出版的报刊和书籍资料，《中国村寨基金第一村》（中国社会科学出版社2012年版）；《中国"三农"问题解析（理论述评与研究展望）》（浙江大学出版社

2012 年版）；《中国 2013：关键问题》（线装书籍出版社 2013 年版）；《超越人口红利》（社会科学文献出版社 2011 年版）；《科学发展观与增长可持续性》（社会科学文献出版社 2011 年版）；《西部新农村建设中的公共产品有效供给：理论、实践与对策》（经济科学出版社 2010 年版）；《解放土地 新一轮土地信托化改革》（中信出版社 2014 年版）；《地权的逻辑 II 地权变革的真相与谬误》（东方出版社 2013 年版）；《给农民更多的土地权利，真会损害农民的利益吗?》（《经济观察报》2011 年 7 月 22 日）；《中国农村土地制度改革：需求、困境与发展态势》（《中国农村经济》2011 年第 4 期）；《中国的国家与农民关系研究："再认识"与"再出发"》（《中国农村观察》2014 年第 1 期）；《农村金融学》（北京大学出版社 2008 年版）；《致命的自负》（中国社会科学出版社 2000 年中译本）；《经济发展中的农业、农村、农民问题》（商务印书馆 2004 年中译本）；《市场化进程：政府与企业》（社会科学文献出版社 2010 年版）；《通往奴役之路》（中国社会科学出版社 1997 年中译本）；《人口论》（北京大学出版社 2008 年中译本）；《小农与经济理性》（《农村经济与社会》1988 年第 3 期）。

第二章

村庄简史

历史本身是自然史的一个现实的部分，是自然生成为人这一个现实的部分。

——马克思《1844 年经济学—哲学手稿》

一　历史源远[1]

良乡一村是良乡大自然村（良乡村）[2] 的一个行政村，隶属于山东青岛胶州市里岔镇。考古发现，良乡村周边地域有远至四千多年以前古代先民创造的大汶口文化、龙山文化遗存，历史源远流长。良乡村东南有地名碑称：原名"梁乡"，新中国成立后渐渐演化为"良乡"。相传南朝梁武帝萧衍崇信佛教，在此筑台拜志公高僧，将台埠命名为"梁王埠"，建村时间说法不一，村名是根据"梁王埠"而来。梁王埠，高 10 余米，面积 1 万平方米，到了 20 世纪 70 年代后，村庄建设取土和民房建筑成为住宅地。据说，村

---

① 本节主要由山东省青岛市委讲师团良乡一村第一书记黄新光整理和编辑。

② 这里所指的"自然村"与统计意义上的"自然村"不是一个概念，此处的"自然村"可以包括多个行政村；而统计意义上的"自然村"被包括在"行政村"中。

民取土时，发现了铜剑、铜镜、铜钱、陶器、丝质衣物等，皆传此处原是梁王点将台。

可推断梁乡系秦时所立，甚至更早。《水经注》记载："胶水出黔陬县胶山"，胶山即今青岛市黄岛区铁橛山，梁乡在铁橛山北，距离胶水发源地 25 公里且又在胶水边，故应当属黔陬县。据历史书籍记载，"梁"字最初的含义是"鱼梁"，意思就是用土石挡水，在上面开口，鱼从开口处流出，入于笱（鱼篓）。"梁"字是西周金文字形，本只从水，无木旁，后隶定为"刅"，盖鱼梁犹如施加刅口于水面，在河中设梁捉鱼是一种古老的捕捞方式，《诗经》中有"在彼淇梁"等诗句。可以推测，"梁乡"之"梁"字，应该与先民在胶河（古胶水）设梁捕鱼兼交通方式有关，反映了此地古代先民的一种生产生活方式。

西汉时，为梁乡侯封国。《汉书·诸侯王表》："梁乡侯交，赵共王子。［汉孝成帝绥和元年（公元前 8 年）］六月丙寅封，十六年免（公元 8 年）。"王莽称帝，改国号为新，西汉结束，梁乡侯国随之消失，其地"省并于县"。刘交在梁乡十六年，建有梁乡城，遗址即今良乡村。

后魏时，永安二年（公元 529 年）于汉梁乡侯国处置梁乡县，高齐废。《魏书·地形志》记载："梁乡有梁乡城。五弩山，胶水出焉。纪丘山（即琅琊山）、琅玡台、秦始皇碑。"梁乡县所辖区域，即原秦汉琅玡县。按：琅玡县，秦始皇二十六年（公元前 221 年）灭齐，改齐琅玡邑为琅玡县，并设琅玡郡治于此，郡县同城，遗址在今青岛市黄岛区琅琊镇驻地夏河城村。汉宣帝本始四年（公元前 70 年）夏四月壬寅，地震，琅玡城毁（《汉书·宣帝纪》），后移治于东武城（今诸城市区）。

隋时为琅玡县。《隋书·地理志》记载："有徐山、卢山、郚日山、胶水。"从所辖地域看，即汉琅玡、后魏梁乡故地。《水经注·胶水》："胶水出黔陬县胶山""齐记曰：胶水出五弩山。盖胶

山之殊名也"。《胶南简志》说："铁橛山，本名胶山，古胶州之镇
山。"铁橛山支脉众多，上述诸山或铁橛山支脉，或铁橛山异名。

唐裁琅玡县入诸城县。梁乡属诸城县。宋元祐三年（公元
1088 年）析高密、诸城两县地置胶西县，治板桥镇，即今胶州市
区，梁乡属胶西县。

金代梁乡镇属胶西县，为军事要地。《金史·地理志》记载，
胶西县有三镇：张仓镇、梁乡镇、陈村镇。有清代抄本《赵氏支
谱》收录有《赵公千户茔记》碑文："公之祖讳光瀛，任胶州梁乡
镇都监，遂世居焉。考讳思明，以忠显校尉，又任胶州祭酒。……
大元至元二十七年（公元 1290 年）仲春吉日孝孙璘立石。"有二十
世孙国栋跋："吾祖光瀛事金，历任梁乡镇都监，遂世居焉，此梁
乡赵氏之所由来也。……乾隆三十四年（公元 1769 年）岁次己丑
菊月朔后四日。"赵姓始祖赵光瀛在金代任梁乡镇都监，子孙后代
在此生存繁衍。从赵氏家谱可知，金代此地为梁乡镇。《金史·地
理志》记载，胶西县有三镇：张仓镇、梁乡镇、陈村镇。胶州在金
代为胶西县。家谱记载与正史吻合。金代的镇，是军事单位，不是
后世的市集或现在的行政单位。可见良乡不是明初立村，在金代已
是镇，其历史绵长、底蕴厚重。[1]

明初洪武五年（公元 1372 年），为防倭寇入侵，于梁乡东南
35 公里处建灵山卫。梁乡失去军事作用，变为普通村庄。不过，
现在仍是所在区域有影响的大村，农历逢初五、初十有集市。

二　人口密集

考古发现，良乡村先秦时期该区域已具备筑邑聚居的条件。[2]
良好的自然环境，优越的地理位置，有利于古代先民的生产和

---

① 黄新光：《良乡村的古往今来》，《当代青岛》2014 年第 5 期。

② 同上。

生活。

据记载，良乡村曾有耕地 4857 亩，人口 3075 人。随着人口的增加和时代变迁，良乡村被分分合合为多个行政村。1959 年良乡村被划分为良乡一村、良乡二村、良乡三村、良乡四村、良乡五村、良乡六村 6 个行政村。1968 年，将良乡村合并为良乡一村、良乡二村、良乡三村、后良乡村 4 个行政村，即将良乡四村、良乡五村、良乡六村合并成一个行政村，称之为"后良乡村"。21 世纪，良乡一村与良乡二村、良乡三村、后良乡村、薛家河村和高福庄村共同组建"良乡社区"，努力探索和打造新型现代农业发展模式。

据里岔镇政府办统计资料显示，截至 2012 年年末，良乡村（良乡一村、良乡二村、良乡三村、后良乡村）共有人口 3050 人，870 户，耕地面积 5196 亩，人均耕地面积 1.63 亩，其中：良乡一村 546 人占 17.9%，158 户占 18.2%，756 亩占 14.5%；良乡二村 496 人占 16.2%，150 户占 17.2%，815 亩占 15.7%；良乡三村 478 人占 15.7%，142 户占 16.3%，782 亩占 15.1%；后良乡村 1530 人占 50.2%，420 户占 48.3%，2843 亩占 54.7%。

据里岔镇政府办统计资料显示，截至 2012 年年末，良乡社区（良乡一村、良乡二村、良乡三村、后良乡村、薛家河村和高福庄村）共有人口 3980 人，1127 户，耕地面积 6485 亩，人均耕地面积 1.5 亩，其中：良乡一村 546 人占 13.7%，158 户占 14.0%，756 亩占 11.7%；良乡二村 496 人占 12.5%，150 户占 13.3%，815 亩占 12.6%；良乡三村 478 人占 12.0%，142 户占 12.6%，782 亩占 12.1%；后良乡村 1530 人占 38.4%，420 户占 37.3%，2843 亩占 43.8%，薛家村 190 人占 4.8%，57 户占 5.0%，189 亩占 2.9%；高福庄村 740 人占 18.6%，200 户占 17.7%，1100 亩占 17.0%。

村情统计调查数据显示，截至 2012 年年末，良乡一村共有人口 548 人，其中，男性 271 人占 49.45%，女性 305 人占 55.65%。全村劳动力 335 人，占全村人口（548 人）的 61.13%，其中，

16—60 岁的 309 人，占劳动力的 92.24%。另据其他口径（按全村 140 户农户数）统计数据显示，截至 2012 年年末，全村 540 人，其中，劳动力 330 人，男性劳动力 220 人占 66.67%，女性劳动力 110 人占 33.33%；全村土地面积 1160.6 亩，其中，耕地面积 1020 亩（水浇地 100%），居民用地 63.6 亩，公共设施用地 3.4 亩，交通用地 47.5 亩，商业建设用地 26.1 亩。

三　交通要道

良乡一村距离胶州 45 公里，位于胶州西南部、328 省道沿线、青兰高速公路北侧，里岔镇政府所在地西 6 公里处，济青高速南线均从村南穿过，母亲河胶河从西、南、北三面绕村而过，东邻高家庄、南靠孙家洼、西接薛家河、北比后良乡，与青岛市黄岛区、胶南、诸城、高密相邻，素有胶州"西南乡"之称，是山东省乃至中国、亚洲东西方交往的要冲，东距胶州湾西岸 30 公里，过去由红石崖所产之盐，运往内地，此地是第一站，老年人回忆，数十年前，驮盐的驼队早上从红石崖出发，天黑前在村里落脚住宿，第二天继续西行，直至中亚等地。①

良乡一村地处于胶河上游，三面环水、地势平坦、土质肥沃、气候宜人，是远近闻名的蔬菜园，是国家级标准园区、"一村一品"的示范村；农历五、十有集，农贸、物流业发达；生态环境及景观优美，具有典型农耕文化特色的村落，是山东省乡村旅游特色村。

---

① 黄新光：《良乡村的古往今来》，《当代青岛》2014 年第 5 期。

第三章

发展困境

　　小农在今天仍然代表着一股强大的经济力量和社会力量，这样说有些庸俗，但却是一个毋庸置疑的真理。他们把自己关闭在土地中，拒绝改变土地的结构，很少对突如其来的革新感兴趣——他们很难摆脱祖传的习惯方式，他们接受进步的新技术十分缓慢。①

——马克·布洛赫

　　"农民的经济行为是否理性？这是研究农户（市场）行为的基本出发点"②。由于分析视角和价值偏好的问题，学界对这一问题的"争议颇大、观点各异"。最早给出"理性含义"的是古典经济学代表人物斯密（Adam Smith）——将人的自利性看成是不证自明的公理；③ 新古典经济学集成大师马歇尔（Alfred Marshall）的微观经济学完整体系及传统经济学理性决策核心理论正是基于"偏好有

---

① 马克·布洛赫：《法国农村史》，商务印书馆 1991 年中译本。
② 史清华：《农民理性：一个概括性的观点回顾和评价》，《中国"三农"问题解析——理论评述与研究展望》，浙江大学出版社 2012 年版。
③ 何大安：《选择行为的理性与非理性融合》，上海人民出版社 2006 年版。

序、信息完备、计算（能力）完全、效用最（大）化"等"理性
经济人"假设。由于中国式"三农"特点和特殊文化的存在，出
现了"理解小农"的第三种理论——"调和论"——摒弃"非此
即彼"的旧例，放弃"因素孤立化和简单化"的逻辑分析习惯，
试图将"实体主义经济学"与"形式主义经济学"结合起来①，对
农民市场行为进行"综合分析"，并认为任何人如果试图把中国的
实际情况等同于其中任一理论模式就会误入歧途。②

一　资源约束：农业与小农

良乡一村新班子介绍说：村民的思想意识和观念习俗是新村建
设伊始较大的困难和挑战。总体来说，村民是朴实勤劳和重情重誉
的，但是往往比较固执己见，难以沟通，不轻易接受新事物、新思
想和新观念。对此，马克·布洛赫曾分析说：农民的小土地所有制
和个体经营，从某种程度上塑造了农民的历史性格和行为模式。
"土地形状上的传统主义，共同耕作方式对新精神的长期抵抗，农
业技术进步的缓慢，这一切的原因不都在于小农经济的顽固性
吗?"③ 北京大学王曙光教授认为，农民是理性的，由于他们用来
抗击未来不确定性的资源很少，很难轻易接受不熟悉的事物——只
有当他们切实感受到革新带来的积极效果时，才会慢慢接受。④ 美
国经济学家科斯特认为，小农经济坚守的是"安全第一"的原则，
具有强烈生存取向的农民宁可选择避免经济灾难，而不会冒险追求
平均收益的最大化。⑤

---

① 史清华：《农民理性：一个概括性的观点回顾和评价》，《中国"三农"问题解析——理论评述与研究展望》，浙江大学出版社 2012 年版。
② 黄宗智：《长江三角洲小农家庭与乡村发展》，中华书局 2000 年版。
③ 马克·布洛赫：《法国农村史》，商务印书馆 1991 年中译本。
④ 王曙光等：《农村金融学》，北京大学出版社 2008 年版，第 62 页。
⑤ J. 科斯特：《农民的道义经济学：东南亚的反叛与生存》，译林出版社 2001 年中译本。

良乡一村新班子深刻认识到，村民评价事物的标准一般是依靠世世代代相传下来的伦理道德、乡规民约及口碑，邻居的闲言闲语（gossip）。化解矛盾纠纷的方式也比较特殊，往往由家族中有权威、有声望的长辈来裁决。费孝通在《江村经济》一书中也曾分析说：中国农村是一个熟人的社会，其维系的基础是与生俱来的熟悉的信任，对契约的信用并不是对契约的重视，而是发生于对一种行为的规矩熟悉到不假思索时的可靠性，经济交易秩序难以扩展到陌生人的社会。换言之，乡土社会，以族缘、地缘、血缘关系为基础而形成的社会结构，由熟人之间的相互信赖而构成经济交易和非经济活动的基础。① 这或许就是中国以亲缘关系为纽带的家族企业难以酵母和演化现代企业制度元素和成长的原因之一。

良乡一村新班子介绍说：良乡一村耕地面积少，经营分散，农业产业化、市场化程度低，基础设施薄弱。其实，农业本来就是一种风险性和季节约束的产业，易受季节周期和自然灾害的影响，客观上受制于自然再生产与经济再生产过程交织的约束，无论技术如何进步，难以根本改变生物生长的自然规律。此外，良乡一村的农户抗压力和风险的能力比较弱，满足于自给自足经济状态。事实上，在中国广大农村一个家庭往往就是一个独立的生产和投资决策共同体，一切生活消费物品基本都以这个家庭自己生产的东西为基础，从而形成一个自给自足的单位，缺乏商业化交易，即使有交易，大多也是一种小规模、小范围内的带有消费性质的交易。②

二 条件限制：管理与服务

首席主任赵波介绍说：良乡一村曾经遇到的比较大的困难及挑战就是缺乏管理人才。由于村庄没有一个好的组织者及团队，村民

---

① 费孝通：《江村经济》，内蒙古人民出版社 2010 年版。
② 王曙光等：《农村金融学》，北京大学出版社 2008 年版，第 63 页。

如同一盘散沙，纠纷频发，矛盾丛生，人心涣散，缺乏相应的集体意识和荣誉感。由于没有好的管理者及干部班子，村庄资源未能有效配置，集体经济薄弱。村干部不团结，呈现出无人负责、不敢负责的局面。

事实上，在无效管理者手中，再多的资金如同废纸，再先进的技术如同死物。同理，有效管理对一个企业或村庄发展的重要性毋庸置疑。常识表明，自有了人类活动，就有管理需求，有了管理，经济社会活动组织才能有序进行。换言之，有效管理是确保经济社会活动高效、持续进行的必要条件。在普通意识里，村庄经济活动往往被视为个体行为，尤其是家庭联产承包责任制后，从思想和行动上忽视了管理的基本功能作用，一定程度上造成了集体组织力量薄弱，村庄经济活动无序和低效的局面。可以说，农业产业规模小、专业化程度低不应当是缺乏管理的原因，而可能是没有管理的必然结果。在一个有效管理者及团队手中，能够充分调动和利用一切可以利用的资源要素，使资源效率有效配置、效果最大化。换句话说，在一个组织或村庄经济活动中，人力、财力、物力和环境，均是必要的资源要素，其作用发挥到何种程度，主要取决于各项资源要素由谁配置、如何配置和效果如何的问题。由于管理者及理念的不同，而所采取的治理策略和资源配置手法不同，其经济社会活动效果及市场竞争力有所差异的例子俯拾即是。良乡一村，村委新班子组建前后，其经济活动结果、村庄建设程度和农民福利状况的差异比较明显。

相关研究表明，民事纠纷的特点特征与当前农村经济生活、社会生活的迅速变化，生产经营活动步伐加快，农村经济管理约束机制和建设文明建设相对滞后，人们的价值观、道德观念的转变密切相关，也与基层组织力量弱化、民间调解组织不健全、基层政法部门协调配合不够、处置不力、工作方法简单、态度粗暴有关系。①

农村社会矛盾主要还是非理性的表现，并非"预谋或蓄意"。农村社会治安与公共安全问题说到底仍然是生存、生产、生活与生态"四生"问题。农村农民农业的生存环境压力越来越大，农村农民的权利意识有所增强，特别是财产所有权意识，利益问题成为时代的主要问题。换言之，目前农村社会矛盾、纠纷和事件中的绝大多数属于经济利益诉求——有限的经济资源与人口增长及其需求扩张问题下的农村农民农业利益矛盾，经济利益问题已经成为农村社会矛盾的主导方面。②

三　路子偏颇：政策与信任

首席主任赵波介绍说：新班子曾遇到的一个最大挑战就是"政策执行难"和"村民不信任"的问题，出现了严重的信任危机。干群关系紧张，村民与干部之间、村民与村民缺乏基本的信任，甚至欺诈、坑蒙、拐骗气氛在全村蔓延。赵主任说：他到村时，至少相当多的村民对新班子建设村庄的目的和能力产生很大的怀疑，甚至认为新管理者动机不纯，欲想猎取村里的土地资源和集体财产。

赵波认为，对于人们的行为缺乏有效的法律规范力量，以及对于不良、不法行为惩罚不当也是造成信任危机的原因之一。由于没有完善的惩罚机制，致使一些村民丧失诚信和良知。如一些村民对"农业税费"比较抗拒，甚至不缴纳农业税和国家粮食订购任务，抛荒撂荒土地。但是这些人不但没有受到应有的惩罚，相反，依据新的粮食直补政策，在这些村民无须补交及缴纳农业税务的条件

---

① 刘合什布：《基层悟语》，民族出版社 2010 年版。

② 徐鲜梅：《农村民事纠纷、社会治安与公共安全》，载农村公共事业发展课题组《农村公共事业发展调查——农户视角：现状、需求意愿与评价》，社会科学文献出版社 2013 年版，第 275 页。

下，理所应当得到国家粮食种植补贴，其影响是负面的。

安徽大学中国三农问题研究中心张德元发现，信任危机加大了农村基层政府社会管理和服务的难度。村委的基本职能应当是管理村庄和服务村民。但是，由于村干部与村民之间缺乏起码的信任，使得简单的村务复杂、困难和不易做。信任危机增加了农村基层政府与农民的交易成本。如农民上访问题，本来村里就可以解决的，但农民不信任村干部，不惜成本向上级反映问题。

中共中央党校臧豪杰认为，（政府）信任危机与职能缺位、对上负责、与民争利等有关，监管力量薄弱、社会管理水平较低、信息公开不足和缺乏客观中立的第三方等是造成信任危机的根源。[1]在社会公共生活中，公共权力面对时间差序、公众交往及利益交换所表现出的一种公平、正义、效率的公信力（Accountability），就是公共经济社会活动的生命力。

詹姆斯·斯科特认为："贫困本身不是农民反抗的原因。只有当农民的生产道德和社会公正感受到侵犯时，他们才会奋起反抗，甚至铤而走险。而农民的社会公正感及其对剥削的认识和感受植根于具体的生活境遇，同生存策略和生存权利的维护等因素息息相关。在二元结构下，农民在教育、社保、就业、收入、医疗等方面受到了不同程度的不平等的待遇。而进城务工人员由于体制性缺失处于城市边缘地位，这些社会稳定的隐患容易成为引发社会对抗的诱发因素。"[2] 农村冲突的增加主要由于农民利益表达和社会参与的制度安排滞后，基层组织确实没有真正把自己定位于为人民服务，造成基层组织与农民的疏离，而基层组织对农民的直接索取变相剥夺甚至暴力剥夺导致农民的抵抗。[3]

---

① 臧豪杰：《信任危机根源探究及对策》，《攀登》2012 年第 1 期。
② 孙瑾、郑风田：《关于中国农村社会冲突的国内外研究评述》，《中国农村观察》2009 年第 1 期。
③ 李国波：《农村群体性事件法律研究》，中山大学出版社 2010 年版。

　　福州大学徐艳艳对 F 村的信任危机表现及原因的调查分析结果表明，信任是影响农村稳定的一个非常关键的因素。当地农村有着严重的信任危机，特别是村民对当地的领导的不信任，这对干部开展工作带来了很多的不方便。而造成信任危机的原因很复杂，如农民知识及信息量的增加与维权意识增强，一些农村政策执行失误及影响，以及一些村干部的道德行为失范及不良习惯等。她发现，在所有信任危机中，农村基层政权与农民之间的信任危机尤为突出，并为此付出了代价，农民基本上不愿意配合当地领导发起的任何活动，即使参与活动，也是敷衍了事或怨声载道。此外，村民不仅担心上级给村里的拨款被村干部侵吞和贪污，同时怀疑村干部的公正性及"一碗水端平"的能力。①

　　相关研究结果表明，群体事件频发的一个原因就是一些政策及政府缺乏公信力。犹太裔美国政治理论家阿伦特曾说过："人们常常发现，长期洗脑的最确定结果是一种特殊的玩世不恭：对任何真理都绝对拒绝相信，不管这个真理有多么可靠的依据。"事实上，在决策者与行动者"截然两分"的现实条件下，思维"认识智障"和推诿"执行漏洞"，以及地方执行政策"扭曲""走样"现象（问题）普遍存在。中国社会科学院农村发展研究所谭秋成（2012）对"中央制定（政策）与地方执行（政策）问题"研究表明："在农村政策执行层面，乡村'三提五统'政策和粮食贸易管制政策的实施也是地方'扭曲'中央的最好例证。'村容整洁'已蜕变为地方政府驱赶农民上楼、掠夺农民宅基地的借口，中央政府用于兴建农村水利、道路等的专项资金被各级政府和部门克扣、挪用，甚至贪污。"②

---

①　徐艳艳：《农村信任危机表现及原因探析——基于对 F 村调查分析》，VIP 文库。
②　谭秋成：《惩罚承诺失信及农村政策扭曲》，《中国农村观察》2012 年第 3 期。

第四章

贵在行动

　　一个国家或地区，一个村庄的历史遗留问题是其过往的"供求（平衡）程度、矛盾焦点、管理手段、缓解方式和维正（维护正义）能力"的集中体现。对待历史遗留问题的态度，解决问题的方式、范围、彻底性及满意度反映和预示执政管理者对未来发展的信念和决心，以及价值取向、路径选择和执行能力。

——徐鲜梅

　　村庄基础设施的重要性毋庸置疑。我们调研发现，基础设施薄弱及落后，是中国村庄，特别是不发达乡村普遍存在的问题。然而，"等国家、靠政府"的现象比较普遍，而鲜有积极主动并私人出资加强和改善村庄基础设施建设的实例。

——徐鲜梅

一　解决历史遗留问题

　　良乡一村新班子介绍说：他们接任伊始，面临各式各样的村务纠纷和债务（50多万元）。村民为了"生活琐事""争地抢水"和

"上访"纠纷频发、矛盾丛生,村干部"无事可为""无事生非"和"帮派林立",如一个班子9个人,却分成7个派别,基本上处于"瘫痪"状态。此外,村容不整,四处堆放垃圾。对此,新班子认为,"解决历史遗留问题"是摆在他们面前不能回避且无法回避的问题,也应当是与村民相互认识、理解和信任的关键点,是新班子的目的、价值观和能力的"试金石",是全村凝聚力和向心力的根本保证。

因此,新班子达成共识坚持"三不"(不讨好、不偏心、不迁怒)原则,采取"花小钱、用私钱"去"办大事、为公事"的特殊方法,调查摸底,了解村民诉求,发现问题、分析问题和解决问题。如清还了村庄债务,整理了村里的主干道,对全村的生产路进行硬化,对流经村东农田的龙汇河河道进行清理、砌石和绿化;将岭地改造为良田,并建设和完善了灌溉设施系统。

(一) 土地纠纷

良乡一村新班子介绍说:2005年村里实施第二轮土地承包,其具体承包方案是通过村民大会确定的,而且获得了95%以上村民的肯定,其核心就是"增人增地、减人减地、三年调整"。可是,在执行土地承包方案过程中,由于没有签订土地承包合同,问题及矛盾日趋突出,主要表现在:减人(如死人)的农户不愿意减少承包地,理由是"土地承包三十年不变";而增人(新生儿)的农户难以增加承包地,理由依然是"土地承包三十年不变"。因此,因为土地问题,相关村民纷纷上访,与村干部发生矛盾,甚至出现对立现象。

赵波认为,"土地承包三十年不变"是指30年内,不出现特殊情况,国家原则上不再出台另一个新的土地承包政策,而不是指村级具体的承包方案都不能变化。这是一个对政策的理解、认识和执行的典型案例。所以,村委新班子采取:"增人补钱、减人让地、一年调整、合同约束"的土地承包办法，以此化解村民土地纠纷。如由于没有土地承包合同约束，2002 年，20 亩蔬菜批发市场建设用地，由 19 户农户投资使用（建盖了 5 间平房），即每户投资 4.7 万元，并每年缴纳 3300 元摊位及市场管理费用。结果，市场建设不完善，以及占用土地的问题，村民意见比较大。投资使用土地的农户认为，他们投资和缴纳这么多的钱，尚未收获投资，不愿意土地被收回；其他农户认为，这 19 户占有土地并从中获益，不公平。事实上，2002 年的房地产 700 元/平方米，4.7 万元可以购置 70—80 平方米的房产，2010 年的房地产 5000 元/平方米，70—80 平方米的房产可以卖到 30 多万元。所以，村委新班子提出三种方案供 19 户选择。即，一是全额退回投资及每年 3300 元管理费等额的存款利息（不要房子的，村里以本金＋利息回收房子）；二是每户一次性缴纳 1 万元管理费；三是每户每年缴纳 1000 元，共缴纳 22 年。结果，3 户选择缴纳 1 万元方案，16 户选择每年 1000 元方案。此外，村里专门为蔬菜市场维修 5 米路，新修加修 10 米路，现在 15 米路直通市场。

相关研究表明，土地纠纷已经成为目前农村农民维权抗争的焦点，甚至成为农村社会稳定和健康发展的首要问题。安徽调查村的不少村干部反映，土地矛盾及其征地纠纷是目前农村民事纠纷的重点和难点问题。例如，安徽全椒大墅村明先生说："土地问题是农民的矛盾焦点问题。"土地承包时，耕种承包地必须缴纳农业税及承包费用，所以相当村民，特别是外出打工的村民纷纷将承包地转包、退包。但是，现在，由于新的政策，耕种承包地不仅不缴纳任何税费，而且能够获得相应的各种补贴。所以，原来将承包地转包、退包的村民由纷纷"要回耕地，甚至不惜毁约"。2009 年，作者曾对云南、安徽、甘肃、宁夏和河南 5 省（区）687 户的调查数据显示：调查村民矛盾纠纷的 74.9% 属于经济利益问题范畴，其中，土地利益纠纷 56.3%。

（二）财产矛盾

首席主任介绍说：村里本来没有多少集体财产，但是集体财产的多少不重要，最重要的是集体财产涉及村民的利益。所以，村委新班子将村集体财产被侵占的矛盾纠纷视为解决历史遗留问题的一个重要方面。如 20 世纪 70 年代，一个农户租用了村委会的房屋，年租金为 200—300 元，2007 年该农户投入了 7 万元对房屋进行翻盖。对此，村民意见很大，认为该农户"霸占"了村集体财产，要求将房屋退还给村里。而该农户认为，是他的家庭将这间房屋价值增值的，如果就这样退还给村里，就太吃亏了。村委新班子及村民议事会商议决定，赔偿该农户 7 万元，然后将房屋在村里进行公开拍卖，拍卖价 12 万元，将房屋拍卖收入作为集体收入，年利息（1万元）进行分红。最终，还是该农户（原租房）拍卖得到房屋。

村民议事会议

村务讨论会议

（三）公共卫生

首席主任介绍说：村委新班子将村庄公共卫生问题作为解决历史遗留问题的一个重要事情。新班子组建前，村庄公共卫生问题的确是一个十分突出的问题。村民在村里四处存放垃圾，其中有 3 处已经形成比较大的垃圾堆，蔬菜腐烂味道臭气熏天，有一个垃圾堆就在供销社门口。村民会议决定，提出解决垃圾问题的"双规"办法。即严肃规定了堆放垃圾的地点，严格规定了堆放垃圾的时间（晚 7 点—早 7 点），设立了 17 个垃圾箱，以每年 1.2 万元雇用一个清洁工人专门负责清理垃圾（现在乡镇政府在村里设置 4 个垃圾站，每站 6 个垃圾箱，乡镇物业公司统一清理垃圾）。

首席主任介绍说：一些村民的茅坑就在街道上，粪便就在路人眼里，这是十分不文明的事情。村管理者用其智慧及老百姓心理认同的方式较好地解决了这个问题。赵波说：肥水应当不流外人田，一些富人之所以富有，就是将这些"金黄色的东西（粪便）"不让外人看见，于是村干部用盖子将自家的粪便盖上，村民纷纷效仿，有些农户将厕所改成水冲式的。

（四）河流治污

良乡一村位于胶河上游，南、西、北三面环水，是沿河平地，东面是舒缓的坡岭地，地势平坦，河流纵横，水资源丰富，土质肥沃，四季分明，气候宜人。但是，因故，村庄生态环境遭到了不同程度的破坏。如村里的龙汇河支流，曾经是一条河，久而久之却变成了垃圾树林，且树林影响阳关（杨树影响阳关30米），又影响农作物种植栽培。这曾是新班子面临的一个挑战。修路时，每棵树补偿200元。可是，一条河道里却有几万棵，倘若每棵补偿200元，村里没有如此大的财力。这可如何办呢？正在新班子一筹莫展之际，适逢水利局出台了整治清理河道的通知，对此，新班子"故意放风"说：上级可能即将有整治清理河道的规定和要求，如果村民主动清理，可能会得到相应的补偿，否则不仅"一分钱"拿不到，还可能会受到问责。于是，一个聪明村民将他家栽种的树全"杀"（砍伐）了，卖了一个好价钱，村民纷纷效仿。这一河道就这样顺理成章地整治清理了，修深了4—5米，硬化路面，搭建桥梁，而且有关部门将之两旁堆砌石头并种植果树，结果使之成为农作物生产的蓄水池，涝能吸水，旱能蓄水，促进村庄农产品的规模化和高效化生产。

（五）厚养薄葬

村委新班子成员介绍说：随着农户家庭生活条件的改善，村民的思想观念和行为方式也随之发生变化，突出表现在红白喜事方面，大操大办、互相攀比、铺张浪费的现象在村庄蔓延。如曾经村民办丧事时，无论家庭经济情况如何，都要请吹鼓手，吹鼓手越多、吹得时间越长，表明子孙孝顺和有面子。结果，村民互相攀比，一些贫困家庭不惜贷款或借高利贷，致使这些贫困家庭更加贫困。对此，新班子决定，大力提倡和实践"厚养薄葬"的新规定和新要求。如办丧事不请吹鼓手的家庭村里补贴 3000 元，包括 700 元主持仪式，600 元建筑墓穴，2000 元在村里小饭店吃饭，每桌 10 人（200—300 元），组办 10 桌，配备 10 多条香烟（过去需要 7—80 条香烟）。此外，用身边例子说明，对过世者活着时的孝顺才是最大的孝顺。结果，逐渐形成了好风气，改变了铺张浪费的习俗。如曾经村民上坟没有路，交通堵塞，需要绕道而行，十分费力。村委新班子修路修桥，方便村民，很得民心。

二 加强基础设施建设

良乡一村新班子"新村建设"的第二个实际行动就是着力村庄基础设施建设，并认为这是扭转"靠天吃饭"局面的基础。基本目的在于农业生产"旱能浇、涝能排"，村委有地办公，村民生活方便，村庄干净明亮，旨在确保农民增收，农业持续发展，以及激发农村活力和管理者动力。

在良乡一村，远远地就看到独具特色的木制"里岔农业生态园"的牌子屹然耸立，两边的排水沟渠正在安装下水管道，水泥路直通田间地头，北京路、亚洲路、澳洲路等主要道路贯穿全村（赵波说，用国际名称命名村路的目的在于将"小农意识"改变成"大农思想"），路两侧种植上了葡萄、梨树和大枣等。

村情调查数据显示，自 2010 年 4 月以来，良乡一村先后投入上千万元资金，修建道路，完善水利设施，建设智能灌溉系统，改善了拖拉机抽水的状况，节省了劳动力，实现了农田旱能浇水、涝能排灌的生产条件。其中：

——投入 250 万元，在岭地挖平塘 3 个，蓄水池 2 个，铺设供水管道设施 2000 米，硬化路面 15000 平方米，大水井一眼及 61 小眼井，每 50 米、每 2 户村民一眼井，田地每 50 米一个浇水阀门，如今水直通到上岭及插电卡浇地，比拖拉机抽水浇地省事。拆除小化工厂2座，整治土地增加20亩，总长度4.5公里的河道，从胶河调水良一新村，62个眼机井安装了节水灌溉设施。

——投入资金130万元，硬化生产路面3.5万平方米，建设桥梁6座，建立农田灌溉电力设施，有效灌溉面积800亩农田。投入60万元治理村东平塘和沟渠10000平方米。投入14万元进行生产道路绿化。

——投入160万元新建蔬菜大棚80个。投入50万元进行村东蔬菜批发市场建设，使之规模化和效益化，以及蔬菜（黄瓜）销售价格翻番、农民蔬菜种植收入增加60万元。投入20万元通过秸秆还田制作土杂肥料，以及改良土地700亩。

——投入90万元进行土地整治，促进130亩耕地有序、高效流动。

——投入50万元解决历史遗留问题，包括街道规划治理。投入20万元用于村务办公室建设，包括，配备办公设备和设施建设。

——投入150万进行生猪品种和养殖技术改良，投放母猪150头，每头收入7000元。

——投资400多万元建设一栋现代化连体大棚及其农业部蔬菜标准园，且作为全省首家"农校对接"示范基地，可提供黄瓜、西红柿、大白菜、猪肉等农产品。

村庄灌溉设施条件　　　　　　　村庄灌溉设施条件

村庄灌溉水渠设施

村庄灌溉水渠设施资源条件

村庄种植受益状况

村庄种植受益状况

第五章

路径选择

农村绝对不能成为荒芜的农村，乡村建设不能靠"涂脂抹粉"；要把生态文明理念和原则全面融入城镇化全过程，走集约化、智能、特色、低碳的新型城镇化道路。

——习近平

用现代物质理念引领农业，用培养新型农民发展农业，提高农业水利化、机械化和信息化水平，提高土地产出率、资源利用率和农业劳动生产率，提高农业素质、效益和竞争力。建设现代农业的过程，就是改造传统农业、不断发展农村生产力的过程，就是转变农业增长方式、促进农业又好又快发展的过程。

——2007年中共中央一号文件

发展中国家的经济成长，依赖于现代农业的持续增长，所以关键"出口"在于传统农业向现代农业的转化，以及实现农业现代化。

——西奥多·W. 舒尔茨

无数发展事实表明，"中国工业化与农业现代化道路选择"实质上就是对"现代'发展'概念"的诠释和行动。事实上,"无工不富"尚未给"无农不稳"留下"多少余地",却以"压倒性"的优势成为20世纪90年代"中国经济发展道路"的"代言"。长江三角洲和珠江三角洲的经济迅速增长和财富的骤增进一步"捍卫"了"无工不富及其唯工业论思想"在中国经济发展进程中的"霸主地位"。作为国家粮食安全战略选择的"南粮北调"向"北粮南调"的转移事实表明了中央政府对"现行工业化、城市化发展路径选择"的肯定态度,同时折射出了"中央政府"与"地方政府"关系的"新格局",使"无工不富"的影响如虎添翼。中国无数新兴工业城市的崛起和无数村庄农业工业化的"暴富"不仅继续转移了"农村剩余",而且给"无工不富"注入新的"要素活力"。

在"无工不富及其唯工业化"思想势力的"围剿"下,人们开始关注和反思,"中国GDP增长和财富积累"道路选择是否存在与"无工不富及其唯工业化"不同的"路径"?农业、农村和农民"内增、内生、自主"的现代农业发展是否可能?"工业农业化,利用工业技术设备和先进管理思想武装农业,无工业的村庄发展"是否可行?

党的十六届五中全会吹响了建设社会主义新农村的号角,这是中央统揽全局、着眼未来而作出的一项重要决策,是贯彻科学发展观的重大举措,是构建社会主义和谐社会的坚实基础,是全面建设小康社会的重点任务,是落实工业化、城镇化发展战略部署,是践行中央重要思想的具体表现。

伴随着首席村主任赵波的到来和第一书记徐勇的"加盟",山东青岛胶州里岔镇良乡一村,"里岔黑猪"繁育基地、杏鲍菇农产品生产地,吹响了"无工业乡村现代农业发展革命"的号角,大胆并审慎地踏上了现代农业发展新征程,努力探索和尝试"中国农村建设新道路"。

村庄农业园区标示

村庄农业园区标示

村庄现代农业基础

村庄现代农业实践

标准蔬菜园区标示

村庄现代农业实验

一　发展思路

良乡一村新班子认为，根据村庄的客观实际，良乡一村必须走现代农业发展之路，并且是"无工业"的现代农业。首席主任赵波强调说："良乡一村正在走一条不经过工业化直接实现农业现代化的道路"，运用现代工业技术装备农业、先进的治理理念和思想引导农业；运用国际产业组织理念驱动和谋求农业产业化发展。即农业技术装备工业化、农村基础设施建设现代化、产业资源要素配置市场化、农民收入货币化。换言之，将"村庄"视为"一个市场"或"一家企业"，对其土地资源和发展资金进行"筹措、组合、融通"及其高效配置；将农民劳动力进行合理分层（"耕作农民""务工农民""技术农民""经营农民"和"其他农民"）培育为职业农民和新型农民。第一书记徐勇说：中国与世界的差距就在于"农村差异"，农业生产能力和生产效率正是中国农村与世界最后的距离，国家的大政方针日趋有利于农业产业化及其农村经济的发展。

首席主任赵波进一步说：发展现代农业、走农民职业化道路势在必行，实现"两个转变"，即从靠老天爷转变成靠科学技术，从靠政府行政化转变成靠市场高效化（自然经济到现代经济的转变，计划分配资源到市场配置资源的转变）。如农业基础设施建设和技术改良就是"靠天农业"向"现代农业"转变的基础和条件，包括：农田水利设施、高质量耕地、农电设施建设，科技开发实验基地，通信网络、道路桥梁设施，以及禽畜疫病防御与灾害预防体系等。也就是说，现代农业产业发展的实质是为新型农村的发展奠定相应的物质基础，村庄基础设施得到较大改善，实现农业规模生产，粮食安全有保障，农产品供给充足，市场价格相对稳定，土地要素生产率提高，农民收入不断增加，村庄集体经济不断壮大，人民生活安居乐业。

事实上，现代农业是与传统农业相对应的概念，现代农业是农业现代化的方向和目标。农业现代化是一个发展的、动态的概念。随着农村经济体制的改革步伐，中国农业现代化内涵获得了丰富和发展，明显带有国情色彩、时代制度特征和认知思维特点。从"农业现代化就是机械化、化学化、水利化和电气化"到"农业现代化就是农业工业化、农业市场化、农业产业化、农业高效化"的演变和发展过程正是中国农业现代化认识水平不断提高、创新和发现的过程。根据美、英的经验，起初，农业现代化等同于农业机械化，当农业机械化技术应用达到一定程度时，现代农业宣告确立。今天的现代农业是在近代农业的基础上发展起来的以现代科技为主征，广泛应用市场理念、管理知识和工业装备的产业体系。

首席主任赵波介绍说：良乡一村将朝着"可循环农业、养生农业、精准农业、高效农业"的思路发展。其中，工业化是手段、产业化是核心、组织化是重点、市场化是关键。

——遵循农业发展自然规律，发挥市场机制在农业现代化过程中的决定性作用，实现农业资源的市场化配置，扩大农业产业价值链条和保障农产品质量。

——将常规的"农业资源工业用途、农业剩余转出农村、农民才干支持城市"的做法转变成"工业技术装备和工艺管理应用于农业产业——武装农业、推动农业、提升农业"。

——农业剩余价值和资源要素能量留在农村，在农村合理流转，激发农村、搞活农村、壮大农村，实现和谐农村、生机农村、旺盛农村；

——开发和培育职业农民，福利农民，保障农民，激励农民，使农民成为职业农民、文化农民和文明农民，使农民在城市与乡村中自由流动，在工业化与农业现代化进程中自主选择。

——坚持市场化与国际化理念，创建新的资金增值融资体系；重视土地资源的流动性、增值性，以及投入产出效率等。

（一）村庄"三农"发展新秩序

良乡一村新班子认为，中国新农村建设之所以步履艰难，未能获得预期效果，一个关键就是未能按照"三农"的内在逻辑程序进行制度安排和资源市场配置。如有些村庄的农民问题，包括教育、就业和社会保障等得到了比较好的改善，可是，其村庄变成了名副其实的"空心村"了；有些村庄农民福利问题解决好了，农村经济也上去了，可是，农业产业却衰败了，环境和安全却成了问题了。

所以说，"农村、农民、农业"问题归根结底却是"现代农业发展"的问题。在"三农"问题中，农业问题是突破（口）、农民问题是关键、农村建设是要务；只要农业问题解决了，农村问题也就迎刃而解，农民也就随之没有问题了。农民关心的是实惠和利益，而农业产业发展是农民收入的源泉；农民关注的是城乡差别与城乡不平等待遇问题，只要农村环境改善了，城乡差距缩短了，福利待遇增加了，有更宽就业机会可供选择，有更多公共产品可以分享，农民也就满意了——这一切均有赖于发展现代农业产业和建设新型农村。

的确，中国"三农"问题不单纯是一个经济问题，也是一个关系到稳定与发展的社会性和政治性问题；不仅是关系到农民增收、农业增长、农村改善的问题，而且关系到农业、农村和农民的长远发展问题；不仅是与农业自身有关的"局部问题"，而且是关系国计民生的全局问题。[①] 此外，乡村发展与"三农"秩序的相关性研究文献显示，普遍认为，"三农"中的农业问题、农村问题和农民问题，其关键是农民问题，是农民的生存、转型和发展问题；农业和农村问题在很大程度上只不过是农民问题的派生问题，这由农民作为主体的价值和方向所决定。

（二）农民福利市场化新尝试

良乡一村新班子也认识到，由于农村经济的特殊性及农户资金存量的有限性与市场信息的不对称性，土地、劳动力、资本、技术

---

① 黄祖辉等：《中国"三农"问题解析：理论评述与研究展望》，浙江大学出版社2012年版，第1页。

等资源要素的合理配置和有序流动，是农业现代化进程持续推进的基本保障。对良一新村而言，市场化不仅是村庄要素配置效率提高的需要，而且是重构其经济基础、组织化机制和现代农业发展的基本条件。在良乡一村现代农业发展进程中，坚持"领悟政府政策意图、严密资金监管制度、渗透市场营销奥秘"，以及资金筹措、资产重组、资本融通，改善投资工具、开辟融资渠道，资产经营与资本营运"齐头并进"的发展策略。

（三）保农·护农·爱农新团队

"农民老了""农村空了""农业衰了"，这是时下人们对中国农民、农村和农业的基本判断。如果说"谁来种粮"是中国粮食安全问题的"基本问题"，那么可以说"谁在治村、谁能治村、谁会治村"则是关系到中国新农村建设、新型农民培育和现代农业发展的"核心问题"。在政策的感召与时代的呼唤下，山东省青岛市良乡一村在现代化农业发展进程中形成了具有时代性的村庄治理团队。如首席主任——赵波拥有独特的视角理念、企业家精神和宝贵的市场经验；第一书记——徐勇拥有智能化的信息技术、军人式的忠诚自律和可贵的政策觉悟。拥有企业家精神的村主任、军人式忠诚的村支书、十七名同心的议事员和十二位联户的小组长堪称基层组织建设"梦幻组合"。

村主任认为，村庄治理者应当懂农村、理解农民。城乡统筹的核心就是尊重客观历史事实、遵循生物发展规律、人性化化解矛盾；按照市场规则办事：公平买卖和等价交换，切莫牺牲农业发展工业，诱惑农民服务居民，剥夺农村成就城市。

（四）"60后企业家"的新精神

每个企业都有一种理念和文化，企业家朝着这个理念努力，长久形成文化，也就是支撑企业家努力拼搏的精神。企业家使经济资源的效率由低转高；企业家有着特殊的技能，是知识和智慧的集合体，具有组织建立和管理村庄的综合才能，是一种特殊的无形生产要素。如西方国家企业家转移到政府和社会组织部门，用企业家精神改善政府服务和社会管理质量。

良乡一村新班子，不仅仅意味着村庄的道路建设和现代产业发展资金投入，而且是一种服务意识和精神。首席主任和第一书记都是生长在20世纪60年代、青春时期在20世纪80年代的人，这一代人往往用精神而非物质标准去判断一个时代的得失，他们缅怀他们的读书时代——谈论哲学、爱情和诗歌，他们充满激情和纯情，他们有追求、有理想和有社会责任，而今，这是这个民族应该敬重的一种情感，也是乡村建设的一笔资源财富。

首席主任赵波，青岛里岔黑猪繁育基地董事长，将"里岔黑"国家级猪种资源"抢救性保护、进入市场、推向高端"的第一人，胶州市东宝制衣有限公司和青岛天泽皮革制品有限公司法人代表。赵主任拥有企业家固有的理念、诚信和拼搏精神。

第一书记徐勇，是青岛市委宣传部选派干部，担任良乡一村第一书记，积极发挥自身优势，拓展蔬菜销售渠道，为村民增收作出贡献，做到"进百户门、听百家言、办百件事"，让忠诚闪耀在村庄，忠诚观念融入血脉，Loyalty as the soldiers 小岗位连接着大使命，表现出奉献、红烛精神，发挥着绿叶优良传统。

（五）中国"先富带后富"的新经验

邓小平提出"让一部分人先富起来，然后带动其他人致富"的理论思想，但是却没有"先富如何带动后富"的明确指示。胶州落实"千名能人"培养工程加强村党组织书记后备干部队伍建设的方案（胶组发〔2009〕38号），是先富带动后富的政策思想变成行动的典范——引进从村庄走出去从事企业经商，且做得比较好的企业家回村担任村庄管理者，赴任者不仅将其企业家精神和管理理念融入村庄管理中，而且应当及时筹措村庄发展所需的部分资金。这符合邓小平"让一部分人先富起来，然后带动其他人致富"的理论精神。[①]

二 治理策略

"我是从农村走出去的，生于农村、长于农村，熟悉农村、认识农业、了解农民"，首席主任赵波如是说。他说：农民的人际交往是以亲缘关系为纽带来开展的，以与自己的亲缘关系的远近亲疏为标准；在农民家庭，从小生活在确定的环境里，对各自的家族历史和行为特点非常熟悉；决定交往的不是契约，而是家族的声誉和地位。尤其是资源少与灾难多，造就了农民谨小慎微的性格和行为模式。农民对新鲜事物抱有相当谨慎的态度。面对新思想、新办法，多数农民主要是在观望，"看见"实惠，农民才能够接受创新和变化。所以，良乡一村的任何改变及革新措施均采取尝试性的、试错性的策略。在充分考虑农民意愿的前提下，经过酝酿、村民小组会议讨论和实施。换言之，良乡一村抛弃顾此失彼的、不合时宜的改革观念，选择和实施了稳健审慎的"试错性创新实践战略"，眼光从制度政策下的"规定动作"转向国家政策没有规定不许做的"创新行动"。

良一新村在"良乡、良田、良民、良心"村庄建设发展目标指引下，尊重客观历史事实，遵循生物发展演化规律，遵照"现代农业基础设施建设、新型农村发展设想、职业农民培育"的逻辑秩序，进行制度设计和安排——先发展农业产业（资源要素配置、基础设施、物质手段、生产效率、市场交易、产品价值增值等），接着解决农村问题（价值体系构建、村庄文化建设），再解决农民问

---

① 王川：《提高农户营销能力，重点在于实现"四个"转变——胶州大白菜调研思考》，中国农业科学院农业信息研究所，2012年9月3日。

题（利益分配、动力激励机制与福利保障制度建设），并有条不紊地开展"无工业现代农业发展与新村建设活动"，构造"适宜人类生活、城市人羡慕"的新农村家园。

运用历史观——尊重客观历史事实，以民为本，解决村庄历史遗留问题，继承非物质文化遗产和吸取历史遗训。

运用国际观——胸怀祖国、放眼世界，与时俱进地摒弃抱残守缺的思想，秉承实事求是的精神，解决村庄无工业现代农业及农业现代化进程中"动态的、发展中的矛盾和难题"。

运用科学观——开展"农业产业创业、新村家园建设和职业农民培育"农业现代化发展活动。

运用制度观——进一步认识和理解"一靠政策、二靠科技、三靠投入"朴实的思想内涵和意义。思考和把握国家政策制度安排特点和特性，制度安排一定程度上既是促进现代农业发展的动力，也是致使农业衰败的根源，包括农民权益与农村资源转移方向，以及农业产业投入流向等刚性约束。

三　方案设计

（一）村务管理组织新方式

坚持治理理念及"突破性、试错性、建设性"原则，打破管理者与被管理者之间的藩篱，强化横向联系，丰富和发展"制度化、智能化和组织化"内涵。即"不破不立"的原则和指导思想；"全程治理"的策略和行动纲领；"能上能下"的方针和自律准则；"包容善行"的思想和行为风格；"团队作用"的精神和行事责任；"契约村庄"的方向和风险举措；"小国大村"的理念和前进目标。良乡一村创造性地设计了村治理机制，突出特点就是从全村党员和群众中选举十七人作为村庄领导团队的核心成员，以及村"两委"班子和新村建设领导小组成员，也称"村议事员"。成员有村庄

"记忆天才秘书长"赵伯强、建设工程项目"铁面无私"赵伯顺、农民知识分子代表庄殿忠。同时，为了密切联系群众、了解群众的困难和需求，从村民中选择十二位联系农户的小组长。即村民议事会再下设六个联户小组，每个小组设两名组长，每2—3人议事成员管辖1个小组，每个小组联系8—12户农户（如图所示），所有的村事，先由新农村建设领导小组提出意见，交由村民议事会讨论通过，从而有效解决了村民之间的纠纷和矛盾，为生产发展奠定基础。

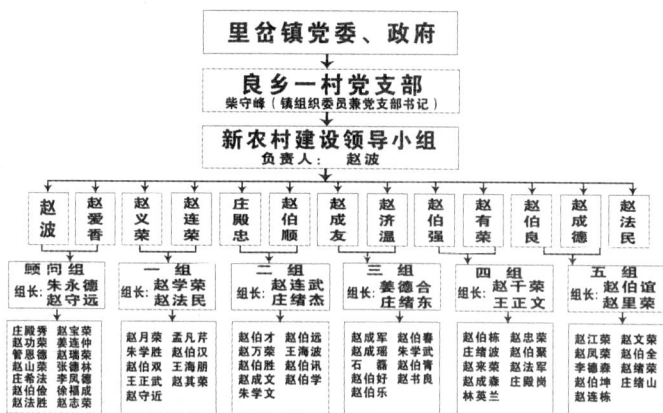

中共里岔镇良乡一村新农村建设管理机构图

（二）村庄建设规划新视野

良乡一村首席主任认为，新农村建设应当围绕"硬化、绿化、净化、美化""四化"展开活动。生产管理的核心就是资源要素市场配置、产业布局规划、企业化经营理念、持续性增长效率；生活富裕的关键就是充满生机、供给充足、物种兴旺、健康状态明显、食品安全、支付手段便利化和货币流通顺畅；乡风文明的实质就是信用程度、言语方式、思维逻辑、思想财富和精神遗产等状态；村容整洁的表现就是秩序、卫生与环境的适宜状况；管理民主的重点就是治理结构的扁平化、对策方法的科学化、组织建设的制度化和沟通交流的经常化。良乡一村的建设思路、规划和实践，一定程度丰富和发展了新农村建设的内涵。

——"良乡、良田、良心、良民"的新村发展目标及指导思想；"无工业现代农业发展实践、多元化创收渠道开辟、农民福利市场化培育、人本化保障体系建设、突破性村庄治理机制、充满生机的良园打造"，以及"老有颐养、小有良教、病有良医、住有宜居、技有所用、劳有所值"的发展框架。

——"健康方式导入、自我价值培育、权利意识唤醒、语言能力改善、诚信品格塑造、文明种子播种、感恩之心栽培、理性思维浇灌"的行动准则。

——"道路硬化、村庄绿化、环境美化、农屋亮化、居所净化"的村庄建设标准。依托周边自然山水特色和村庄自然环境，提出和实践集镇风貌塑造、街道景观设计、集市环境治理、污水垃圾处理、建设行为规范等各项规划方案；以及开展农村风俗文化和耕作体验项目活动，建设特色农家饭店，让市民观赏民情民俗、品尝农家菜，感受农家乐，探索和尝试"以旅游帮助农民、兴旺农业"的新路子。

良乡一村规划报告数据显示，全村建设投入概算资金 4130.37 万元。其中：社区服务中心及其他办公室建设费用 555 万元（3700m^2×1500 元/m^2），商业网点 286 万元（2200m^2×1300 元/m^2），居民楼 2052 万元（11400m^2×1800 元/m^2），住房基础设施及环境绿化，包括硬化、景观、水电暖气施工费 692 万元（276800m^2×400 元/m^2），商业性费用 339.45 万元，行政事业费 171.32 万元（17300m^2×99.03 元/m^2），包括不可预见费用 34.6 万元（17300m^2×20 元/m^2）。

良一新村园门

良一新村后园

良一新村园景

良一新村园景

良一新村园景

良一新村园景

第六章

土地确权

"土地问题"是任何国家或地区的"复杂问题",但与世界其他国家相比,中国的土地问题更复杂,且其农村土地制度具有明显的"个案性、差异性和特殊性"特点,形成了"国家管制、集体所有、农户经营"的特色农地经营模式。

——作者

"每一个国家的历史某种意义上就是土地存在和占有的历史"①。事实上,中国重大革命事业的发展与重要经济革新事件的发生,几乎均与土地制度安排及其政策演变密切相关。中国共产党为人民服务事业根植于——农村土地改革及"耕者有其田"土地政策的实施;中国经济体制改革始于农村,源于"土地制度变革"及农业土地承包经营责任制的推行,从而为中国工业化、城市化的发展提供了可供借鉴的改革经验和可供调配的农业经济剩余。可以说,土地改革的历史就是中国共产党为民服务事业成功的历史;土地制度政策的变迁和演变史,就是一部活生生的中国

---

① 蒲坚:《解放土地 新一轮土地信托化改革》,中信出版社 2014 年版,第 5 页。

农村经济和现代农业发展史，是对农民权益和社会地位不断认识和确立的历史。

回顾中国农村土地制度政策变迁和演化历程，大致经历了"土地没收（1945—1949 年）、土地分配（1949—1953）、土地收缴（1953—1978 年）、土地承包（1978—1984 年）、土地规划（1984—2013 年）"五个阶段，以及"土地所有制变革（1945—1953 年）、土地经营制度改革（1953—1984 年）、土地流转机制建立（1984—2013 年）"或"土地所有权改革（1945—1978 年）、土地经营权变革（1978—1984 年）、土地发展权转移（1984—2013 年）"等三个时期——反映出了中国社会主义计划经济发展道路向中国社会主义市场经济发展道路转变的基本过程，具有明显的制度特色和时代特征，代表着中国社会主义市场化推进程度和农村现代农业发展水平。农村土地制度变迁过程，实质上就是农村土地产权结构变化、农民土地经营权制度改革的过程，也是农村土地集体所有制的实现形式不断探索的过程。[1]

一　土地规模

（一）农民承包耕地规模状况

村情调查数据显示，良乡一村拥有土地面积 1160.6 亩，其中，耕地面积 1020 亩（水浇地 100%），居民用地 63.6 亩，公共设施用地 3.4 亩，交通用地 47.5 亩，商业建设用地 26.1 亩。农户承包耕地面积 1020 亩，由 140 户农户承包经营。其中，承包耕地面积 5 亩及以下的农户 60 户、占 42.86%，合计 130 亩、占 12.75%；6—10 亩的农户 46 户、占 32.86%，合计 320 亩、占 31.37%；11—20 亩的农户 24 户、占 17.14%，合计 270 亩、占 26.47%；21—40 亩

---

① 许经勇：《中国农村经济制度变迁六十年》，厦门大学出版社 2009 年版，第 203 页。

的农户 8 户、占 5.71%，合计 180 亩、占 17.65%；41 亩及以上的农户 2 户、占 1.43%，合计 120 亩、占 11.76%，详见图表。

户情调查数据显示，调查农户（50 户）承包耕地面积 416.85 亩，户均承包耕地面积 8.34 亩，最多的 80 亩，最少的 1.7。其中，承包耕地面积 5 亩及以下的农户 13 户、占 26.00%，合计 50.5 亩、占 12.11%；5.1—7 亩的农户 19 户、占 38.00%，合计 125.85 亩、占 30.19%；7.1—9 亩的农户 10 户、占 20.00%，合计 81.5 亩、占 19.55%；9.1—11 亩的农户 4 户、占 8.00%，合计 40 亩、占 9.60%；11 亩及以上的农户 4 户、占 8.00%，合计 119 亩、占 28.55%。

表 6-1 良乡一村（国情调查）全村农户承包耕地结构状况

	5 亩及以下	6—10 亩	11—20 亩	21—40 亩	41 亩及以上
农户数量（户）	60	46	24	8	2
农户比重（%）	42.86	32.86	17.14	5.71	1.43
面积数量（亩）	130	320	270	180	120
面积比重（%）	12.75	31.37	26.47	17.65	11.76

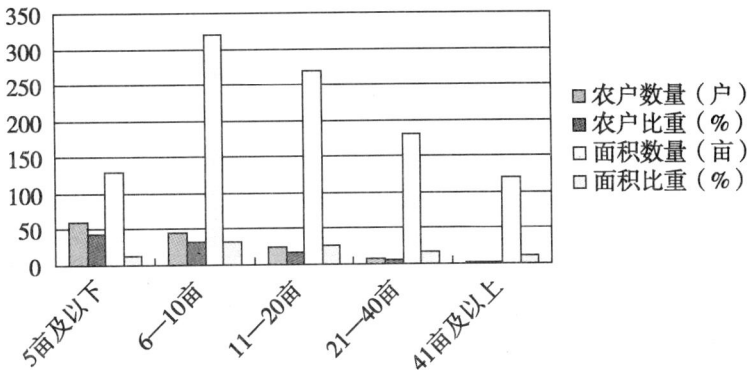

图 6-1 良乡一村（国情调查）全村农户承包耕地结构状况

（二）人均耕地面积占有状况

村情问卷调查数据显示，2012 年，良乡一村农户承包耕地面积 1020 亩，人均农民承包耕地面积 1.86 亩，人均农业劳动力占有承包耕地面积 3.04 亩；经营面积 1145.15 亩，人均农民占有经营面积 2.09 亩，人均农业劳动力占有经营面积 3.42 亩。

户情问卷调查数据显示，2012 年，调查户（50 户）农户承包耕地面积 416.85 亩，人均农民承包耕地面积 2.03 亩，人均农业劳动力占有承包耕地面积 2.78 亩；经营面积 750.35 亩，人均农民占有经营面积 3.61 亩，人均农业劳动力占有经营面积 5.0 亩；播种面积 1373 亩，人均农民占有播种面积 6.6 亩，人均农业劳动力占有播种面积 9.15 亩；大棚面积 138.8 亩，人均农民占有大棚面积 0.68 亩，人均农业劳动力占有大棚面积 0.93 亩；机耕面积 744.8 亩，人均农民占有机耕面积 3.58 亩，人均农业劳动力占有机耕面积 4.97 亩；机播面积 748.8 亩，人均农民占有机播面积 3.6 亩，人均农业劳动力占有机播面积 4.99 亩；机电灌溉面积 683.7 亩，人均农民占有机电灌溉面积 3.29 亩，人均农业劳动力占有机电灌溉面积 4.56 亩；机收面积 475.7 亩，人均农民占有机收面积 2.29 亩，人均农业劳动力占有机收面积 3.17 亩；地膜面积 622.2 亩，人均农民占有地膜面积 2.99 亩，人均农业劳动力占有地膜面积 4.15 亩。

表 6-2　　良乡一村（国情调查）调查户人均耕地面积占有量

	承包	经营	播种	大棚	机耕	机播	机灌	机收	地膜
人均（亩）	2.0	3.6	6.6	0.7	3.6	3.6	3.3	2.3	3.0
人均劳力（亩）	2.8	5.0	9.2	0.9	5.0	5.0	4.6	4.2	3.2

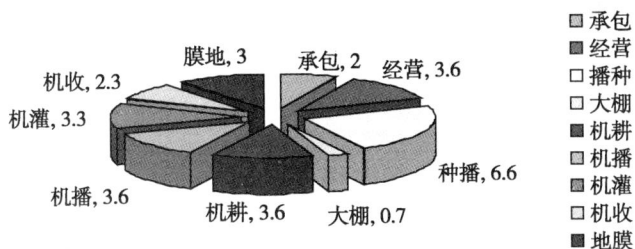

图 6-2　2012 年良乡一村（国情调查）调查户人均耕地面积占有量

二　流转模式

（一）耕地经营权流转状况

村情统计调查数据显示，全村承包经营耕地面积 1145.15 亩，发生耕地流转的农户比重为 61.43%，耕地流转面积 641.1 亩，其中，流转入面积 419.3 亩、占 65.40%，流转出面积 221.8 亩、占 34.60%。发生农地流入的农户比重为 27.85%（39 户），户均农地流入面积 10.75 亩，最多的 51 亩，最少的 0.5 亩。其中，农地流入面积 20 亩以上的农户比重为 17.95%（7 户），合计 248 亩、占 59.15%；10—20 亩的农户比重为 12.82%（5 户），合计 65.2 亩、占 15.55%；10 亩以下的农户比重为 69.23%（27 户），合计 106.1 亩、占 25.30%。发生农地流出的农户比重为 33.57%（47 户），户均农地流出面积 4.72 亩，最多的 13 亩，最少的 1 亩。其中，农地流出面积 10 亩以上的农户比重为 2.13%（1 户），合计 13 亩、占 5.86%；7—10 亩的农户比重为 25.53%（12 户），合计 97 亩、占 43.73%；7 亩以下的农户比重为 72.34%（34 户），合计 111.8 亩、占 50.41%。

户情调查数据显示，调查农户（50 户）承包经营耕地面积 750.35 亩，发生耕地流转的农户比重为 58%，耕地流转面积 390.1 亩，其中，流转入面积 361.8 亩、占 92.75%，流转出面积 28.3

亩、占 7.25%。发生农地流入的农户比重为 79.31%（23 户）、户
均农地流入面积 15.73 亩，最多的 51 亩，最少的 1 亩，其中，农
地流入面积 20 亩以上的农户比重为 30.43%（7 户），合计 248 亩、
占 68.55%；10—20 亩的农户比重为 17.39%（4 户），合计 53.2
亩、占 14.70%；10 亩以下的农户比重为 52.17%（12 户），合计
60.6 亩、占 16.75%。发生农地流出的农户比重为 28.69%（6
户），户均农地流出面积 4.72 亩，最多的 8.5 亩，最少的 1 亩。

表 6-3   良乡一村（国情调查）全村承包耕地经营权流转规模状况

	10 亩以下	10—20 亩	20 亩以上
耕地流入数量（亩）	106.1	65.2	248
耕地流入面积比重（%）	25.3	15.55	59.15
	7 亩以下	7—10 亩	10 亩以上
耕地流出数量（亩）	111.8	97	13
耕地流出面积比重（%）	50.41	43.73	5.86

（二）耕地经营权流转特点

特点 1：尝试性地进行"农民分层"，实行"人地"剥离，将
农民劳动力从土地所有权的"抽象概念"及"人身依附关系"中解
脱出来，解放农村劳动力和释放土地生产力，为"职业农民"的培
育与农业规模化产业化经营创造条件。

在"土地承包关系长久不变"的思想指导下，良乡一村村委以
农民为单位，按其经营能力、职业水平与年龄，把村民划分为：耕
作农民、务工农民、技术农民、经营农民和其他农民（不耕作者、
缺乏技能者和无业者等），以及 60 岁以上者和 60 岁以下者，从而
将"土地与农民"进行彻底剥离，实行"集体所有、分类经营"
的土地耕作制度，将土地向"耕作农民"和"农业产业化经营农
民"手中流转集中，实行土地集约化和规模化经营。

——60 岁以下者，按照自愿原则转出土地，按照 2005 年划分

的地级标准，每级 120 元计算，期限 6 年，土地价格不变，每年 7 月 1 日前支付给承包费用。如果不再上交土地，应当按照相应的土地级数划拨土地。

——60 岁以上者，必须将一或二类土地一次性交齐，如果要再进行承包，其承包费用应当按照当年最高额度计算；如果没有承包地或承包（地）费用低于 2010 年承包费用水平，应当按照 2010 年标准（1420 元）计算，以 2005 年划分土地的地级（每级 142 元）计算方法进行测度；自行承包土地者应在每年的 7 月 1 日前交齐承包费用，否则不能领取每月补贴，并按照放弃上交土地情形处理；老年人每个月 300 元补贴（一年 3600 元），并按照承包费用的增长情况调整补贴额度；期限暂不限定，一般不能低于一年，不足标准费用的部分，依据所上交土地的差额按月发放补贴。

特点 2：创造性地进行"权益分解"，以"土地资源要素'流动性''效率性''增值性'"为基准点或参照系，以货币为载体，将农民土地权益货币化，确定土地集体所有权价值表现形式，确立农户土地承包权利益补偿机制，确认农民土地经营权效益标准，增加农民财产性收入与壮大集体经济实力，为村庄基础设施建设及现代农业发展奠定物质基础。

乡一村在土地整治实践中，基于土地稀缺性特性、市场高效配置及现代农业发展进程要求，按照土地内在属性及功能作用，将"土地"分为"土地资源""土地资产""土地资本"三类，并对各类土地"功能"作出了明确规定和执行细则。即，"土地资源"：合理开发利用、科学耕种、高效产出；"土地资产"：依法出租、转让、入股；"土地资本"：遵循其内在规律及其农村市场化发展需求，进行土地资本投资及融通，提高土地资本投资回报率。

——确认相关的产权人主体——农村集体（集体经济组织、村委会、村庄合作经济组织等）、户籍农户、职业农民、农业经营实体（公司、企业）。

——确立土地"所有权、承包权、经营权"三项土地权益和义务。即,土地所有权属于村集体所有,作为调节和平衡农民承包土地权益的手段和基础;村级组织有责任协调和推动土地的有效配置、有序流动、价值增值。土地承包权属于承包农户所有,并在"自愿、有利、有偿"原则下,承包农户有权将承包地转包、出租、置换、转让与入股;同时有义务遵守承包合同所规定的义务和责任,包括不能抛荒、撂荒与保护耕地,以及向土地所有者缴纳承包经营费用等。土地经营权归属于土地耕作农民所有,耕作农民有权获得土地经营利润、享受各项政策性农地耕种补贴和粮食产品最低收购价待遇;有义务保护耕地、改良土地、科学种田,并向土地所有者缴纳承包经营费用。

——村委会或村民领导小组确定土地权益计价标准——全村土地统一以"货币"为单位,按照每亩1420元计价(依据村庄经济发展实力、土地市场平均价格水平、土地资源用途及配置效率等因素确定),设立"村级土地承包经营费用账户",实现"耕者有其田、农民承包者得益"的目标。

特点3:建设性地进行"土地分类",从平均化的扁平式土地资源管理向纵深化延伸的土地资本开发转变,制定"调之彻底、变中永佃、稳中永恒"的土地调整行动方案,厘清农村土地资源、土地资产、土地资本"三资"属性及特性,按照市场运行规律及其需求进行资源配置、资产组合、资本融通——积极引导耕地规模性集中,实行土地规模经营与农业产业化发展。

——下大气力进行土地整理,把几十年前家庭联产承包责任制初期划分过于零散的土地整合、整平、连片,把户均七块多地减为两到三块,在改良土壤的同时改造了土地耕作条件——旱能浇、涝能排。

——打破承包地、经营地和播种地之面积数量限制,赋予耕作农民相应的权益和提供补贴支持,有计划、有秩序地引导耕地规模性集中，实行土地规模经营。

——突破村庄区域界限，鼓励村民到外村、外乡及外地承包耕种土地，提高农业产业经营比较效益。

——激励有特殊技能的农民发挥专长，提供技术农民施展其非农技术和管理能力的平台和机会，培育农村技术和管理人才。

——开发和设计多样化土地资源市场价值实现形式，排除务工农民后顾之忧，鼓励其"专心致志"地外出打工创业，拓展增收渠道。

——提供 60 岁以上老年人的生活福利保障体系及待遇，促进其"退耕养生"，提高农民的生活质量。

——开辟更多更广的就业路径和选择机会，促使不善于耕种土地、缺乏农业技术的农民自愿"退出"土地，增加就业门路，实现科学种田与开发良田示范。

特点 4：合理地进行"利益分配"，以村级组织为主导，在"农民福利市场化与壮大集体经济实力"的土地调整准则下，设计土地收益分配方式；建立健全"农民做主、农民有利、农民享有"农民土地流转权益保障制度，确保农民土地权益、平衡产权人利益及其土地调整效益最大化。

良乡一村在土地整治实践中，为了推动土地调整方案的顺利实施，达到土地调整的既定目标，更好保护农民权益，有效平衡土地产权人利益，创造性地设立和实践了"两个"保障制度——农地整治保障制度与农民福利保障制度。

——农地整治方案实施保障机制："先立后破"与"突破性、试错性、建设性"原则和指导思想；"全程治理"策略和行动纲领；"能上能下"方针和自律准则；"包容善行"思想和行为风格；"团队作用"精神和行事责任；"契约村庄"的方向和风险举措；"小国大村"的治理理念和前进目标；打破管理者与被管理者藩篱，强化横向联系，以及基层组织建设"制度化、智能化和组织化"等行动目标。

——农民生活福利保障体系："老有颐养（保障）、小有良教（教育）、病有良医（医疗）、住有宜居（住房）、技有所用（就业）、劳有所值（价值）"的发展新框架，进一步丰富和发展了中国社会主义新农村建设的内涵。

村庄土地整治规划

三　确权依据

——土地所有权抽象性、不可占有性是农村土地最基本的属性和特性，也是"公有制经济"的逻辑基础。"地权"如同"人权"一样具有"占有"的"违纪性"与"垄断"的"非法性"属性。鉴于此，与其提倡"共有"，毋宁提醒"不可占有"。

——农地确权的重点在于土地资源的稀缺性及存量的稳定性、土地资产的可分割、交易性及增量的持续性，以及土地资本的可增值、融通性及变量的内生性等社会特性所决定的土地生产能力和农民发展权益。因此，在确权过程中，应当逃出"土地所有权"的"牢笼"及其抽象概念的束缚，遵循地权逻辑和规律，将侧重点放置在农地的"有序流动、持续增值和高效配置"等环节上，促进耕地的有序集中和农业产业规模性发展。

——"农村土地确权"是一个经验的基层实践概念，并非超验的顶层设计范畴。在中国农村土地确权运动中，任何唯上而不唯实的"自上行为"势必步入"死胡同"，并将农民诱入不切实际的权益预期及遥遥无期的等待中。因此，在农村土地确权进程中，应当围绕"一地五分力"开展确权活动——农民多一分底气、村里多一分力气、政府多一分正气、学界多一分志气、官员多一分骨气——去面对和解决确权进程中与农民权益息息相关的动态性问题。

——农村土地确权的手段和方式是农村市场化水平和程度的"自然测度"。从确权的结果及效果可以客观地反映出其资本货币作用范围、人与地的剥离状态及其依附关系，以及土地集中程度、土地利用技术和生产能力状况。因此，土地确权不应当撇开"市场这一特殊资源"、不能抛弃"市场这一发展路径"、不可以脱离"市场这一配置工具"。

——土地市场是农民走向市场和发展的唯一通道，是农民与市民、农业与工业、农村与城市等社会经济关系的载体和表现物，也是衡量"人本经济"的一把尺度。因此，应当将地产商、开发商、投资商、经纪人在农村活动的性质、与农民交易的规则、为农业提供服务的方式等作为考量和测度农地确权绩效的重要标准。

——土地是农民是最后"一块"可以依赖的生存资源与能够谈判的有限资本。所以，在土地确权运动中，任何的"惦记"和"算计"应当在"人道主义"理念框架下进行。

——囿于农村土地所有权、纠缠在"谁所有、谁经营"的土地制度添添补补的"确权"设计和做法，不但不能有效解决农民土地的权益问题，相反，致使农民陷入"歧途"和"权益抗争"的"旋涡"中难以自拔。在超验"土地所有权"的"囹圄"、不可占有、可分割和发展视野下，只要"目的明确""方法正确""目标清楚"和"利益清晰",农村农民土地"确权"问题就是"一个市场""一个组织"和"一个保障"的问题。

四 经验要素

"对土地制度的客观评判必须建立在对土地属性全面认识的基础上"[1],土地属性就是土地自然的社会存在状态的客观规定性,即在何种经济制度下均成立的、合逻辑的、合规律的、不以权力意志为转移的本质状态。农地流转其实质指拥有土地承包经营权的农户将土地经营权(使用权)转让给其他农户或经济组织,即保留承包权,转让使用权。中央农村工作领导小组副组长、办公室主任陈锡文在2014年1月8日"十八大三中全会精神"报告会上讲道:一个完整的土地制度必然存在"两个关键节点":一个"产权",一个"用途",前者是一个"合法权益保障"问题,后者是"权能规划管制"问题,二者不可偏废、缺一不可。如同一辆私家车,搁置在家中,不"危害"到其他人的利益,车主可以"随心所欲";倘若车子要"上路",就不得不接受相关的交通管制。显然,"土地规划管制"与"车辆交通规则"的道理同出一辙。中央明确指示:土地所有权"不能变"、农地用途"不能改"、农民权益"不能损"。

实地调研结论表明,良乡一村土地整治及其无工业现代农业发展实践新思路新尝试,颇有突破、创意和时代特征,以及较强的示范性,提供了可供借鉴的要素和依据,一定程度上影射出了中国农业现代化路径的特殊性、新农村建设的示范性和现代农业发展的启示性。

启示性1思路变革:突破了"土地与人口"纯数量增增减减与

---

① 贺雪峰:《地权的逻辑Ⅱ 地权变革的真相与谬误》,东方出版社2013年版,第1页。

"谁所有、谁经营"制度性添添补补的思维窠臼，将重心转向"土地改良、适度规模经营与科学种田"层面上来，提高土地产出效率。

跳出了"纯农户、离农户、兼农户"的常规思维框架，以"农民"为单位，将农民进行有序分流与土地进行科学分类，使"耕作农民"不再是耕地的附属体，土地也不再是"务工农民"的束缚物，打破了"收入拐杖原理"的"魔咒"；为农民成为"自主、自由"的劳动者及"职业农民"创造条件，为推动土地资源市场化配置及其农业规模化、产业化经营奠定基础。

启示性2态度转变：运用货币杠杆撬动农村土地承包权锁链，将土地转让、入股等桌子下的"隐性"交易变成"有形"公正、公开、合法、合规的农业产业化经营活动，突出了土地的增值性。

以"货币为载体"确立土地各项权益，将抽象的土地所有权概念具体物化及赋值，"恢复"了土地所有者——村庄集体在经济上的权利，土地所有权表现为单纯的物产权，明晰了土地所有权剩余，即地租的归属问题——名至实归——村庄集体所有；厘清了"地租"与"租金"的内在差异，将"土地所有者与土地所有权"高度统一，以及"土地耕作条件与土地使用经营权"有机结合；明晰农地所有者、使用者、经营者"三者权益"：土地所有者（村庄集体）应当获得地租；土地经营者（耕作农民）应该获取市场平均利润；土地使用者（转包农户或承包农户）必须获得或支付土地改良投资效益和土地承包使用权转让补贴——租金，即除了地租，还包括土地固定资产折旧费、利息及其市场平均利润和活劳动收入的一部分。这样，客观上避免产生土地抛荒、撂荒的现象，从而一定程度上增强村庄经济发展实力、凝聚力和向心力，为新农村建设和农民福利保障体系建制及完善奠定基础。

启示性3方式变化：引入现代市场配置理念，拉大、拉开与扩展农地"待遇、收入和能力"的"差别""差距"与"差异"，有组织、有计划地进行土地承包经营权的转包、出租和集中，将土地流转局面从自发、无序"逆流"扭转为自觉、有序"顺流"。

在现代经济学文献中，经济组织及其效率一直是主流经济学家关注的主题之一。"资源短缺"要求中国农村经济发展资源的配置手段不能仅仅依靠行政力量、制度政策调控影响和财政调整手段，必须依赖金融制度杠杆体系和竞争性价格机制，包括利率汇率功能，通过市场价格机制促使经济资源要素的有效配置及其农产品市场供需均衡。市场化的突出表现就是货币作用条件、发展程度及其货币作为载体的职能范畴。推进土地资源高效配置、土地资本价值增值、土地资产持续增长，以及农业现代化、农民职业化和农村市场化发展进程正是良乡一村土地整治与配置实践的核心内容和目标。

启示性 4 功能转变：强化农村土地财产性功能，将农地制度从单纯保障功能向多重的财产性功能转变，推动农村"失地农民"向"职业农民"转化。

"失地农民"是中国公有制经济体制及现实土地制度安排下、工业化、城镇化进程中出现的一种特殊而普遍的"三农问题"现象。有学者保守估计，目前全国实地农民的数量可能超过 2000 万人，而且失地农民因此由发达地区的局部社会问题扩展为全国性社会问题。[①] 长期以来，在中国农村，"土地"一直承载着农民劳动者及其家庭满足基本生存需要，实现就业、养老、医疗等需要的自我供给功能性义务。[②] 良乡一村在土地整治和配置实践中，实行"土地所有权、土地承包权与土地经营权"三权彻底分离，明晰和量化土地权益，通过货币载体，将农民与土地关系表现为货币经济

---

① 中国"三农"跟踪调查课题组：《小康中国痛》，中国社会科学出版社 2004 年版，第 357 页。

② 钟水映：《土地的保障功能与中国农村养老保障体系的建设》，《发展经济学论坛》2005 年第 1 期。

关系，推动土地改良和科学种田，提高土地生产力及单位产量，进行科学劳动力价值赋值，同时实施了"老有颐养、小有良教、病有良医、住有宜居、技有所用、劳有所值"人性化的保障制度，避免了"失地农民"现象的产生及其"一脚踢"的做法（发放安置费）。农村社会这种以土地为中心的、土地与家庭经营相结合、生存系统与保障系统相互嵌入的土地保障是一种非正规的保障，是一种不健全的保障，是一种落后的保障，是农民在社会保障缺位状态下而被迫进行自我保障的一个理性反映。①

---

① 姚阳：《土地、制度和农业发展》，北京大学出版社 2005 年版。

第七章

资本融通

马尔萨斯指出：最容易的，莫过于发现人间制度的缺点；最困难的，莫过于提示适当的实际改良。可惜，费时间于前一任务的能人，比费时间于后一任务的能人，更多。[①]

——马尔萨斯

邓小平曾指出："金融很重要，是现代经济的核心。金融搞活了，一着棋活，全盘皆活。"[②] 随着金融体系的迅速拓展和金融工具的不断创新，金融在经济发展中的地位也愈加突出，现代经济在某种意义上来说已经成为一种"金融经济"[③]。然而，中国农村金融实质上仍然是城市金融的附属，处于金融边缘化及被抑制地位；农村金融改革并未触动农村金融的实质——主要还是一种历史地、在城市金融方面去添添补补，创造出所谓的农村金融的变革，农村新型金融组织的建设和监管面临着重重困难。顶层（设计者）的认识问题——自上而下、势力较量，只管想管的，出现"一管就死、

① 马尔萨斯：《人口论》，北京大学出版社 2008 年中译本，第 107 页。
② 《邓小平文选》第三卷，人民出版社 1993 年版，第 366 页。
③ 王曙光等：《农村金融学》，北京大学出版社 2008 年版，第 28 页。

一放就乱"的势态。银监会监管的农村资金互助社的"死态"与农民自发成立的农民资金互助社的"乱象"无疑佐证了这一点；中层（管理者）的技术问题——条块分割、利益博弈，只管能管的，必然"左右为难"，出现"不好管""不想管""不能管"的局面；基层（使用者）的能力问题——千头万绪、无权无利，只管可管的，从而步履艰难，出现"劳民伤财、出力不讨好"的结果。

所以，农村金融问题的关键不仅在于"路怎么走"，更在于"无论路有多远，应该找到路"—— 通过内生金融组织成长解决农村金融困境已成为当前理论界和实务界的共识。①

一　资金引入机制

发展中国家小规模农户的经济活动关系到缓解贫困、应对粮食危机与食品安全等问题，而资金短缺往往被认为是阻碍农户有效配置资源从而降低其经济活动效率的主要因素之一。②

伴随着农村市场化及现代农业发展进程，建立资金要素引入和配置制度机制、开发资金市场渠道，解决资金不足而推进乡村经济发展的融资方式日趋成为有关乡村直接、现实和有效的资金筹措模式。事实上，招商引资已成为促进中国乡村经济发展的一个突破口和着眼点，是加快村庄现代农业发展和新农村建设步伐的重要举措。

实地调研发现，良乡一村新农村建设资金、现代农业发展资金、农民生活改善资金主要来自于上级政府部门的支持资金、企业家捐助款、村庄集体经济基金和村民自有收入。截至 2013 年上半

---

① 焦兵：《中国农村金融变迁：从外生金融扩展到内生金融成长》，中国社会科学出版社 2012 年版，第 2 页。

② 刘西川：《农户借贷行为经验研究：相关文献综述》，《中国"三农"问题解析理论评述与研究展望》，浙江大学出版社 2012 年版。

年，良乡一村产业园区累计投入资金 2000 万元，其中，上级农业综合开发项目和现代农业项目资金 1400 万元，青岛里岔黑猪繁育基地投入资金 400 万元，地方供电局、水利局等部门投入支持资金 200 万元；计划再新增投入资金 3000 万元用于继续完善基础设施建设和园区文化产业开发，其中，力争青岛市宣传部支持 400 万元用于园区文化建设，青岛岔黑猪繁育基地和旅游合作社再投资 400 万元建设原生态狩猎园区，上级政府农业综合开发资金 1500 万元，通过村庄集体经济组织（如养殖合作社）出资和金融组织贷款 700 万元。此外，在全村村庄建设预算资金 4130.37 万元中，农户集资 1026 万元。[①]

户情问卷调查数据显示，2012 年，良乡一村有借（贷）款债务的农户比重为 62.0%（31 户），其中，具有借款债务的 21 户、占 67.74%，具有借款债权的 8 户、占 25.81%，既有借款债务又有借款债权的 2 户、占 6.45%，借（贷）款总额 2671000 元。在 21 户借款债务农户中，当年从银行或信用社得到贷款的农户比重为 38.1%（8 户，其中 1 户既有银行贷款又有亲戚朋友借款），借款债务总额 1440000 元、占借款债务总额 2329000 元的 61.83%，户均借款 180000 元，最高户借款 360000 元，最少户借款 50000 元；向亲戚朋友借款的农户比重为 66.67%（14 户，其中 1 户既有银行贷款又有亲戚朋友借款），借款债务总额 889000 元、占 38.17%，户均借款 68384.6 元，最高户借款 500000 元，最少户借款 8000 元。

在 10 户借款债权农户中，当年存款银行或信用社的农户比重为 40.0%（4 户，其中 3 户既借款给亲友也存款于银行机构），借款债权总额 190000 元、占借款债权总额 342000 元的 55.56%，户均债权额 47500 元，最高户债权额 100000 元，最少户债权额 10000 元；借款给亲友的农户比重为 90.0%（9 户，其中 3 户既借款给亲

---

① 良乡一村村委：《胶州市里岔镇良乡社区建设实施方案》。

友也存款于银行机构），借款债权总额 152000 元、占借款债权总额 342000 元的 44.44%，户均借款债权额 16888.9 元，最高户借款债权额 40000 元，最少户借款债权额 2000 元。在借（贷）款债务农户（21 户）中，借（贷）款用于看病的 2 户、占 9.52%，盖房的 11 户、占 52.38%，购置生产设备和经营的 8 户、占 38.1%。按照借（贷）款债务资金总额 2329000 元计，借款资金用于看病的 60000 元、占 2.58%，用于建盖房屋资金 1499000 元、占 64.36%，投资于购置生产设备和经营资金 770000 元、占 33.06%。

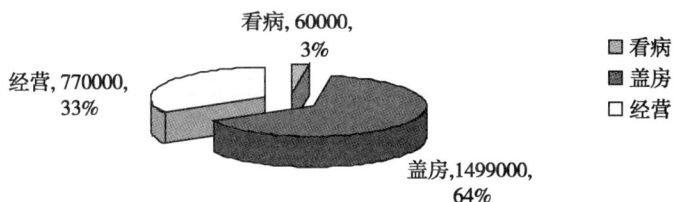

图 7-1 2012 年良乡一村（国情调查）调查户借款资金用途结构状况

二 内在积累制度

《胶州市里岔镇良乡社区建设实施方案》数据显示，截至 2012 年年末，良乡一村全村从业人员 344 人，其中，60 岁以下从业人员 319 人，打工人员 123 人占 38.56%，农业从业人员 177 人占 55.49%，从事交通运输、服务业经营等经商人员 15 人占 4.70%，专业养殖人员 4 人占 1.25%；60 岁以上的 25 人。其中，60 岁以上 319 人的从业收入 630.5 万元，即务工人员收入 307.5 万元/年（123 人×2.5 万元/年）；务农人员收入 265.5 万元/年（177 人×1.5 万元/年）；经商人员收入 37.5 万元/年（15 人×2.5 万元/年）；专业养殖人员收入 20 万元/年（4 人×5 万元/年）；60 岁以上 25 人年度总收入 75000 元，人均 3000 元。全村从业人员总收入 638 万元，人均从业收入 18546.5 元。

为了使农民稳定增收、积累资金及扩大再生产，村委进行统一创收路径规划和实施行动。按照全村140户计，30户60人在本村从事农产品（蔬菜）种植，户均耕地规模30—40亩，总收入300万元，户均可获收入10万元，人均从业收入5万元；30户35人外出租包土地经营3000亩，每亩纯收入1000元，年总收入300万元（3000亩×1000元/亩），户均10万元，人均从业人员收入8.57万元；25户50人从事养殖业（生猪）、代养里岔黑猪，年度总收入250万元，户均年收入10万元，人均从业人员收入5.0万元（以赵伯胜家为例，饲养了13头里岔黑猪，2012年卖了120头猪，每头利润400元，共获利润48000元，养殖业收入合计139000元；两个蔬菜大棚，每个大棚11000元，获利22000元，村外租地种植5亩，收入10000元，全年家庭总收入171000元）；16户32人通过养殖合作社建立养殖小区与高等院校对接，年度总收入320万元，户均可获收入10万元；9户15人从事交通运输服务等经商活动，总收入90万元，户均收入10万元；40户123人外出务工，年收入282.5万元，户均收入7.06万元，人均22967.5元；11户从事其他行业及其集体经济，例如，扶持相对贫困的农户饲养普通母猪，每头猪利润500元，可保障1000万元的集体经济收入。

良乡一村社区建设和现代农业发展将促进全村从业人员总收入从638万元增至1542.5万元，增加904.5万元、增长1.42倍；人均从业收入从18546.5元增至44840.1元，增加26293.6元、增长1.42倍。

首席主任赵波介绍说，依托农业资源能力优势，良乡一村成立了蔬菜种植合作社、生猪养殖合作社、农机具合作社、农资经营合作社等农业合作经济组织，80%以上的村民加入了经济合作组织。

三　信贷调节基金

相关研究结论表明，村庄解决发展资金问题的对策思路在于立足于实际，从农民收入本身入手，以货币价值为载体，"培育、扶持和推动"具有自身品质、内生变量和市场规律的信贷组织，实行农村所有、农业使用、农民经营，即所有权、使用权、经营权"三权"有机统一、产权明晰、稳健审慎的信贷制度。①

关键节点：1. "金融是一种制度"（Institution），是一种产业（Industry），也是一种市场交易，产权的明晰和不同所有者的存在是新兴农村金融业赖以生长和发展的基础；2. "农民收入货币化"转变、"信贷产品特色化"设计和"农业产品商品化"实现，"农民收入货币化"是规避"无源之水无本之木"风险的最佳路径；3. "信贷产品特色化"是增强市场竞争力的重要手段；"农业产品商品化"是挖掘内在资源要素的主要工具；科学的信贷传递制度与严格的监管手段是新型农民金融组织获得可持续发展的充要条件；②4. 先行先试：农民天然的性格是对一切所谓的"新精神"相当谨慎，农民风险规避行为意味着农民的任何改变或者革新都只能是尝试性的，带有"试错"的边际改进特征，只有当农民切实感受到革新带来的效果时，才会真正地接受并参与革新实践。③

首席主任介绍说："金融诚信贷款工程项目"（以下简称"金信工程"）是青岛农商银行胶州支行主导的信用工程建设创新产品。主要流程：由村委首席主任与银行签订担保意向协议，村委、村民小组会议进行民主测评，获得 A 等级的农户直接纳入"金信工程"贷款框架内，授信单笔贷款金额 5 万元，且给予 25% 的利率优惠。例如，村民赵伯强将获得的 5 万元金信工程贷款投资于猪舍改造扩建，购买饲料，扩大饲养规模——从代养 6 头里岔黑猪增加到 20 头，小猪规模 500 头，年养殖业收入 20 多万元。金信工程贷款不

---

① 徐鲜梅：《中国贫困乡村农民金融组织模式研究》，2009—2010 年度中国社会科学院重点课题。
② 同上。
③ 王曙光等：《农村金融学》，北京大学出版社 2008 年版，第 62 页。

仅解决了一直困扰着村民的贷款抵押物困难的问题，而且节省了相应的贷款资金成本，提高了贷款资金使用率。据村委统计，全村26户从金信工程项目中获得贷款，贷款资金130万元，且50户农户申请加入金信工程项目，使全村570多亩蔬菜大棚种植项目受益，获利800多万元。

首席主任介绍说：村里将创建大白菜调节基金——"胶州大白菜价格调节基金组织"，市场价格下跌时，确保农民种菜不亏或保本，基金组织与农民共担风险；销售价格上涨时，防止大白菜生产数量超过市场需求，基金组织与农民共享利润。

首席主任总结说：能人担保贷款的创新模式，不仅使"能人治村"战略得到充分实施，而且实实在在地增强了镇村党组织的凝聚力和影响力，青年党员带头致富帮富，激发了广大群众的创业热情，更有效地提升了农民的诚信意识和当地的信用环境的改善，为新农村建设发挥了积极作用。

同时，首席主任还向村庄国情调查组介绍了其他两种贷款模式，即"党员信用评定模式"和"团员联合抱团创业模式"。赵主任说："目前，青岛市农商银行胶州支行正在积极将'金信工程''党员信用评定''青年团员联合抱团创业'等信用模式向其他村镇推广，希望通过这样的形式，改变农户抵押物不足、融资难的现状，实现政府、农户、合作组织、小微企业和银行多赢的良好格局。"

"党员信用评定"模式：是青岛农商银行营海支行为了配合当地办事处，发挥青年党员队伍的先进模范作用而推出的一项针对党员的创新贷款模式。该模式由村党支部通过组织群众代表评议、党员评议，支部审核、党工委审查和公开评议结果的评定程序，对党员的党内表现、诚信表现、社会公德、个人品德和双带能力5项主要指标给予严格评定，形成"党员信用等级评定体系"。评定后，启用"青年党员创业扶持基金"，由银行积极发放贷款，营海党工委提供贴息帮扶。截至目前，共有47个村的1826名党员共评出3A级党员913名，占总数的50%；2A级党员782名，占42.8%；A级党员121名，占6.6%，B级或一票否决党员10名，占0.6%。126名党员获得578万元的贷款，政府贴息18.5万元。一股遵守诚信、发挥党员先锋性的创业之风在该地区青年党员队伍中盛行。

"团员联合抱团创业"模式：鼓励青年团员联合创业胶州市张应镇首创"团员联合抱团创业"模式，通过组织推荐、团委评议、党员附议、村委确议的形式，选取有为上进、信用度好、思想积极的青年团员编入团员联保体，凡是被选入团员联保体的青年团员即可跨区域联保贷款。青岛农商银行张应支行结合这一模式对大朱戈村、朱戈流村、大河流村的团组织建设情况进行了认真调研并授信。截至目前，张应团员联保体共吸纳36户青年团员入会，预授信360万元，发放贷款78万元。这一模式有效地激励了青年团员联合创业、抱团创业，起到了团员带头致富帮富的积极作用。

第八章

人力培育

　　劳动力要素却具有不同于其他要素的特性——劳动力要素的"买卖条件"不仅是工资和付出，而且还包括提升可能性和劳动条件，以及劳动意愿和服从程度等。①

——陈秀山

　　长期的实地调查结果表明：在中国广大农村，尤其是贫困乡村，农民劳动力流动与就业问题，其困难不仅仅在于户籍制度与刚性政策的限制，更在于未经市场发展开化的村民（综合）能力素质本身。②

——徐鲜梅

　　农业劳动者在中国将不断减少，但大国小农的格局在中国仍将长期存在。③按照结构学派的观点④，世界经济所经历的阶段就是由

---

　　①　陈秀山：《区域经济理论》，商务印书馆2009年版，第36页。
　　②　徐鲜梅等：《中国村寨基金第一村》，中国社会科学出版社2012年版，第46页。
　　③　黄祖辉等：《中国"三农"问题研究：分析框架、现实研判和解决思路》，《中国"三农"问题解析——理论评述与研究展望》，浙江大学出版社2012年版。
　　④　结构学派的主要代表人物有斯科特（A. J. Scott）和施托佩尔（M. Storper）等。他们的许多观点与新古典派和行为科学派有很大区别。结构学派对缺乏整个国民经济与

一定的框架条件和生产方式占优势的不同阶段，由此形成了一定的技术、组织和区位结构；在世界经济发展的各个历史阶段中，特定的生产形式导致了专门化的区域分工，结果形成了区位条件的区域差别。而且，区位条件不是既定不变的，而是在社会生产和再生产过程中被"生产"出来的，因而是社会发展过程的结果；劳动力要素在区位条件中具有决定性的意义——由于技术和组织进步，以及交通通信条件的改善等因素，使其他生产要素的价值和意义相对减弱。①

一　劳动力规模状况

据村庄人口统计数据显示，截至 2012 年年末，良乡一村共有人口 548 人，其中，男性 271 人占 49.45%，女性 277 人占 50.55%。其中，1930—1967 年出生的 245 人占 44.71%，男性 117 人，女性 128 人；1968—2005 年出生的 273 人占 49.82%，男性 138 人，女性 135 人；2006—2012 年出生的 30 人占 5.47%，男性 16 人，女性 14 人。其中，16 岁以下 75 人占 13.69%，16—25 岁 83 人占 15.15%，26—35 岁 68 人占 12.41%，36—45 岁 87 人占 15.86%，46—60 岁 141 人占 25.73%，60 岁以上 94 人占 17.16%。

户情问卷调查数据显示，调查户（50 户）人口 208 人，户均人口规模 4.16 人，2 人及以下 5 户、占 10.0%，3—4 人 26 户、占 52.2%，5—6 人 17 户、占 34.0%，7 人及以上 2 户、占 4.0%，16 岁以下 25 人、占 12.02%，16—45 岁 154 人、占 74.04%，60 岁以上 29 人、占 13.94%。

社会发展过程的分析方法和观点提出了批评；结构学派借助国家调节理论，描绘了世界经济所经历的阶段——由一定的框架条件和生产方式占优势的不同阶段，由此形成了一定的技术、组织和区位结构——在世界经济发展的各个历史阶段中，特定的生产形式导致了专门化的区域分工，结果形成了区位条件的区域差别。

① 陈秀山：《区域经济理论》，商务印书馆 2009 年版，第 36 页。

（一）全村劳动力规模状况

按人口出生年份统计数据显示，全村劳动力 335 人，占全村人口的 61.13%。其中，18 岁以下 11 人、占 3.10%，18—35 岁 72 人、占 21.49%，36—45 岁 87 人、占 25.97%，46—60 岁 139 人、占 39.15%，60 岁以上 26 人、占 7.32%。

村情统计调查数据显示，截至 2012 年 12 月末，按全村人口 546 人计（男性 268 人，女性 278 人），劳动力人数 392 人（包括半劳动力人数），占全村人口的 71.79%。按全村人口 524 人计，截至 2012 年年末，劳动力人数 330 人、占全村人口 62.98%，其中，男性劳动力 220 人占 66.67%，女性劳动力 110 人占 33.33%。

（二）调查农户劳动力规模状况

户情问卷调查数据显示，调查户（50 户）人口 208 人，劳动力人数 150 人，占人口的 72.11%，户均劳动力 3 人，其中，无劳动力人数的农户比重为 8%（4 户），拥有 2 人劳动力的农户比重为 16%（8 户），拥有 3 人劳动力的农户比重为 42%（21 户），拥有 4 人劳动力的农户比重为 15%（15 户），拥有 5 人及以上劳动力的农户比重为 4%（2 户）。其中，劳动力负担系数为 1 的农户比重为 34.78%（17 户）；劳动力负担系数为 1.1—1.5 的农户比重为 39.13%（20 户）；劳动力负担系数为 1.6—2.0 的农户比重为 23.92%（12 户）；劳动力负担系数为 2 以上的农户比重为 2.17%（1 户）。劳动力年龄结构：16—35 岁的劳动力人口 63 人、占 42%；36—45 岁的劳动力人口 31 人、占 20.67%；46—60 岁的劳动力人口 56 人、占 37.33%。

二 劳动力教育程度

据村庄人口统计数据显示，1993—2000 年出生人口中，初中文化程度学生 17 人、占 32.69%；高中文化程度的学生 29 人、占 55.77%，其中，女高中学生 5 人、占高中学生的 17.24%；职业高中学生 6 人、占 11.54%。1983—1993 年出生人口中，大学学生人数 12 人，其中，女性大学生 8 人、占大学生人数的 66.67%。

户情问卷调查数据显示，截至 2012 年，调查户在校学生人数 34 人，其中，小学生 13 人、占 38.24%，初中生 6 人、占 17.65%，高中生 12 人（包括职业高中生）、占 35.29%，大专及以上学生 3 人、占 8.82%。

（一）调查农户劳动力文化教育程度

户情问卷调查数据显示，在 150 人劳动力人口中，文盲半文盲 1 人、占 0.67%，比调查户总人口 10.58% 的水平低 9.91 个百分点；小学文化 32 人、占 21.33%，比调查户总人口 27.4% 的水平低 6.07 个百分点；初中文化 70 人、占 46.67%，比调查户总人口 37.02% 的水平高 9.65 个百分点；高中文化 29 人、占 19.33%，比调查户总人口 16.35% 的水平高 2.98 个百分点；大专及以上 18 人、占 12%，比调查户总人口 8.65% 的水平高 3.35 个百分点，如图所示。

（二）农业与非农业从业人员教育程度

户情问卷调查数据显示，调查户农业从业人员数 83 人，其中，男性 43 人、占 51.81%，女性 40 人、占 48.19%。其中，16—45 岁农业从业人员 28 人、占 33.73%；46—60 岁农业从业人员 55 人、占 66.27%。其中，小学及以下文化程度的 36 人、占 43.37%，比调查户劳动力 22.0% 的水平高 21.37 个百分点；初中文化 41 人、占 49.4%，比调查户劳动力 46.67% 的水平高 2.73 个百分点；高中文化 5 人、占 6.02%，比调查户劳动力 19.33% 的水平低 13.31 个百分点；大专及以上 1 人、占 1.20%，比调查户劳动力 12.00% 的水平低 10.8 个百分点。

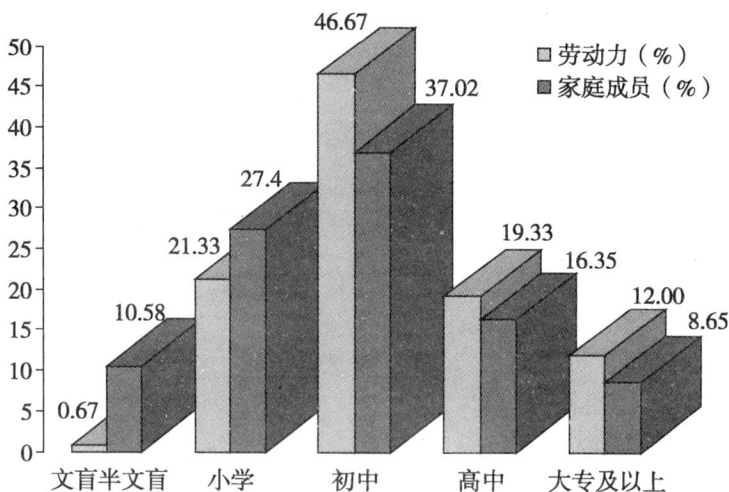

图 8－1　良乡一村（国情调查）调查农户劳动力文化结构状况

户情问卷调查数据显示，调查户非农从业人员数 67 人，其中，男性 37 人、占 55.22%，女性 30 人、占 44.78%。其中，16—35 岁非农从业人员 37 人、占 55.22%；36—45 岁非农从业人员 26 人、占 38.81%；46 岁及以上非农从业人员 4 人、占 5.97%。其中，小学文化 7 人、占 10.45%，比调查户劳动力 21.33% 的水平低 12.37 个百分点；初中文化 35 人、占 52.24%，比调查户劳动力 46.67% 的水平高 5.57 个百分点；高中文化 11 人、占 16.42%，比调查户劳动力 19.33% 的水平低 2.91 个百分点；大专及以上 14 人、占 20.89%，比调查户劳动力 12.00% 的水平高 8.89 个百分点。

表 8－1　良乡一村（国情调查）调查户从业人员教育结构状况

	小学及以下	初中	高中	大专及以上
农业从业人员（%）	43.37	49.4	6.02	1.20
非农从业人员（%）	10.45	52.24	16.42	20.89
劳动力（%）	21.33	46.67	19.33	12.00
家庭成员（%）	37.98	37.2	16.35	8.65

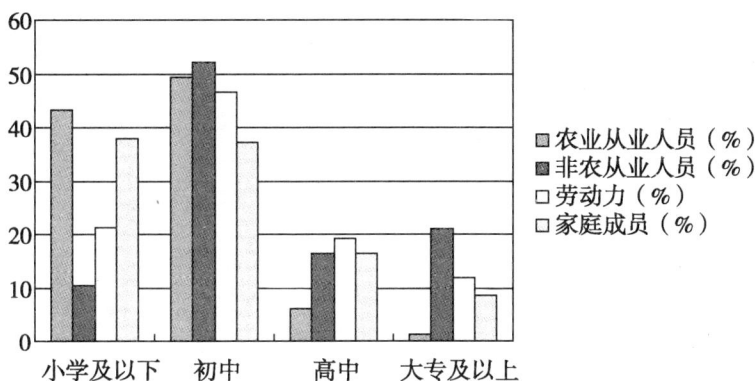

图8-2　良乡一村（国情调查）调查农户从业人员教育结构状况

三　劳动力就业结构

据村庄人口统计数据显示，全村劳动力335人，其中，60岁以下的劳动力309人中，务农人员比重为53.72%（166人），其中女性务农人员占45.78%（76人）；经商人员比重为10.68%（33人）；打工人员比重为35.60%（110人），其中女性打工人员占48.18%（35人）。全村初中至大学的在校学生人数64人，其中，初中17人占26.56%，高中35人占54.69%，大学生12人占18.75%，女性大学生8人占66.67%。

村情统计调查数据显示，截至2012年12月末，按全村人口546人计（男性268人，女性278人），劳动力人数392人（包括半劳动力人数），占全村人口的71.79%。其中，务工人员139人，务农人员167人，经商人员34人，农业养殖企业4人，在校中学生和大学生48人。

按照全村140户计，大致是30户种植村庄耕地，户均30多亩；30户承包外村耕地经营，户均100亩；20户从事"里岔黑猪"养殖；9户从事加工业、运输业等第三产业；40户从事外出务工；

11 户发展大白菜、西瓜、农家乐、生猪等养殖业和旅游业。

按全村人口 524 人计，截至 2012 年年末，全村劳动力人数 330 人、占全村人口 62.98%，其中，男性劳动力 220 人占 66.67%，女性劳动力 110 人占 33.33%，外出务工经商 60 户、123 人，其中：举家外出 6 户，仅仅劳动力外出 54 户。

《胶州市里岔镇良乡社区建设实施方案》数据显示，截至 2012 年年末，良乡一村全村人口 522 人，其中，学前人数 29 人，学生 70 人（包括小学生、中学生和大学生），劳动力人数 325 人（打工人员 123 人，务农人员 177 人，经商人员 15 人，养殖里岔黑猪人员 4 人，其他人员 6 人），60 岁以上 98 人（其中有劳动能力的 25 人，残疾人 4 人，五保户人口 11 人）。

《胶州市里岔镇良乡社区建设实施方案》数据显示，全村从业人员 344 人，其中，60 岁以下从业人员 319 人，打工人员 123 人占 38.56%，农业从业人员 177 人占 55.49%，从事交通运输、服务业经营等经商人员 15 人占 4.70%，专业养殖人员 4 人占 1.25%。

户情问卷调查数据显示，调查户农业产业从业人员数 83 人（男性 43 人占 51.81%，女性 40 人占 48.19%），占劳动力的 55.33%。其中，没有农业从业人员的农户比重为 20.0%（10 户），拥有 1 人的农户比重为 10.0%（5 户），拥有 2 人的农户比重为 60.0%（30 户），拥有 3 人的农户比重为 4.0%（2 户），拥有 4 人的农户比重为 6.0%（3 户）。

四 农民职业化培训

良乡一村新班子认为，应当对"农民赋予一个新的诠释"，农民不应是一个"身份标签"，应当是一份"职业名称"。从"是与不是""必须与不必要""可以与不可以"等两面"刻画出职业农民"的含义、可行路径和发展方向。职业农民与体力劳动者不一样，前者是知识、经验和能力的集合体。也就是说，当村庄发展到一定的程度和阶段，不是谁都可以有资格做（良乡一村）村民的。

在良乡一村新班子看来，"职业农民"——不必有国外身份"绿卡"，但不能有农民身份"标签"；可以不懂"共产主义概念"，但得懂"农业现代化意义"；可以没有"投资资本"，但得有"农业农村知识信息"；可以没有"公益行为"，但一定得有"诚信"；可以不穿职业装，但一定要有职业精神；可以不明白"90 后语言"，但要有"市场竞争意识"；可以不必拥有市场话语权，但一定有适应市场的能力和风险态度；可以不懂种地技术，但要懂市场营销策略；可以不懂农业生产要素化学配方，但须懂经济资源的合理配置方法和手段。作为村民，作为村庄建设者，必须形成健康的生活习惯，健康不仅仅指生理、身体与饮食等物性状况，也指饮食习惯、承受能力与心理素质等精神状态。

首席主任强调说，必须塑造村民的诚信品格——诚信价值不可估量；播种文明种子——当代中国很多农村，不缺乏物质，但缺乏文明；栽培感恩之心——"学会做人"过于笼统抽象而不切实际，良乡一村的全体村民学习"感恩"。感谢"所拥有的"，努力争取"暂没有的"；树立大农思想——解放思想，跳出传统思想的禁锢，并认识到几亩地长期耕作也不能富裕。如村里四处飘飞着票子，关键在于要有赚钱的办法和思路，改变思维方式，"村庄很大，世界却很小"；浇灌理性思维——村民需要学习思考、学习说话，不要说话颠三倒四，让人不明白。或动辄感情冲动、爆粗口，应当有些理性成分。其实，理性是经济学的核心概念。理性（Rationality）直接被理解为人类以逻辑推理方式观察事物和深思熟虑选择的思维和行为方式。在经济学里，理性却是与经济人密切相关的概念。不能做到客观的完全理性，只能是主观的"有限理性"（Bounded Rationality），"实质理性"（Substantive Rationality）和过程理性（Procedural Rationality）。①

事实上，在中国广大农村，尤其是贫困乡村，农民劳动力流动与就业问题，其困难不仅仅在于户籍制度与刚性政策的限制，更在于未经市场发展变化的村民（综合）能力素质本身。② 任何历史发展进程均是其主体的主体性增强的过程。无论现代农业发展，还是现代新村建设，如果没有现代农民这一主体的培育和存在，一切制度安排和政策支持均是枉然。换言之，发展现代农业，建设现代农村，离不开现代农民的培育。现代农民的知识水平、组织化程度、社会参与能力，以及权益确立、疏导、安排和分化等均是农民主体性和现代性培育的关键。此外，农业劳动者在中国将不断减少，但大国小农的格局在中国仍将长期存在。③ 农业职业化的实质在于摆脱农业小规模、低效益的家庭混业经营的桎梏，以农民的身份地位属性向社会职业属性的变迁推进农业专业化、规范化、社会化经营，进而实现农业现代化。④

因此，2012 年中央"一号文件"提出"职业农民"及大力培育新型职业农民的决定。这一"新认识、新概念"的重大决定对广大农民来说，无疑是"自我名正、自我提高、自我完善、自我发展"的契机。在中国，"农民"是一个反映社会身份的概念，"职业农民"则是农业现代化过程中出现的新的职业类型，是一个既反映社会属性，又反映经济属性的职业概念。可以说，职业农民是通过自主选择将农业作为产业进行经营，并充分利用市场机制和市场规则来获取报酬，以实现利润最大化的理性经济人。职业农民不仅是农业产业的操作者，而且是先进科技的应用者、农业生产的投资

① 史清华等：《农民理性：一个概括性的观点回顾和评价》，《中国"三农"问题解析——理论评述与研究展望》，浙江大学出版社 2012 年版。
② 徐鲜梅等：《中国村寨基金第一村》，中国社会科学出版社 2012 年版。
③ 黄祖辉等：《中国"三农"问题研究：分析框架、现实研判和解决思路》，《中国"三农"问题解析——理论评述与研究展望》，浙江大学出版社 2012 年版。
④ 杨继瑞等：《回归农民职业属性的探析与思考》，《中国农村经济》2013 年第 1 期。

者、农业经营的决策者、农业生产的市场风险与自然风险的承担者。

　　职业农民是一个特定"职业概念"，意味着从事农业生产经营、获取经济利润作为一个独立职业，是社会分工的结果。① 按照结构学派的观点，劳动力要素在区位条件中具有决定性的意义。由于技术和组织进步，以及交通通信条件的改善等因素，使其他生产要素的价值和意义相对减弱。此外，劳动力要素却具有不同于其他要素的特性——劳动力要素的"买卖条件"不仅是工资和付出，而且还包括提升可能性和劳动条件，以及劳动意愿和服从程度等。② "技术上的外部经济，它不是由于不可分割性，而是由于不可占用性引起的，……任何投资于训练的人都在冒着不能占有劳动生产率提高的收益的风险。因此，竞争的市场竞争下的员工水平总是低于适度水平，它不像农庄经济中的典型浪漫情况那么少见：'无主的蜜蜂飞到无名氏的花园中去酿蜜。'"③

徐勇书记知识培训　　　　　　　　徐勇书记知识讲座

---

　　① 杨继瑞等：《回归农民职业属性的探析与思考》，《中国农村经济》2013 年第 1 期。
　　② 陈秀山：《区域经济理论》，商务印书馆 2009 年版，第 36 页。
　　③ 吉拉德·M. 米耶等：《经济发展理论的十个大师》，中国工人出版社 1990 年中译本，第 207 页。

村民培训设施条件

村民培训设施条件

村民课堂设施

村民图书室

第九章

产业活动

资本最有利的投资法，即是农业，这种职业，既可提供最大量的卫生工作同时又可提供最有价值的生产物于社会。[①]

——马尔萨斯（Thomas Robert Malthus）

在中国最有投资价值的就是农产品，农业及农产品领域是国际资本投资中国的下一个热点。[②]

——杰姆·罗杰斯（Jim Rogers，2008）

经济增长需要资本、土地和劳动（包括数量和质量）的投入。把这三种生产要素的投入与产出之间建立起一个关系式，就是所谓的生产函数。人们观察到，在产出的增长中有越来越大的一部分不能由投入的有形要素所解释，经济学家把这部分称之为全要素生产率，既包括技术进步的因素，也包括资源配置效率因素，以及其他一些不易观察到的提高生产要素使用效率的因素。一个经济增长中全要素生产率起到的作用越重要，它对传统生产要素的依赖程度也就越低，这个增长就越是可持

---

① 马尔萨斯：《人口论》，北京大学出版社 2008 年中译本，第 46 页。
② 严行方：《农产品疯了》，北京出版社 2011 年版，第 44 页。

续的。①

——蔡昉

舒尔茨指出："农业问题并不来自农业本身，农业生产的特点决定了大部分农业问题都来自于外部的经济波动和经济不平衡。"因此，城乡统筹不是要消灭农民、剔除农村。相反，农业是经济发展的基础，只有农业发展了，农业部门才有可能向工业部门追加劳动力，"农业发展了工业产品才有市场"（舒尔茨，1945）。

一　玉米种植与交易量

（一）种植规模

户情调查数据显示，2012 年，调查农户耕地种植面积 1373 亩，户均种植面积 27.46 亩。其中，玉米种植面积 471.65 亩、占34.35%，户均播种规模 9.43 亩，其中，规模最大 100 亩，规模最小 1.5 亩；土豆种植面积 579.05 亩、占 42.17%，户均播种规模11.58 亩，其中，规模最大 120 亩，规模最小 2 亩；蔬菜（大白菜）种植面积 211 亩、占 15.37%，户均播种规模 4.22 亩，其中，规模最大 20 亩，规模最小 0.5 亩；花生种植面积 48.8 亩、占3.55%；小麦种植面积 35.5 亩、占 2.59%，西瓜及其他作物种植面积 27 亩、占 1.97%。

2011 年，调查农户耕地种植面积 1091 亩，户均播种面积21.82 亩，人均种植面积 5.25 亩。其中，玉米种植面积 403.9 亩、占 37.0%，户均播种规模 8.08 亩，其中，规模最大的 70 亩，规模最小的 2 亩；土豆种植面积 464.05 亩、占 42.5%，户均播种规模9.28 亩，其中，规模最大 80 亩，规模最小 2 亩；蔬菜（大白菜）

---

① 蔡昉：《科学发展观与增长可持续性》，社会科学文献出版社 2006 年版，第6 页。

种植面积 164.75 亩、占 15.1%，户均播种规模 3.3 亩，其中，规模最大 19 亩，规模最小 0.5 亩；花生种植面积 26.8 亩、占 2.4%；小麦种植面积 22.5 亩、占 2.1%，西瓜及其他作物种植面积 10 亩、占 0.9%。

表 9 - 1　　　良乡一村（国情调查）调查户耕地作物种植结构

	玉米	土豆	蔬菜	花生	其他
2012 年种植面积（亩）	471.65	579.06	211	48.8	62.5
比重（%）	34.35	42.17	15.37	3.55	4.56
2011 年种植面积（亩）	403.9	464.05	164.75	26.8	32.5
比重（%）	37.0	42.5	15.1	2.4	3.0

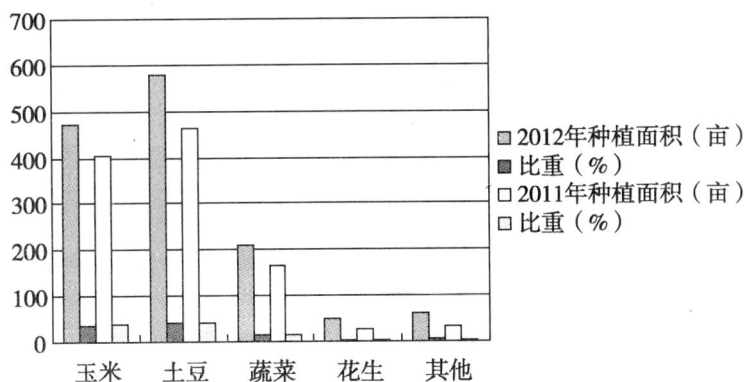

图 9 - 1　良乡一村（国情调查）调查户耕地作物种植结构

户情问卷调查数据显示，2012 年，调查户（50 户）玉米种植面积 471.65 亩，占农产品种植面积的 34.35%，是土豆种植面积（579.05 亩）的 81.45%，是大白菜种植面积（211 亩）的 2.23倍，是花生种植面积（48.8 亩）的 9.68 倍，是其他农产品（如小麦、西瓜）种植面积（62.5 亩）的 7.53 倍。

2011 年，调查户（50 户）农产品种植面积 1091 亩，其中，玉米种植面积 403.9 亩，占农产品种植面积的 37.02%，是土豆种植面积（464.05 亩）的 86.84%，是大白菜种植面积（164.75 亩）

的 2.45 倍，是花生种植面积（26.8 亩）的 14.99 倍，是小麦、西瓜及其他农产品种植面积（32.5 亩）的 12.42 倍。

户情问卷调查数据显示，2012 年，调查户粮食种植面积 507.15 亩，人均农业劳动力（粮食种植面积）6.11 亩，非粮食作物种植面积 865.85 亩，人均农业劳动力（非粮食作物种植面积）10.43 亩。其中，人均农业劳动力玉米种植面积 5.68 亩，是土豆种植面积（6.98 亩）的 81.38%，是大白菜种植面积（2.54 亩）的 2.24 倍，是花生种植面积（0.59 亩）的 9.63 倍，是其他农产品种植面积（0.75 亩）的 7.57 倍。

2011 年，调查户粮食种植面积 436.4 亩，人均农业劳动力（粮食种植面积）5.26 亩，非粮食作物种植面积 655.06 亩，人均农业劳动力（非粮食作物种植面积）7.89 亩。其中，人均农业劳动力玉米种植面积 4.87 亩，是土豆种植面积（5.59 亩）的 87.12%，是大白菜种植面积（1.98 亩）的 2.46 倍，是花生种植面积（0.32 亩）的 15.22 倍，是小麦及其他农产品种植面积（0.39 亩）的 12.49 倍。

表 9 - 2　　良乡一村（国情调查）调查户农业劳动力人均耕地面积

	玉米	土豆	蔬菜	花生	其他
2012 年农产品种植面积（亩）	471.65	579.06	211	48.8	62.5
人均农业劳动力种植面积（亩）	5.68	6.98	2.54	0.59	0.75
人均劳动力种植面积（亩）	3.14	3.86	1.41	0.33	0.42
人均种植面积（亩）	2.27	2.78	1.01	0.23	0.30
2011 年农产品种植面积（亩）	403.9	464.05	164.75	26.8	32.5
人均农业劳动力种植面积（亩）	4.87	5.59	1.98	0.32	0.39
人均劳动力种植面积（亩）	2.69	3.09	1.10	0.18	0.22
人均种植面积（亩）	1.94	2.23	0.79	0.13	0.16

（二）机械化程度

户情调查数据显示，2012 年，良乡一村调查农户耕地经营面

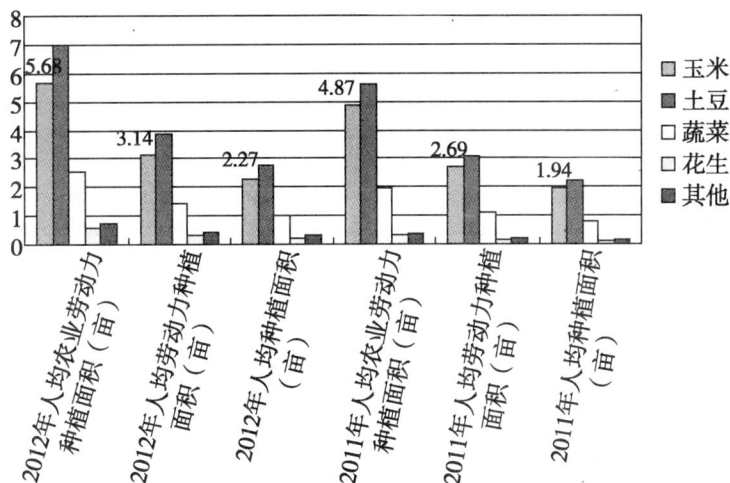

图 9 - 2　良乡一村（国情调查）调查户耕地作物种植结构

积 750.35 亩，播种面积 1373 亩，大棚面积 138.8 亩，占经营面积
的 18.46%；机耕面积 744.8 亩，占经营面积的 99.26%；机播面积
748.8 亩，占经营面积的 99.79%；机电灌溉面积 683.7 亩，占经
营面积的 91.11%；机收面积 475.7 亩，占经营面积的 63.40%；地
膜覆盖面积 622.2 亩，占经营面积的 82.92%；亩均化学肥料施用
量 119.99 公斤。

2012 年，良乡一村调查农户（50 户）经营面积 750.35 亩，户
均 15 亩，人均 3.61 亩，播种面积 1373 亩，户均 27.5 亩，人均
6.61 亩；大棚面积 138.8 亩，占经营面积的 18.46%，户均 2.7 亩，
人均 0.67 亩；机耕面积 744.8 亩，占经营面积的 99.26%，户均
14.9 亩，人均 3.58 亩；机播面积 748.8 亩，占经营面积的
99.79%，户均 14.98 亩，人均 3.60 亩；机电灌溉面积 683.7 亩，
占经营面积的 91.11%，户均 12.77 亩，人均 3.07 亩；机收面积
475.7 亩，占经营面积的 63.40%，户均 9.51 亩、人均 2.29 亩；地
膜覆盖 622.2 亩，占经营面积的 82.92%，户均 12.4 亩、人均 2.99
亩；化肥用量 90040 公斤，户均 1800 公斤，亩均承包耕地面积化

肥施用量 216.0 公斤，亩均经营耕地面积化肥施用量 120.0 公斤，亩均播种面积化肥施用量 65.58 公斤；雇工数量 188 个，亩均承包耕地雇工数量 0.45 人，亩均经营耕地面积雇工数量 0.25 人，亩均播种面积雇工数量 0.14 人。

户情问卷调查数据显示，2012 年，良乡一新调查农户（50 户）拥有大型拖拉机 5 台，价值 167800 元，户均拥有 0.1 台，小型拖拉机 41 台，价值 199280 元，户均拥有 0.82 台，播种机及其他机械化设备 57 台，价值 124647 元，户均拥有 1.14 台。

（三）投入成本

户情调查数据显示，2012 年，调查农户粮食作物（小麦、玉米）亩均投入成本 472.65 元（不包括劳动力成本费用），最高 900 元，最低 190 元。其中，机械作业成本 135.98 元、占 28.47%；种子成本 37.99 元、占 7.95%；农药化肥 233.81 元、占 48.95%；其他支出 64.87 元、占 13.72%。调查农户经济作物（土豆、蔬菜）亩均投入成本 944.31 元（不包括劳动力成本费用），最高 1835 元，最低 395 元。其中，机械作业成本 114.65 元、占 12.06%；种子成本 234.06 元、占 24.63%；农药化肥 477.71 元、占 50.27%；其他支出 117.89 元、占 13.58%。

表 9-3　良乡一村（国情调查）调查农户亩均耕地耕种投入状况

	玉米等粮食作物（亩均）投入			白菜等经济作物（亩均）投入		
	投入	比重	最高	投入	比重	最高
机械作业（元）	135.98	28.47	240	114.65	12.06	205
劳动数量（人）	4.98	1.05	10	5.97	0.63	11.5
种子支出（元）	37.99	7.95	60	234.06	24.63	355
农药化肥（元）	233.81	48.95	470	477.71	50.27	1095
其他支出（元）	64.87	13.58	130	117.89	12.41	180
合计	472.65	100	900	944.31	100	1835

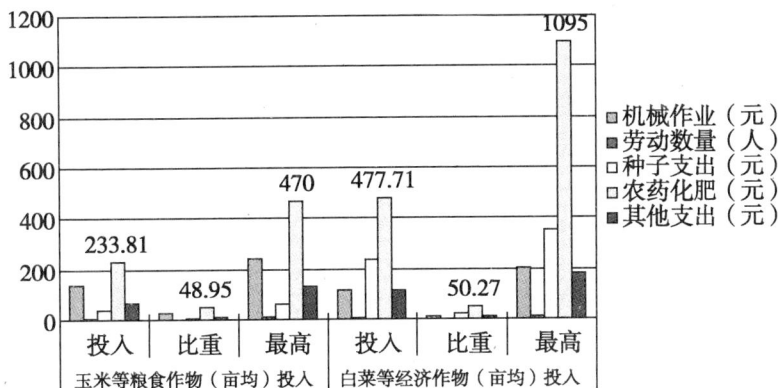

图9-3 良乡一村（国情调查）调查农户亩均耕地耕种投入状况

（四）产出效率

户情问卷调查数据显示，2012年，调查户农产品总产量3212217.5公斤，亩产2339.6公斤，人均农业劳动力产量38701.42公斤。其中，粮食总产量287025公斤，亩产565.9公斤，人均农业劳动力产量3458.13公斤；非粮食作物总产量2925192.5公斤，亩产3378.4公斤，人均农业劳动力产量35243.28公斤。其中，玉米产量270125公斤，亩产572.7公斤，人均农业劳动力产量3254.52公斤；小麦产量16899.5公斤，亩产476.04公斤，人均农业劳动力产量203.61公斤；土豆产量1638163公斤，亩产2829.1公斤，人均农业劳动力产量19736.9公斤；蔬菜（大白菜）产量1217200公斤，亩产5768.7公斤，人均农业劳动力产量14665.1公斤；花生产量16830公斤，亩产344.9公斤，人均农业劳动力产量202.77公斤；西瓜及其他农产品产量53000公斤，亩产2650公斤，人均农业劳动力产量638.55公斤。

2011年，调查户农产品种植面积1091.46亩，总产量2498205公斤，亩产2288.87公斤，人均农业劳动力农产品产量30098.86公斤，其中，粮食总产量246479公斤，亩产564.8公斤，人均农业劳动力产量2969.62公斤；非粮食作物总产量2251726公斤，亩产 3337.43 公斤，人均农业劳动力产量 27129.22 公斤。其中，玉米总产量 233820 公斤，亩产 535.79 公斤，人均农业劳动力产量 2817.11 公斤；小麦产量 13650 公斤，亩均 420 公斤，人均农业劳动力产量 164.46 公斤；土豆产量 1235705 公斤，亩产 2662.87 公斤，人均农业劳动力产量 14888.01 公斤；蔬菜（大白菜）产量 976750 公斤，亩产 5728.68 公斤，人均农业劳动力产量 11768.07 公斤；花生产量 14030 公斤，亩产 323.5 公斤，人均农业劳动力产量 169.04 公斤；西瓜及其他农产品产量 24250 公斤，亩产 2648 公斤，人均农业劳动力产量 292.17 公斤。

表 9 - 4 　　良乡一村（国情调查）调查户农业劳动力种植业产值率

	玉米	土豆	蔬菜	花生	其他
2012 年农产品总产量（公斤）	270125	1638163	1217200	16830	69900
亩均农产品产量（公斤）	572.7	2829.1	5768.7	344.9	1563
人均农业劳动力产量（公斤）	3255	19737	14665	203	842
人均劳动力产量（公斤）	1801	10921	8115	112	466
人均产量（公斤）	1299	7876	5938	81	336
2011 年农产品总产量（公斤）	233820	1235705	976750	14030	37900
人均农业劳动力产量（公斤）	2817	14888	11768	169	457
亩均农产品产量（公斤）	535.8	2662.9	5728.7	323.5	1534
人均劳动力产量（公斤）	1559	8238	6512	94	253
人均产量（公斤）	1124	5940	4696	67	182

村庄作物

村庄水果

村庄水果　　　　　　　　　　　村庄蔬菜

（五）销量效益

2012 年，调查农户粮食销售数量 186885 公斤，占粮食产量的 65.11%；非粮食作物销售量 2663380 公斤，占非粮食作物产量的 91.05%。农产品销售总量 2850265 公斤，其中，销售给农民合作组织的 388060 公斤、占 13.61%；商贩收购 643915 公斤、占 22.59%；销售给企业 1386350 公斤、占 48.64%；其他市场渠道 431940 公斤、占 15.15%。

良乡一村还争取上级拨款 400 万元建设联动式温棚，建成后种植南方水果和高档有机蔬菜，这都将大大增加了村民收入。如大棚建设和养殖投资 160 万元，新建大棚 80 个，无公害蔬菜示范点 800 亩；整理了村东批发市场，实施规范化管理，使之蔬菜（黄瓜）价格翻番，每斤增加 0.4 元，年增收 60 多万元。计划扩大大棚蔬菜种植面积，建设 160 个大棚，亩均大棚纯收入 11000 元，占地 700 亩，由村庄合作社统一指导，推行标准化管理，注册"良一品牌"，并与山大医院、青岛大学、中国石油大学黄岛大学分校和青岛地税局等以略低于超市同期价格签订了长期购销合同。

（六）市场组织

2011 年 9 月，依托良乡一村农业部国家级蔬菜标准园平台，良

村庄与大学合作发展

乡一村创建了良乡蔬菜种植合作社，同时注册成立了良乡养殖专业合作社、良乡农机专业合作社和良乡生资专业合作社。截至2013年4月末，良乡一村有农产品市场经济组织4个，即青岛良一蔬菜种植合作社，注册日期为2011年12月29日；青岛良一农机专业合作社，注册日期为2012年1月4日；青岛良一村民俗旅游合作组织，注册日期为2012年10月9日；胶州市良一百强健康农场，注册日期为2013年4月。

二 杏鲍菇生产与销售

农产品问题既是经济问题，也是社会问题；既是宏观问题，也是微观问题；既是"餐桌"问题，也是"圆桌"问题。在经济领域，无论是国家宏观进程中的一举一动，还是老百姓餐桌上的一饭一菜，均由农产品市场反映出其丰富而复杂的发展脉络和困境。在中国，农产品市场牵涉着农村的稳定、农业的效率和农民的福利等"三农"重大问题。农产品市场价格问题，一方面对农民收入和农民积极性产生直接影响；另一方面又关乎百姓的日常生活和切身利益。

良一新村首席主任认为，在中国农村农产品市场领域，问题的关键不是"供求结构变化及价格涨跌"的问题——从世界视角看，中国农产品的价格已经处于"高位"了。但是，由于技术水平低，配置手段落后，生产成本高，从而造成了中国农产品的低市场占有率和弱市场竞争力，使中国农产品生产者"困入"有市无价、增产不增收的"艰难境地"。所以，农产品市场问题，生产成本与经营效率才是问题的关键，农业必须产业化、规模化发展——农业产业化、规模化和标准化发展势在必行。良一新村探索和实践了不同于常规的村庄农产品市场化道路——努力提高农民议价能力，鼓励农产品经纪人学习市场分析和产业链、价值链概念，拓展农产品加工思路和营销渠道——农消对接、农校对接；以市场需求和供求结构变化为基础制定农产品商品营销策略——遵守安全原则、瞄准目标市场、培育核心客户、建设职业队伍、创新技术体系、打造品牌产品、构造特色模式、实行标准化管理。

（一）杏鲍菇生产发展状况

首席主任介绍说：杏鲍菇（Pleurotus eryngii Quel）是开发栽培的食用菌，既可以食用，也可以食疗，具有杏仁香味、肉质肥厚、口感鲜嫩和营养丰富的特点，含有普通蔬菜更高的蛋白质和矿物质，备受消费者的青睐。

赵波介绍说：他是 2010 年开始投资建立杏鲍菇加工厂，厂名为"青岛利生源食用菌有限公司"，位于张应镇，累计投资 8000 万元，杏鲍菇日产量 27 万吨，主要供应山东半岛，采取产业循环生产及市场组织模式，即将玉米秆用来做成杏鲍菇栽培底料，接着作为猪的发酵床，将猪排泄物进行有效分解，使之三年后成为有机肥料，用生物材料烧锅炉，进行综合利用，延长产业价值链条。杏鲍菇生产和加工工艺流程比较复杂，技术性强，需要经过填料、消毒、植菌、培育等多道工序。如将相关的养殖肥料木屑、玉米皮、荞麦皮、玉米秆等经过高温加热杀菌，植菌车间进行无菌化、机械化、专业化作业，培育时期需要使用冷凝器、压缩机和保温室。

赵波介绍说：杏鲍菇生产和加工采用工业生产设备和工业技术

手段，具有先进的生产工艺条件，实行机械化、自动化和高效化作业，实现规模化、集约化、标准化和长年化生产，推进了食用菌生产方式的改进，一定程度确保市场供应，缓解了优质食用菌的市场供需矛盾。

一到杏鲍菇加工厂，不难看见，训练有素的工人在辛勤劳作，杏鲍菇的制包、灭菌、接种等设施应有尽有，可以控制温度、调整湿度的厂房宽敞明亮，呈现出欣欣向荣的景象。

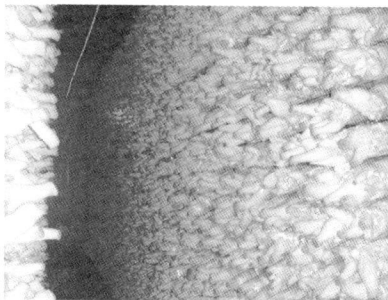

胶州杏鲍菇产品　　　　　　　杏鲍菇质量监督

（二）农产品价格调研链接①

"周期性""大幅度""过山车"均是用来形容和表达中国农产品市场价格涨跌状况及特征"俗语"。可以用"渐渐式波动""跳跃式变动""突发式异动"梳理和概括中国农产品市场价格"涨跌"变化脉络和规律特征。

自1978年以来，中国农产品生产价格涨跌大致有"七个周期"：第一个周期：1978—1982年，1979年达到波峰、较上年涨幅22.1%；第二个周期：1983—1990年，1988年达到波峰、较上年涨幅23.0%；第三个周期：1991—1999年，1994年达到波峰、较

---

① 徐鲜梅：《中国农产品价格涨跌特征和原因解析》，《经济体制改革》2013年第5期。

上年涨幅 39.9%；第四个周期：2000—2002 年，2001 年达到波峰、较上年涨幅 3.1%；第五个周期：2003—2006 年，2004 年达到波峰、较上年涨幅 13.1%；第六个周期：2007—2009 年，2007 年达到波峰、较上年涨幅 18.5%；第七个周期：2010—2012 年，2011 年达到波峰、较上年涨幅 16.5%。

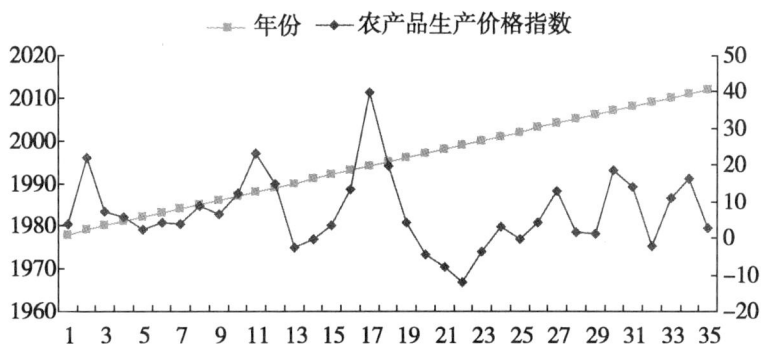

图 9-4　1978—2012 年中国农产品（生产）价格指数变化状况

　　进一步观察中国农产品（生产）价格涨跌状况，发现"农林牧渔业"产品价格涨跌幅度比较大，且均超过 55% 以上，但其涨跌幅度大体相当、方向基本一致。其中，涨跌幅度最大的是林业产品，峰位为 1985 年、波峰价 55.5%，谷位为 1990 年，波谷价 -15.5%，波峰与波谷价位之差 71.0%；第二，是渔业产品，峰位 1985 年、波峰价 51.3%，谷位为 1997 年，波谷价 -8.3%，波峰与波谷价位之差 59.6%；第三，是粮食产品，峰位为 1994 年、波峰价 46.6%，谷位为 1999 年，波谷价 -12.9%，波峰与波谷价位之差 59.5%；第四，是畜牧业产品，峰位为 1994 年、波峰价 44.6%，谷位为 1998 年，波谷价 -13.1%，波峰与波谷价位之差 57.7%；涨跌幅度相对较小的是种植业其他产品生产价格。

　　1. 农产品价格涨跌特征

　　（1）"渐渐式"农产品价格波动

　　将年均涨跌"幅度"不超过 10%（涨跌幅度≤10%），且持续

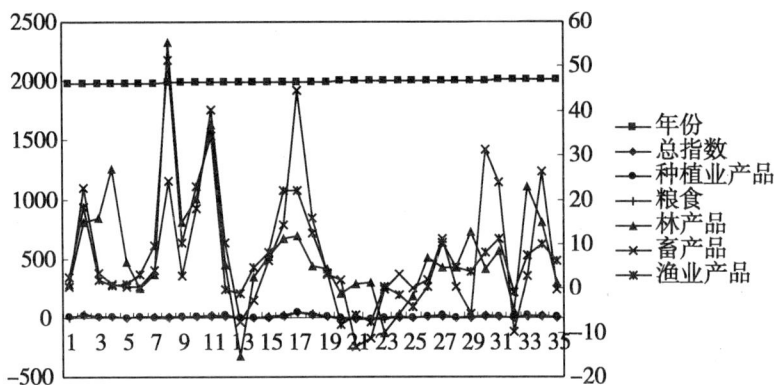

图 9-5　1978—2012 年中国"农林牧渔业"产品生产价格涨跌状况

时间不低于"三年"［时间长度（年）≥3 年］的农产品价格"涨跌"状况称之为"渐渐式"波动。观察和分析发现，中国农产品（收购或生产）价格"渐渐式"波动集中出现在 2003 年以前，且"同时"出现在"农林牧渔业"领域，但"各业"产品所经历的波动周期和涨跌幅度"各异"——频率最高的年份是 1990—1992 年和 2000—2003 年；持续年度较长的是"11 年"；年均"波幅"最大的是 7.1%，最低是 1.3%。即，1980—1986 年（涨跌幅度 38.6%，年均 5.5%）、1990—1992 年（涨跌幅度 6.2%，年均 2.1%）、1996—1998 年（涨跌幅度 16.7%，年均 5.6%）、2000—2003 年（涨跌幅度 11.4%，年均 2.85%）。

（2）"跳跃式"农产品价格变动

将年均涨跌"幅度"超过 20%（涨跌幅度 > 20%），且持续时间不长于"二年"［1≤时间长度（年）≤2］的农产品价格"涨跌"状况称之为"跳跃式"变动。通过对中国农产品（生产）价格数据的观察和分析，发现具有"跳跃式"变动特征的农产品价格涨跌状况主要发生在与国家重大经济制度变革和政策措施出台相对应的"时段"，且呈现出比较明显的"农林牧渔业"涨跌"不完全同步"，以及"几乎只涨不跌"的特征。即，农产品（总体）生产

（或收购）价格变动集中发生在 1979 年、1988 年、1994 年"三个时段"（上年＝100）：1979 年上涨 22.1%，1980 年涨幅回落到 7.10%；1988 年上涨 23.0%，1989 年回落到 15.0%；1994 年上涨 39.9%，1995 年回落到 19.9%。

（3）"突发式"农产品价格异动

将年均涨跌"幅度"高于 10% 低于 20%（10% ＜ 涨跌幅度 ≤ 20%），且持续时间不长于"二年"［1 ≤ 时间长度（年）≤ 2］的农产品价格"涨跌"状况称之为"突发式"异动。通过对中国农产品（生产）价格数据的观察和分析，发现具有"突发式"异动特征的农产品价格涨跌状况主要发生在"市场调节'失灵'"或"政府调控'低效'"的农产品种类及年份，且呈现出与"中国农产品市场价格管制'力度'"和"中国农村市场化发展'进度'"相对"呼应""有涨有跌"的特征。即，农产品（总体）生产（或收购）价格异动年份和涨跌幅度（上年＝100）：1999 年下跌 12.2%，2004 年上涨 13.1%，2007 年上涨 18.5%，2008 年上涨 14.1%，2010 年上涨 10.9%，2011 年上涨 16.5%。

2. 农产品价格涨跌原因

（1）行业生产属性与市场经济特性"相互交织"的结果

农产品生产是自然再生产与经济再生产相互作用的过程。作为自然再生产属性，农产品的生产不得不受到自然条件、生长周期、增长时节和季节性因素的影响，自然存在农产品产量丰歉的事实，"波及"到市场供求结构的变化，从而影响和造成相应农产品价格的涨跌。作为经济再生产过程，农产品的生产和销售必然受到市场经济特性及其价值规律的约束，受到整个市场结构变化及其他商品供求关系和价格变化的影响，必然出现"价格波动"。分析和观察发现，这类价格波动显示出"渐渐式、小幅度、时段长"的特征。或者说，行业生产属性与市场经济特性是造成中国农产品价格（渐渐式）波动的主要原因；事实上，"小幅度"

逐年上涨或下跌正是"不完全竞争下的中国式的市场经济"的"自然结果"。

中国农产品价格产生渐渐式波动的时段,一般来说是农产品市场价格相对稳定和市场资源要素配置较为合理的阶段;也就是农村经济体制改革步伐比较稳健和市场化进程速度较为适度的时期,同时还是"政府调控与市场调节"相对"吻合"的时候。如,1980—1986年、1990—1992年、1996—1998年和2000—2003年等时段。事实上,这"四个时段"正是中国农产品价格比较稳定、涨跌幅度比较小的"时期",也就是中国农村经济体制改革制度安排较"谨慎"和政策措施较为"得当"的时期;同时是"国际市场资本及主体"尚未"肆无忌惮"进入中国农产品领域的时期。高盛养猪、软银喝奶、黑石卖菜、德意志银行养殖等均是2003年以后的外资"围剿"行动的结果。

(2)分散小生产与集中大市场"博弈与制度安排"的结果

"分散性、小规模、生产者众多"是中国农村经济的主要特点;而"集中化、大规模和主体联合"是现代化大市场和现代流通技术发展的客观要求。面对"小生产与大市场"之间的主体及利益矛盾,中国政府一直在努力寻求平衡"二者利益"的好制度和良策措施。

制度安排和政策措施作为市场经济发展的重要资源要素,但是在中国,由于特殊的国情背景(如人多、资源利用效果差、规模效益不经济和市场发育度低等),以及"条块分割、城乡分治、混业经营和二元结构"等体制性因素的"牵制",政府"不得已"直接,且以"主宰或强制"的姿态及其决定性的方式参与中国农产品市场价格的形成,从而形成了特殊时期、特定阶段的"中国农产品市场价格形成机制"和"价格涨跌"形态特征,以及"中国农产品跳跃式"价格变动。换言之,中国农产品"跳跃式"价格变动正是政府政策及制度安排的必然结果,可以说,政策性制度安排及政府宏观调控措施正是导致中国"大宗"农产品（生产）价格"大幅度"上涨的主要原因。如，1979 年种植业产品及粮食产品等农产品收购价格"涨幅"超过 20% 的波峰价格正是党的十一届三中全会决定从 1979 年 3 月起，提高"粮食、油料、棉花"等 18 种农产品收购价格的事实结果；再如，1994 年粮食、畜牧业产品、种植业产品等农产品高位运行——波峰价格分别为 46.6%、44.6% 和 41.9% 很可能就是党的十四大提出建立社会主义市场经济体制目标，农产品购销体制由"价格双轨制"开始向宏观调控下市场调节的购销体制，以及从 1993 年开始，国家出台了一系列政策措施，推进农产品流通体制改革，建立国家调控下依靠市场机制配置主要农产品资源的新机制的集中表现；此外，2007 年和 2008 年中国生猪价格的大幅度上涨——2007 年较 2006 年上涨 45.9%、2008 年较 2007 年上涨 30.8%，主要是国家从 2007 年开始出台了一系列生猪饲养补贴政策，以及支持标准化规模化养殖场建设的"结果"。

（3）市场调节"失灵"与政府调控"乏力"结合的产物

分析发现：中国农产品价格"突发式"的异动，特别是"下跌"，属于多因多果的"结果"，即行业特点、自然条件、市场特性、政策措施、国际环境"五个"因素，"人人有责"。其中，"一双抓手"：一只"看不见"的手——市场调节、一只"看得见"的手——政府调控，应负主要责任。21 世纪以来，中国农产品价格"涨跌频繁、波动周期缩短、突发性加快"正是"市场与政府"双重因素"较量"的自然结果——1978—1999 年的 21 年中，共发生了"三次"价格涨跌周期，平均 7 年一次；1999—2012 年的 13 年中，共发生了"四次"价格涨跌周期，平均 3.3 年一次。

数据显示：2004 年（15.9%）和 2010 年（-16.6%）的种植业产品价格异动，正是"中国市场经济目标体制下政府调控与市场调节"相互作用的"必然结果"。事实上，21 世纪以来的中国农产品价格"突发式"异动，尤其是 2003 年、2006 年（-9.4%）、

2009 年（-18.4%）、2013 年中国生猪价格"四次狂跌"和 2004 年（12.8%）、2007 年（45.9%）、2008 年（30.8%）、2011 年中国生猪价格"四次疯涨"可能正是中国农产品市场调节"失灵"与政府宏观调控"低效"二者"有机结合"的"产物"——在垄断性竞争机制下，中国猪业价格周期性波动更具规律性，且日趋成为猪业市场业态及市场主体利益博弈节点；或者说"猪周期"及猪价变化规律很大程度上成为"推动"生猪价格上位或下位的有力工具。"高盛养猪""软银喝奶""黑石卖菜"和"德意志银行养殖"等，越来越多的外资"肆无忌惮"地"围剿"中国农产品市场已是不争的事实……且具有相当的"话语权及定价权"，甚至可以在中国农产品市场上"自由行走。"

3. 农产品价格涨跌结论

研究结果表明，中国政府的政策制度安排和改革行动力度是导致中国农产品价格"单因单果"及"跳跃式变动"的根本原因；农产品市场价格的"渐渐式波动"是农产品生产自然属性与商品市场经济特性"相互作用"的结果——取决于市场主体结构变化及供求均衡程度，具有世界市场经济国家的"普遍"特点和全球农产品市场的"共同"特征，属于农产品价格"非因非果"（无不同原因，也无差异结果）的"正常"波动；但农产品价格的"突发式异动"却是一个时代性的和动态性的概念范畴，构成原因的要素和形成原因的因素相互作用的过程"错综复杂、盘根错节"，甚至"因时、因地、因人"其结果迥然各异，属于"多因多果"的"结果"。

三 里岔黑猪业与价格

村情问卷调查数据显示，里岔黑猪繁育基地，注册资金 2000 万元，农民入股 180 万元，组建了"统一购猪、统一购料、统一防疫和统一销售"农民养殖专业合作社,养殖合作社放养母猪150头,每头收入7000元,达到年利润380万元的市场经营水平。

户情问卷调查信息显示,2012年,调查户猪业养殖规模315头,其中,生猪277头、占87.94%,母猪占12.06%;养猪农户的比重为28.0%(14户),其中,既饲养生猪又饲养母猪的农户比重为35.71%(5户)。

(一) 里岔黑猪保护发展

首席主任介绍,里岔黑猪具有繁殖能力强、生命力旺盛、体长多肋(比一般猪胸腰椎多1—2节)和肉质鲜嫩等特点。肉丝细腻,肉鲜嫩,低胆固醇,高钙、高胶原蛋白、高肌间脂肪,含有各种氨基酸、维生素和微量元素的里岔黑猪,被认为是现有优良猪种中最有利于身体健康的猪种。

"南太湖、北里岔",其中的"北里岔"就是指胶州里岔黑猪,因产地和猪色得名。据考证,里岔黑猪种系源于四千年前商周时期的野猪,随着农耕文化的发展,与胶河领域的家猪合二为一。20世纪70年代被发现、鉴定和命名,专家誉之为"国宝",并获得国家地理标志产品保护和被列入山东省、国家多种资源保护名录。

首席主任介绍,青岛里岔黑猪繁育基地(Qingdao Lichahei Hog Breeding Ground)是里岔黑猪原种猪场,创建于2007年,投资1100万元,员工30多人,生猪存栏2000多头,占地面积27万平方米,其中:传统猪舍建筑面积7000平方米共14栋,发酵床。自繁育基地建成后,对岔黑猪原猪种采取了抢救性的保护措施,采取生态化养殖模式,活动空间大、发酵床养殖,以青饲料为主,促进猪的自然生长。2012年,青岛里岔黑猪繁育基地及各直销店,被胶州市畜牧局认定为"具有统一饲养管理模式、质量控制标准和产品销售方式，符合相关规定和标准，可以合法使用'里岔黑猪'国家地理标志证明商标的单位"。

走进青岛里岔黑猪繁育基地能够看见一排排的猪舍和菜田，环境干净、透气性强。猪场里有大型发酵床猪舍，还有配种、妊娠、分娩、哺育、生长和育肥等猪舍。

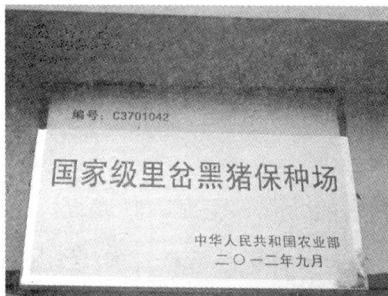

里岔黑猪品牌标示

视察黑猪生长状况

首席主任介绍，由于里岔黑猪饲养周期长，比较效益低，曾一度濒临绝种。2007年，在青岛市畜牧局的支持下，赵波投资组建了里岔黑猪养殖场，目的在于规模化和科学化养殖，旨在保护和发展里岔黑猪种。凭借初衷和承诺，确保里岔黑猪养殖规模，并实施了"在科学（饲养）保护中消费、在合理（会员）消费中保护"的模式。

2012年，里岔黑猪纯种母猪价格：1万元/头，纯原种公猪价格100万元/头，杜里配种公猪（里岔黑血统占3/4，杜洛克血统占1/3的猪）：4万元/头。猪仔（育肥猪）价格按照猪的重量确定，即每头50斤的为2600元/头，每增加1斤随之增价35元；每头80斤的为3600元/头，每增加1斤随之增价30元；每头140斤的为5500元/头，每增加1斤随之增价28元；每头200斤的为7200元/头，每增加1斤随之增价25元。

里岔黑猪养殖基地

工人正用青草喂猪

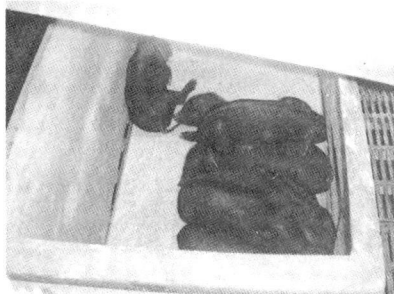

视察黑猪生长状况

(二) 猪业选择成本与风险①

研究发现：养猪农户的"市场选择"背后隐含和存在着与"习惯性及职业性""'混业'经营方式""猪业'二重属性'和市场调节调控'双料'作用"等因素密切相关的"行为动机、合理性与必然性"；养猪农户的选择成本与风险效益主要存在于"小生产与大市场'国情碰撞'""分散喂养与集中豢养的'利益博弈'""生猪传统交易与现代流通技术的'思维对接'"三个环节和三组"力量悬殊"的较量中。

由于生猪属于鲜活农产品，要求具备更高的冷链物流和储运条件。大户和集中"豢养"户不仅具有雄厚的经济实力，而且拥有更

---

① 徐鲜梅：《生猪价格涨跌"诱惑"下的农户选择和风险——调研发现与深层思考》，《农村经济》2013 年第 7 期；《猪贱如何伤农：应对能力与风险态度——山东莒南生猪调出大县调研报告》，北京大学《农本》2013 年第 2 期。

好的冷链物流工具条件，可以"跨区域、反季节、避风险"进行生猪市场交易。小规模生产者，不仅交易方式传统、不稳定，而且交易手段落后，经济收入易受价格波动的影响。生猪价格下跌时，小规模养殖户可能遭受"收入锐减及亏本"风险损失；生猪价格上涨时，小规模养殖户可能遭遇"增产不增收"的"通胀"风险。此外，小规模户的生猪交易几乎是以原始形态进入流通，现金交易方式，环节多、交易量小、附加值低、中间损耗大。多数农户的生猪主要销售给分散的收购商，缺乏议价能力，成为市场价格的被动接受者。一定程度上可以说，分散养殖农户的市场存在和结果对中国农产品流通市场体系建设和猪业市场发展，不是市场秩序的"扰乱"，也不是国家利益的"均沾"，更不是价格异动的"罪魁"，而是"代罪羔羊"、是"利益牺牲"、是"产值贡献"、是"产业支撑"。

养猪农户在面对生猪市场价格涨跌"市场压力及收入损失"的事实面前，所表现出的韧性和生命力，以及抵御价格风险损失应有的经济实力和风险态度，一定程度可以测度出"中国农村流通市场化程度"的"高度"；而政府在应对"市场调节失灵""猪业霸主"及价格操控者的"挑衅"和外资的"围剿"等"突发性事件"下，凸显出的"惊慌失措"——所采取的"价格阻击或资金补贴"的"失算"和"蹩脚"措施，以及"畸形"价格形成机制，清楚地提醒"中国农产品价格改革和市场化进程"毕竟短短"20—30 年"，与有着两百年发财史和"赚钱"经验"老道"的外资所有者国家相比，中国的猪业发展不仅处于"幼稚"阶段，政府的商业化策略和调控手段调整和完善任务仍然"任重道远"。可以说，农户的选择是"合理的"，应以一种实事求是的科学态度和眼光看待农户市场选择背后的"合理性和意义"。但在技术上、方法上和结构上存在较大的"更新和改善"的"空间"；同时，政府的调控政策可以"理解"，但在目标上、策略上和思路上存在巨大的"革新和改进"

的"缝隙"。

1. 关于猪业的几个关键点

第一，中国改革开放及其农民拥有自由流动和职业选择的"机会"只是"短短"的"三十年"，而中国的封建社会及农业社会却是"漫长"的几千年，农民根深蒂固的"习惯"尚未打破，市场需要的观念及能力也未建立，农民流动与就业选择陷入"两难"困境。而且，这种"困难"的关键不仅仅在于户籍制度与刚性政策的限制，更在于未经市场化发展"洗礼和开化"的劳动力（综合）能力素质本身。

第二，农产品供给充足只是十几年的"短期"岁月，而经济"短缺""匮乏"却是中国农民"长期"难熬的"辛酸"经历。所以，在广大农民的价值"观念"里，"多"就是好、"值得"胜于"值钱"。斯科特认为，对食物短缺的恐惧所产生的"生存伦理"，是大多数前资本主义的农业社会——如 20 世纪初的东南亚和 19 世纪的法国、俄国、意大利——农民的共同道德。这些生活在生存线边缘的农民家庭，"对于传统的新古典经济主义经济学的收益最大化，几乎没有计算的机会"，农民耕种者力图避免的是可能毁灭自己的欠收，并不是冒险获得"大成功、大成就及发横财"。

第三，中国市场经济发展道路经历不过二十年，而自上而下的高度集权的计划经济年代却是"四十五年"。虽然"高度集中的计划经济体制"的"电脑"被"砸碎"，但是，"高度集中的计划经济体制的思想意识和行为习惯"被无数"光盘刻录"和"优盘复制"，且流传甚广、影响至深。[①] 在计划经济的人际关系里，"机会"就是"权利"，"关系"就是"能力"。因此，在农民与市民的转化和对接中，政府或市场可提供的支持和帮助，可能可以改变"农民身份"，而最不可能改变就是"社会关系"。而现实中"恰

---

① 徐鲜梅：《猪贱如何伤农：应对能力与风险态度——山东莒南生猪调出大县调研报告》，北京大学《农本》2013 年第 2 期。

恰"是这种"社会关系"决定了农民的市场选择能力和经历。

第四，"草食女"现象风靡"大江南北区区"就几年，而"肉食男"的存在却是"上下五千年"。在中国众多劳动者"生活概念"中，"无肉不算餐"，"吃肉"便是"福"。所以，中国农民，这个既是农产品生产者，又是农产品消费"群体"的大量存在，其市场预期和市场选择势必"有悖"于常规性的市场经济规律。

2. 猪业诱惑价格涨跌原因

第一，小生产与大市场"国情碰撞"。

"小生产与大市场"是中国农村经济发展和市场化进程"问题"的标志性"国情特征"。一方面是千家万户的小生产者，分散，且规模小；另一方面却是现代化的大市场，"一揽子""一站式"及产业链方式掌控着"市场"。小生产者或小农经营者的一个重要特征就是决策的分散性和投资的日常性。分散决策意味着农民天然带有一种"小私有者"的典型特征和个体主义浓厚色彩，难以走向合作化、联合化；保守特征也明显，对新生事物、技术往往采取回避和观望态度。

在"小生产与大市场"的"国情碰撞"中，小生产者"成本高、盈利少"。而且，分散养殖的小生产者的文化程度、养殖规模和养殖方式决定了他们的"良好质量安全行为实施意愿"比较低；养殖决策者文化程度越高、养殖规模越大，越意愿实施良好质量安全行为。通俗地说：分散养殖农户缺乏"安全养殖意愿"，规模大户安全养殖意愿较高，最高的是专业化养殖场。[①] 缺乏安全养殖意识意味着被"市场封杀"或被"调控瓦解"的概率最高、风险最大。事实上，普通养殖户常常被"指控"成诱发"生猪市场价格波动"的"罪魁祸首"。千家万户分散饲养引起对预期价格的错误决策从而助长了"追涨杀跌"。分散的性规模生产方式为主导的市

---

① 孙世民等：《基于 Logit—ISM 模型的养猪场（户）良好质量安全行为实施意愿影响因素的实证分析》，《中国农村经济》2012 年第 10 期。

场具有内在波动性大、获取信息和判断能力低，难以对生猪市场供需变化作出及时准确判断；小规模养殖导致疫情频繁；小规模养殖削弱国家对生猪市场的宏观调控能力……①此外，"疫病疫情"风险使众多小规模养殖户防不胜防、损失惨重，导致60%以上的散养户和中小养猪场亏本。②

第二，分散喂养与集中豢养"利益博弈"。

高盛养猪、软银喝奶、黑石卖菜等，越来越多的外资"围剿"中国农产品市场是不争的事实。外资对中国猪业的关注由来已久。2005年，高盛与几家PE参与到雨润食品上市前的融资，其中高盛3000万美元、鼎晖2200万美元、PVP 1800万美元。2006年，高盛和鼎晖联合以20.1亿元人民币控股双汇发展。高盛如今控制双汇集团46%的股权，控制双汇发展23.7%的股权，控制雨润食品13%的股权。2008年高盛以3亿美元价格收购了湖南、福建几十个养猪场。郎咸平表示，高盛是中国少数甚至是唯一一个控制了养猪产业上中下产业链的企业，所以成本最低——通过整合产业链来实现对终端市场的控制。③

20世纪90年代中后期，中国生猪政策重点转向扩大生产、调整结构、提高效率及提升质量和安全性。2007年以来，国家出台一系列扶持养猪生产发展的政策，财政部数据表明国家用于发展养猪生产的资金投入达到150亿元，覆盖养猪生产的各个环节，能繁母猪补贴、生猪调出大县奖励、生猪良种补贴、保险补贴、发展规模养殖补贴、治理养猪环境补贴和免疫补贴等。2009年国家出台了《防止生猪价格过度下跌调控预案（暂行）》措施，2010年4月

---

① 李明等：《生猪饲养模式对猪肉市场价格波动的影响研究》，《农业经济问题》2012年第12期。

② 王明利、肖洪波：《我国生猪生产波动的成因分析》，《农业经济问题》2012年第12期。

③ 贾敬敦等：《中国农产品流通产业发展报告（2012）》，社科文献出版社2012年版，第22—23页。

初国家发改委启动《防御生猪价格过度下跌调控预案》响应机制，一方面，通过媒体向生猪养殖户发出预警信息，调整养殖结构，主动淘汰生产能力下降的能繁母猪；另一方面，启动中央储备冻肉收储措施。据发改委网站，2013 年 4 月 7 日消息，《缓解生猪市场价格周期波动调控预案》，目前已在 20 个省区同时启动冻肉收储工作。

一般而言，国家收储冻猪肉首先受益的是有收储资格的大型生猪屠宰企业：如，顺鑫农业、高金食品、得利斯；其次生猪养殖企业：如，罗牛山、正邦科技和新五丰；最后，猪种繁育企业和猪饲料企业：如，顺鑫农业、通威股份、正邦科技和新希望等。

第三，生猪传统交易方式与现代流通技术"思维对接"。

随着现代科学技术的发展，配种、养殖、饲料种植和加工全面实现了标准化，冷链及流通物流技术的迅猛发展，使生猪市场业态实现"长距离和长时间"储运化发展。"现在的养殖条件比过去好多了，原种母猪饲养采取智能化管理方式，在电脑屏幕上就可以观察到母猪生长和生养变化情况，根据母猪的妊娠情况，对母猪的饲料进行电脑化配比，实行科学化喂养（金锣莒南养猪场张总，2013）。"

养殖户为价格的被动接受者，猪周期对养殖户意义更大——在猪的生长过程中承受价格风险。养殖户生产规模不同导致其在市场信息判断、防疫、抗风险和市场议价等能力方面的差异明显，从而其应对市场风险会随市场变化调整供给的行为产生重要影响。规模化养殖在疫病防治、正确决策和抗风险能力方面具有明显优势而有利于市场稳定，而小规模养殖户容易放大市场波动——市场具有内在波动性较大；小规模养殖导致疫情频繁；小规模养殖削弱国家对生猪市场的宏观调控能力。[1]

---

① 李明等：《生猪饲养模式对猪肉市场价格波动的影响研究——对中国、美国和日本的比较研究》，《农业经济问题》2012 年第 12 期。

四　大白菜栽种与市场

　　首席主任介绍，大白菜被称为"蔬菜之王"。胶州大白菜，又称"胶白"，因地名而得名，是山东省著名的农产品特产之一，是山东地理标志品牌的产品之一，1999 年被农业部认定为优质产品；2003 年，经中国绿色食品发展中心审核，被认定为绿色食品 A 级产品；2005 年，被青岛市评定为消费者喜爱的名优农产品；2006年，被认定为了有机转换产品和被评定为中国名牌农产品，同年，"胶州大白菜"成功注册为国家原产地证明商标。

　　胶州大白菜具有汁白、鲜甜、产量高、耐储存、含有多种维生素、氨基酸和营养价值丰富等特点，远销日本、韩国、新加坡等国家，深受消费者的青睐。胶州大白菜主要分布在胶州市三里河、胶河、墨水河、大沽河岸边，主要蔬菜基地栽种，并经过大白菜协会认定，土壤、水质等环境条件和栽培技术符合绿色食品生产基地标准。在用肥上，要求使用农家肥和生物肥料，并配有适量的矿物质元素和人体必需的氨基酸等。在病虫害防治过程中，要求采用黏虫板、杀虫灯和防虫网等物理方法及生物防治措施。从种子选择、播种至收获、装箱全程由协会技术人员指导和监督。胶州市还建立了大白菜标准化示范基地核心区，利用设施栽培手段，实验一年三季品种，为更新换代品种奠定基础。此外，为了切实保证消费者的利益，在市场上销售的每棵胶州大白菜都有自己的"身份证号"——产地证明商标、电话号码、查询网址和唯一编号，通过编码可以追溯到生产单位、生产基地、栽培过程、产品检测结果等信息。

　　第一书记徐勇介绍说：良乡一村位于胶河源头，土地肥沃，远古就是胶州大白菜重要种植区之一，如今挂牌成为"胶州大白菜种植基地"。为提高村民蔬菜种植水平，村委与有关部门联合成立了"新农民夜校流动课堂"，旨在使更多的农民掌握更好的农业科普知识，邀请农业技术专家到田间地头"手把手"、实地现场培训，提高农民科学种植蔬菜的技能水平。"这种流动课堂所讲授的东西不仅实用，而且通俗易懂，好像是农家人唠嗑、侃大山，大伙听一遍就明白了。例如，过去对无土栽培、病虫防治、冬暖大棚建设等知识总是云里雾里、不得要领。经过专家讲解，豁然明白这些知识的应用基本原理和程序，特别是对农作物种植和产量增加的作用。"村委"秘书长"赵伯强如是说。同时，为了拓展蔬菜及农产品销量渠道，村委负责人努力与相关大专院校取得联系，并达成了长期性的购销合作协议，村里种植的蔬菜直接进入大学食堂，成功地实现了"村校对接"的现代农业产品销售目标。

（一）大白菜生产市场状况

村情调查数据显示，2010 年，良乡一村成立了"蔬菜合作社"，全村大白菜种植面积 400 亩，产量 3000000 公斤（1500 棵/亩，5 公斤/棵）。

户情调查数据显示，2012 年，良乡一村调查户大白菜总产量1217200 公斤，人均农业劳动力产量 14665.06 公斤。2011 年，调查户大白菜总产量 976750 公斤，人均农业劳动力产量 11768.07公斤。

户情调查数据显示，2012 年，良乡一村调查户大白菜种植面积 211 亩，占农产品种植面积（1373 亩）的 15.37%，仅是玉米种植面积（471.65 亩）的 44.74%，是土豆种植面积（579.05 亩）的 36.44%，是花生种植面积（48.8 亩）的 4.32 倍，是西瓜及其他农产品种植面积（62.5 亩）的 3.38 倍。2011 年，大白菜种植面积 164.75 亩，占农产品种植面积（1091.46 亩）的 15.10%，仅是玉米种植面积（403.9 亩）的 40.79%，是土豆种植面积（464.05亩）的 35.50%，是花生种植面积（26.8 亩）的 6.15 倍，是西瓜及其他农产品种植面积（32.5 亩）的 5.07 倍。

户情调查数据显示，2012 年，良乡一村调查户户均大白菜种植规模 4.22 亩，其中，规模最大 20 亩，规模最小 0.5 亩，仅是玉米种植面积（9.43 亩）的 44.75%，是土豆种植面积（11.58 亩）的 36.44%。2011 年，户均大白菜种植规模 3.30 亩，其中，规模最大 19 亩，规模最小 0.5 亩，仅是玉米种植面积（8.08 亩）的 40.84%，是土豆种植面积（9.28 亩）的 35.56%。

户情问卷调查数据显示，2012 年，人均农业劳动力大白菜种植面积 2.54 亩，仅是玉米种植面积（5.68 亩）的 44.72%，是土豆种植面积（6.98 亩）的 36.39%，是花生种植面积（0.59 亩）的 4.31 倍，是其他农产品种植面积（0.75 亩）的 3.37 倍。2011 年，调查户人均农业劳动力大白菜种植面积 1.98 亩，仅是玉米种植面积（4.87 亩）的 40.66%，是土豆种植面积（5.59 亩）的 35.42%，是花生种植面积（0.32 亩）的 6.19 倍，是其他农产品种植面积（0.39 亩）的 5.08 倍。

（二）大白菜市场调研链接①

中国农业科学院信息研究所王川研究员认为，中国实行市场经济体制改革的 30 多年时间里，农产品卖难问题一直都未能得到有效解决，增产不增收甚至增产减收的现象一直困扰着中国农业，农业弱式产业的地位一直没有得到改观。

王川研究员的调研结果显示，山东胶州大白菜之所以能在变化莫测的市场中稳步前进，关键就在于一个"变"字。主要反映在以下方面：

1. 转变发展理念，走职业化的农业发展道路

王川研究员认为，发展现代农业，走职业化发展道路是一个必然的选择。发达国家经验表明，发展现代农业要具备职业化的农

---

① 王川：《提高农户营销能力，重点在于实现"四个"转变——胶州大白菜调研思考》，中国农业科学院农业信息研究所，2012 年 9 月 3 日。

民、职业化的理念和职业化的管理者。中国由传统农业向现代农业转变，走职业化发展道路，首先要转变的就是人们传统农业的价值观。

第一，要对农民给予一个新的诠释。在现代经济社会里，农民不再是一个身份的象征，而应代表一项职业，表示所从事工作的性质和类型，应赋予一个职业化的内涵。职业农民不只是一个体力劳动者，而是一个集知识、技能、经验于一身的农业生产者，这一点要在全社会形成一个新的共识。

第二，要拓宽农民的思维模式，但受传统思想的禁锢，许多农民眼中只有自家的几亩田地，长期辛勤的劳作却换不来丰厚的回报。"建设新农村，首先要培养新农民。……我们的村子很大，世界却很小。"胶州市里岔镇良乡一村蔬菜种植专业合作社理事长赵波对本村村民讲的这些话，旨在让农民转变传统的观念，放眼世界，只有这样才能做大做强本村的产业和事业。其内涵意义深远，富有较强的哲理性，同时也是一个职业农民所必备的基本理念。

第三，要培育职业化的农村管理者，谁来治村、怎样治村是目前中国村庄建设、现代农业发展和农民福利改善进程中十分重要，且不能回避的问题。"农村的管理者要懂农村、懂农民，要理解农村、理解农民。……村干部最好不在本村村民中产生，这样他的私心就会少些。农民最好只管种地，他们没有精力一边种田、一边经营，至于种什么、怎么种、种出的产品如何销售，让职业管理者去考虑吧。"首席主任的这席话道出了走职业化农业发展道路的一个全新理念。

2. 转变生产模式，大力推动标准化规模生产

王川研究员认为，提高农户营销能力，解决农产品卖难问题，不能只单方面考虑如何帮助农民把产品销售出去，而应优先考虑如何彻底解决无序生产的问题。当前，由国家政府统一安排生产已不现实，从一些发达国家和我国部分成功地区的经验来看，最基本的

做法就是转变传统农业的生产模式，实现生产的组织化、规模化和标准化。

首先，要推动新型农业生产合作组织的建立。王川调研发现胶州的大部分合作组织是由实体企业或企业家参与组建的。这种合作组织的最大优点在于，由企业出资或担保贷款，能在最大限度上解决发展过程中的资金问题，同时企业的管理方式注入农业专业合作组织的发展中，有效增强了农业合作组织的企业化水平，可谓是一种新型的农业生产合作组织。"农业企业的发展，不能单靠农业或农村本身，需要有外部企业的参与，我们虽然不是很懂农业生产，但通过聘请农业技术人员就能解决生产的问题。……我们有资金的优势、有市场开拓的优势、有企业化管理的优势，这些是农村所欠缺的。……只有企业真正参与到农业生产当中，才能真正实现工业反哺农业。"由一家上市企业独资成立的青岛禾润农业科技有限公司负责人所讲的一番话，完全体现出国家"工业反哺农业"战略的内涵。

其次，要扩大生产规模，延长产业生产链条。在现有体制下，扩大生产规模，是解决农业分散的小生产格局的最佳选择，也是增强产品市场竞争力的有效途径。扩大生产规模，主要包括两个方面。一是横向规模的扩大。以合作社或企业为主体，利用土地流转政策，根据公平、民主、自愿的原则，将分散在各农户手中的土地集中在一起，集中安排使用。通过科学的规划，因地制宜地安排生产，最大限度地降低生产的盲目性。二是纵向规模的扩大。主要是指产业链条的延伸。改变以往农民生产出来的产品要不直接上市销售，要不作为原材料提供给下游企业的惯例，由合作社或企业自身组织或者与其他加工企业联盟，大力发展农产品加工业。根据不同产品的特点，适时开发多类型产品。不仅可以丰富产品内涵，还可以挖掘多个目标市场，增加了产品附加值。

最后，要强化生产规范，推动标准化生产模式"胶州大白菜"

之所以在市场剧烈波动的情况下未受波及，关键一点就是采取了由胶州大白菜协会统一制定的生产技术规范实施标准化生产，确保了产品品质，赢得了客户的信赖。"实行标准化生产，需要重点强调的就是诚信。……农民要讲信用，不能想用药就用药，想怎么干就怎么干，要严格按照技术规范要求生产。"在谈到标准化生产时，首席主任反复强调"诚信"，他认为若是农民不讲诚信，不按要求来办事，就无法实现标准化，也就无法保证产品品质，就更谈不上销售无碍了。诚信赢得市场、赢得利益。

3. 转变经营策略，以品牌优势带动市场拓展

当前，农产品的销售经营，已基本摆脱了由农户自己找市场、自己叫卖的原始模式，由经纪人、经销商、合作社等略带组织性质的经营主体组织产品销售的形式已成为主流。这种方式虽然在一定程度上解决了农户自行销售的部分难题，但却并没有完全解决卖难问题，一旦市场出现波动，农民仍然是最终受害者，市场风险仍然由农户承担。若要这一局面得到有效改观，必然要在经营策略上有所转变。

一是培育名牌产品，以品牌优势带动产品销售 胶州共有6万亩白菜，在胶州大白菜协会的带领下，培育出6000亩"胶州大白菜"这一知名的品牌产品。在近几年市场剧烈波动的情况下，"胶州大白菜"不仅销量未受冲击，市场价格也未受影响。而且，其余5.4万亩普通白菜在"胶州大白菜"的带动下，也未存在卖难问题，市场价格还要比其他产区的白菜高出0.4—0.5元/斤。

二是采取"走出去"战略，积极主动开拓目标市场。与坐等经销商进村收购的销售方式相比，"胶州大白菜"采取"走出去"开拓目标市场的营销方式显得更为积极主动。

三是发展多种经营模式，推动订单农业生产 胶州白菜在经营过程中，很好地运用了多模式、多目标的市场营销策略。他们发展出高端礼品菜、普通商品菜以及多种加工产品，销售的目标市场既包括高消费群体，也包括普通百姓和企事业团体食堂等，既包括了国内市场，也开拓了国外市场。"在市场行情不太好，普通白菜利润受损的时候，我们会以高端礼品菜来进行弥补，因为高端礼品菜的利润相对稳定。"针对当前蔬菜等鲜活农产品流通环节过多的问题，胶州市里岔镇良乡一村蔬菜种植专业合作社理事长赵波强调"要实现农消对接，即产品直接与消费者对接，利用对接减少中间的流通环节，建立社区菜店就是一个很好的方式。……农超对接的形式不能保障农民收益和消费者利益，因为超市是一个利润非常大的中间流通环节。"同时，他还认为订单农业是实现有效对接的最佳方式，他们通过订单农业实现了"农校对接""农企对接"，每年都能将订单产品全部销售出去。订单农业是一种远期合约，以事先商定的价格安排生产，可以在一定程度上抵御市场风险，这一点在一些发达国家已得到证实。然而，订单农业并不是完全没有风险，市场价格的变动往往造成订单违约。在解决订单风险方面，赵波所采用的"价格风险金"方式值得我们深思。"我们的白菜订单价格为每颗 2.5 元，这是一个保底价。当市场价格高于 2.5 元时，我们将拿出差价的 20% 作为风险金，其余的 80% 返给农民；当市场价格低于 2.5 元时，我们就用风险金作为补贴，确保农民的基本收入。"

4. 转变管理方式，形成多部门协同工作氛围

"一颗大白菜，能将文化局、农业局、工商局、商务局、财政局、旅游局等多个政府职能部门的领导集中在一起，共商胶州白菜的发展大事"。这种场面让我们感受颇深。所谓协同，就是指协调两个或者两个以上的不同资源或者个体，共同完成某一目标的过程。胶州市正是以胶州白菜产业发展为主题，实现了多部门的协同管理，最大限度地解决了部门条块分割的问题，取得了良好的合力效应。实现多部门协同工作，上级领导的重视与支持固然重要，但更为重要的是形成一套协同机制，踏踏实实地做到思想的统一、沟

通的顺畅、资源的整合和信息的共享。

思想统一，就是要求各部门都清楚地认识到，在当前社会经济形势下，农业产业的发展已不仅仅是农民和农业部门的事，它已经成为各级领导、各个部门和社会各界共同关注的重点工作之一。都需要对此倾注进感情、渗透到思维、落实到举措，这是农业产业持续健康发展的重要组织保障。

沟通顺畅，就是要求各部门能放下部门利益，在大力发展农业产业问题上进行有效的交流，相互理解、相互支持。"顺畅的沟通是发展胶州白菜产业的一个重要因素，而其中最为关键的是要有一个机构能够起到相互协调、承上启下的作用，胶州大白菜协会便是这样一个组织机构。"胶州大白菜协会徐明振会长讲出了该协会的一项重要职能。我国在农业管理上可考虑在部分地区或部分品种上成立专业协会，充分发挥协会这一中间桥梁的优势，促进产业发展。

资源整合，就是要求各部门将各自的优势资源充分利用到农业产业发展上，使分散的资源集中在一起，形成一种合力，共同为产业发展提供支撑。胶州市在白菜产业发展过程中，充分整合了文化部门的品牌创造优势、农业部门的技术提升优势、工商部门的商标维权优势、商务部门的流通销售优势、旅游部门的旅游推介优势，在短短几年间便将"胶州大白菜"这一品牌做大做强，不仅拓宽了胶州白菜的销售渠道，还通过品牌优势提高了胶州白菜的价值。

信息共享，信息的共建共享成为充分实现农业信息化的一个基本点。当前，我国农业以品种为单元的产业发展趋势日渐明显，如白菜产业、苹果产业等。所以，建立以品种为单元的信息体系，集合该品种的种子信息、生产信息、市场信息、贸易信息、加工信息等，形成一个该品种的综合信息平台，将对该品种产业的发展起到极大的支撑作用，是有效解决信息不对称的一个最佳途径，也是实现该品种产业协同管理的一个有效工具。

第十章

农户生活

　　仅仅用收入指标来反映农民家庭生活状况及其改善程度备受质疑。中国农村三十年的改革开放，显著成效之一就是农民收入的成倍增长，1978—1984 年农民收入增加了一倍，1984—2001 年农民收入又增加了一倍，2001—2008 年农民人均纯收入增长了 55.1%。根据国家统计局农村司对全国 31 个省（区、市）864 个县的 6.8 万户抽样调查数据计算，1984—2001 年，农民人均纯收入从 355.3 元增加到 2366.4 元，增加额 2011.1 元、增长了 5.7 倍，2001—2008 年，农民人均纯收入从 2366.4 元增加到 4760.6 元，增加额 2394.2 元、增长了 1.01 倍。2009 年农民人均纯收入 5153 元，比 2008 年 4760.6 元增长 8.2%，剔除价格因素，实际增长 8.5%，增速比 2008 年同期提高 0.5 个百分点；2010 年农民人均纯收入 5919 元，比 2009 年增长 14.9%，剔除价格因素，实际增长 10.9%，增速比 2009 年提高 2.4 个百分点；2011 年农民人均纯收入 6977 元，比 2010 年增长 17.87%，剔除价格因素，实际增长 11.4%，增速比 2010 年提高 0.5 个百分点；2012 年农民人均纯收入 7917 元，比 2011 年增长 13.47%，剔除价格因素，实际增长 10.7%，增速比 2011 年下跌 0.7 个百分比。

同时，有学者将"三农问题"或推而广之的经济发展问题的本质归结为农民收入问题。① 而且，有效提高农民收入对扩大内需，加快中国经济结构转型和维护社会稳定具有决定性的作用。

良乡一村国情调研组认为，现金收入指标既体现了"劳力产品化""产品商品化""商品收入化""收入货币化"村庄四阶段发展过程的结果，亦包含了"农村内生""农业内增""农民自主"三个发展形态的基本内容。农村内生变量，包括改善环境、文化建设、品格塑造；农业内在增长主要指农业生产工艺手段科学化、资源要素配置规模化、农产品市场化和农业产业化信息化的结果；农民自主发展包含农民的知情权、选择权、自由权。

全村土地面积1160.6亩，其中，耕地面积1020亩（水浇地100%），居民用地63.6亩，公共设施用地3.4亩，交通用地47.5亩，商业建设用地26.1亩。2012年，全村生产总值2000万元，其中，第一产业增加值1000万元、占50.0%，第三产业增加值1000万元、占50.0%。全村农户（140户）家庭总收入1166.77万元，人均21606.8元。调查户农民人均纯收入14542元，人均生活消费支出6046元。

一　全村农民收入水平

（一）全村家庭收入总额与工资性收入比重

村情问卷调查数据显示，2012年，良乡一村全村农户家庭收入总额11667675元，其中，经营性收入6693265元、占57.37%，工资性收入4163135元、占35.68%，财产性收入233700元、占2.00%，转移性收入577575元、占4.95%。

全村户均收入83340.54元，最高收入户629600元，最低收入

---

① 王敏：《中国农村收入差距和城乡收入差距：相关研究综述》，《中国"三农"问题解析 理论评述与研究展望》，浙江大学出版社2012年版。

户 5160 元。其中，最低收入户收入总额 539630 元、占 4.63%，户均 19272.5 元；次低收入户收入总额 1488325 元、占 12.75%，户均 53154.5 元；中等收入户收入总额 2248560 元、占 19.27%，户均 80305.7 元；次高收入户收入总额 2814280 元、占 24.12%，户均 100510 元；最高收入户收入总额 4576880 元、占 39.23%，户均 163460.0 元。即全村农户家庭收入水平达到 11.08—62.96 万元的 28 户，9.10—10.07 万元的 28 户，7.06—9.00 万元的 28 户，3.69—7.05 万元的 28 户，0.52—3.68 万元的 28 户。全村农户最高、次高、中等、次低和最低"五等分收入组"对家庭收入的贡献率分别为 39.23%、24.12%、19.27%、12.75% 和 4.63%。

户均收入在 10000 元以下的农户比重为 5.71%（8 户）；10000—30000 元的农户比重为 10.71%（15 户）；30001—50000 元的农户比重为 10.0%（14 户）；50001—70000 元的农户比重为 12.86%（18 户）；70001—90000 元的农户比重为 22.14%（31 户）；90001—110000 元的农户比重为 17.14%（24 户）；110001—130000 元的农户比重为 10.0%（14 户）；130000 元以上的农户比重为 11.44%（16 户）。

（二）全村农民人均收入总额与工资性收入比重

2012 年，全村农民人均收入 21567.7 元，人均收入最高 125920 元，人均收入最低 2060 元。其中，最低收入户人均收入 8382.43 元；次低收入户人均收入 14690.13 元；中等收入户人均收入 19151.39 元；次高收入户人均收入 23922.13 元；最高收入户人均收入 41692.30 元。

全村农民人均收入在 5000 元及以下的农户比重为 0.71%（1 户）；5001—10000 元的农户比重为 15%（21 户）；10001—15000 元的农户比重为 14.29%（20 户）；15001—20000 元的农户比重为 25.71%（36 户）；20001—25000 元的农户比重为 17.86%（25

户）；25001—30000 元的农户比重为 13.57%（19 户）；30000 元以上的农户比重为 12.86%（18 户）。

二 调查户工资收入比重

（一）调查户家庭收入总额与工资性收入比重

户情问卷调查数据显示，2012 年，良乡一村调查户（50 户）家庭收入总额 4519675 元，其中，经营性收入 2968265 元占 65.67%，工资性收入 1310135 元占 20.00%，财产性收入 59080 元占 1.30%，转移性收入 182195 元占 4.03%。

2012 年，调查户均收入 90393.5 元，最高收入户 629600 元，最低收入户 7040 元。其中，最低收入户收入总额 260590 元、占 5.77%，户均 26059 元；次低收入户收入总额 582725 元、占 12.89%，户均 58272.5 元；中等收入户收入总额 760360 元、占 16.82%，户均 76036 元；次高收入户收入总额 1000200 元、占 22.13%，户均 100020 元；最高收入户收入总额 1915800 元、占 42.39%，户均 191580 元。即调查户收入水平达到 11.28—62.96 万元的 10 户，8.60—11.08 万元的 10 户，6.50—8.58 万元的 10 户，5.08—6.40 万元的 10 户，0.70—4.69 万元的 10 户。调查户最高、次高、中等、次低和最低"五等分收入组"对家庭收入的贡献率分别为 42.39%、22.13%、16.82%、12.89% 和 5.77%。

调查户户均收入在 10000 元以下的农户比重为 2.0%（1 户）；10000—30000 元的农户比重为 10.0%（5 户）；30001—50000 元的农户比重为 8.0%（4 户）；50001—70000 元的农户比重为 22.0%（11 户）；70001—90000 元的农户比重为 20.0%（10 户）；90001—110000 元的农户比重为 14.0%（7 户）；110001—130000 元的农户比重为 14.0%（7 户）；130000 元以上的农户比重为 10.0%（5 户）。

（二）调查户家庭纯收入总额与工资性收入比重

户情问卷调查数据显示，2012 年，良乡一村调查户（50 户）家庭纯收入总额 3040003 元，其中，经营性收入 1488593 元占 48.97%，工资性收入 1310135 元占 43.10%，财产性收入 59080 元占 1.94%，转移性收入 182195 元占 5.99%。调查户户均纯收入 60800.06 元，最高收入户 229600 元，最低收入户 5520 元。其中，最低收入户纯收入总额 178481 元、占 5.87%，户均 17848.1 元；次低收入户纯收入总额 376135 元、占 12.37%，户均 37613.5 元；中等收入户纯收入总额 530610 元、占 17.45%，户均 53061 元；次高收入户纯收入总额 736132 元、占 24.21%，户均 73613.2 元；最高收入户纯收入总额 1218645 元、占 40.09%，户均 121864.5 元。即调查户家庭纯收入水平达到 9.24—22.96 万元的 10 户；6.43—8.43 万元的 10 户；4.44—6.22 万元的 10 户；3.25—4.41 万元的 10 户，0.55—3.05 万元的 10 户。调查户最高、次高、中等、次低和最低"五等分收入组"对家庭纯收入的贡献率分别为 40.09%、24.21%、17.45%、12.37% 和 5.87%。

调查户户均纯收入在 10000 元以下的农户比重为 6.0%（3 户）；10000—30000 元的农户比重为 12.0%（6 户）；30001—50000 元的农户比重为 26.0%（13 户）；50001—70000 元的农户比重为 22.0%（11 户）；70001—90000 元的农户比重为 14.0%（7 户）；90001—110000 元的农户比重为 10.0%（5 户）；110001—130000 元的农户比重为 6.0%（3 户）；130000 元以上的农户比重为 4.0%（2 户）。

（三）调查户人均收入水平与工资性收入比重

户情问卷调查数据显示，2012 年，调查户农民人均收入 21588.28 元，人均最高收入 125920 元，人均最低收入 5260 元。其中，最低收入户人均收入 8465.06 元；次低收入户人均收入 13971.65 元；中等收入户人均收入 18220.57 元；次高收入户人均收入 21383.49 元；最高收入户人均收入 45900.67 元。调查户最高、次高、中等、次低和最低"五等分收入组"对家庭纯收入的贡献率分别为 40.09%（1218645 元）、24.21%（736132 元）、17.45%（530610 元）、12.37%（376135 元）和 5.87%（178481 元）。

调查户农民人均收入在 5001—10000 元的农户比重为 12.0%（6 户）；10001—15000 元的农户比重为 20.0%（10 户）；15001—20000 元的农户比重为 32.0%（16 户）；20001—25000 元的农户比重为 16.0%（8 户）；25001—30000 元的农户比重为 8.0%（4 户）；30000 元以上的农户比重为 12.0%（6 户）。

（四）调查户人均纯收入水平与工资性收入比重

户情问卷调查数据显示，2012 年，调查户农民人均纯收入 14541.48 元，比全国同期农民人均纯收入 7917 元的水平高 83.67 个百分点，人均农民纯收入最高 45920 元，人均纯收入最低 2760 元。其中，最低收入户人均纯收入 5803.96 元，比全国同期同比 2316 元的水平高 1.51 倍；次低收入户人均纯收入 9595.3 元，比全国同期同比 4807 元的水平高 99.61 个百分点；中等收入户人均纯收入 12877.64 元，比全国同期同比 7041 元的水平高 82.9 个百分点；次高收入户人均纯收入 16323.22 元，比全国同期同比 10142 元的水平高 60.85 个百分点；最高收入户人均纯收入 28107.3 元，比全国同期同比 19009 元的水平高 47.86 个百分点。

调查户农民人均纯收入在 5000 元及以下的农户比重为 6.0%（3 户）；在 5001—10000 元的农户比重为 24.0%（12 户）；10001—15000 元的农户比重为 32.0%（16 户）；15001—20000 元的农户比重为 24.0%（12 户）；20001—25000 元的农户比重为

4.0%（2户）；25001—30000元的农户比重为4.0%（2户）；30000元以上的农户比重为6.0%（3户）。

表10-1　　良乡一村（国情调查）全村及调查户工资性收入比重

	经营性收入	工资性收入	财产性收入	转移性收入
全村农户总收入（%）	57.37	35.68	2.00	4.95
调查户家庭总收入（%）	65.67	29.00	1.30	4.03
调查户家庭纯收入（%）	48.97	43.10	1.94	5.99

表10-2　　良乡一村（国情调查）全村及调查户农民人均收入水平

	低收入户	次低收入户	中等收入户	次高收入户	高收入户
全村农户总收入（元）	19273	53155	80306	100510	163460
调查户总收入（元）	26059	58273	76036	100020	191580
调查户总纯收入（元）	17848	37613	53061	73613	121865
全村农民人均收入（元）	8382	14690	19151	23922	41692
调查户农民人均收入（元）	8465	13972	18221	21383	45901
调查户农民人均纯收入（元）	5804	9595	12878	16323	28107
全国农民人均纯收入（元）	2316	4807	7041	10142	19009

三　住房及耐用品拥有状况

村情问卷调查数据显示，截至2012年年末，良乡一村全村砖瓦结构住房农户130户、占92.86%，人均住房面积15.32平方米，电力用户100%，电话用户100%，自来水用户100%，有线电视用户86%（120户），卫星电视用户14%（20户），彩色电视机用户100%。

全村统计调查数据显示，按照3×7.2×房屋间数的面积公式计算，2012年，良乡一村共有房屋建筑面积17388平方米，户均住房

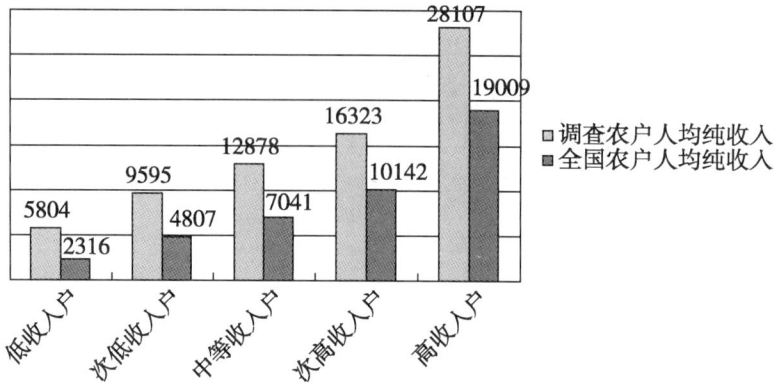

图 10 - 1　良乡一村调查农户与全国农户人均纯收入五等份状况对比

面积 124.2 平方米，户均住房面积最多 453.6 平方米，最少 43.2 平方米。其中，200 平方米以上的农户比重为 21.43%（30 户）；171m²—200m² 的农户比重为 24.28%（34 户）；141m²—170m² 的农户比重为 2.86%（4 户）；111m²—140m² 的农户比重为 5.01%（7 户）；81m²—110m² 的农户比重为 52.13%（73 户）；80 平方米以下的农户比重为 7.86%（11 户）。

2012 年，全村农民人均住房面积 38.74 平方米，人均住房面积最多 194.4 平方米，最少 8.6 平方米。其中，人均住房面积 50 平方米以上的农户比重为 21.43%（30 户）；41m²—50m² 的农户比重为 12.15%（17 户）；31m²—40m² 的农户比重为 17.15%（24 户）；21m²—30m² 的农户比重为 35.7%（50 户）；10m²—20m² 的农户比重为 5.71%（8 户）；10 平方米以下的农户比重为 7.86%（11 户）。

（一）调查户住房面积、结构及价值状况

户情问卷调查数据显示，2012 年，调查农户共有房屋建筑面积 9567 平方米，户均住房面积 191.34 平方米，户均住房面积最多 630 平方米，最少 50 平方米。其中，200 平方米以上的农户比重为

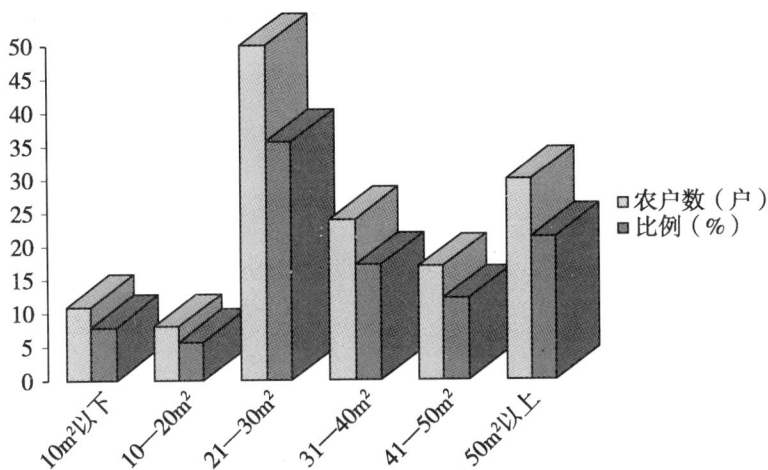

图 10-2　良乡一村（国情调查）全村农民人均住房面积状况

38.0%（19 户）；171m²—200m² 的农户比重为 6.0%（3 户）；
141m²—170m² 的农户比重为 14.0%（7 户）；111m²—140m² 的农
户比重为 8.0%（4 户）；81m²—110m² 的农户比重为 22.0%（11
户）；80 平方米及以下的农户比重为 12.0%（6 户）。

2012 年，调查户农民人均住房面积 49.6 平方米，人均住房面
积最多 159.5 平方米，最少 12 平方米。其中，人均住房面积 50 平
方米以上的农户比重为 36.0%（18 户）；41m²—50m² 的农户比重
为 14.0%（7 户）；31m²—40m² 的农户比重为 16.0%（8 户）；
21m²—30m² 的农户比重为 20.0%（10 户）；10m²—20m² 的农户比
重为 14.0%（7 户）。

居住钢筋混凝土结构住房的农户比重为 38.0%（19 户）；居住
砖混结构的农户比重 34.0%（17 户）；居住砖（石）木、砖瓦及
其他住房结构的农户比重为 28.0%（14 户）。

调查户房屋总价值 12032000 元，户均房地产价值 240640 元，
其中，最高户 680000 元，最低户 20000 元；每平方米 1257.66 元；
人均住房价值 62029.3 元，最高 216666.7 元，最低 6666.7 元，其
中，住房价值最高户人均 145900 元（106666.7—216666.7 元）；住

房价值次高户人均 772888.6 元（63333.3—100000 元）；住房价值中等户人均 47600 元（40000—60000 元）；住房价值次低户人均 27994.29 元（20000—37000 元）；住房价值最低户人均 11363.33 元（6666.7—16666.7 元）。

（二）调查户耐用品及电器商品拥有状况

户情问卷调查数据显示，2012 年，良乡一村调查户拥有彩色电视机的农户比重为 100%，65 台彩色电视机，户均拥有彩色电视 1.3 台；拥有空调的农户比重为 56.0%（28 户），32 台空调，户均拥有空调 0.64 台；拥有冰箱的农户比重为 96%（48 户），59 台冰箱，户均拥有冰箱 1.18 台；拥有洗衣机的农户比重为 86.0%（43 户），47 台洗衣机，户均拥有洗衣机 0.94 台；拥有电脑的农户比重为 58.0%（29 户），29 台电脑，户均拥有电脑 0.58 台；拥有缝纫机的农户比重为 48.0%（24 户），24 台缝纫机，户均拥有缝纫机 0.48 台；拥有座机的农户比重为 34.0%（12 户），17 台座机，户均拥有座机 0.34 台；拥有手机的农户比重为 94.0%（47 户），148 部手机，户均拥有手机 2.96 部；拥有摩托车的农户比重为 58.0%（29 户），32 辆摩托车，户均拥有摩托车 0.64 辆；拥有小汽车的农户比重为 24.0%（12 户），14 辆小汽车，户均拥有小汽车 0.28 辆。

四 消费水平及恩格尔系数

户情问卷调查数据显示，家庭总支出 2814960 元，其中，经营成本 1479672 元、占 54.03%，生活消费 1217478 元、占 41.91%，财产性支出 12910 元、占 0.45%，转移性支出 104900 元、占 3.61%。调查户家庭生活消费比重分别为，食品 540543 元、占 44.4%，衣着 90500 元、占 7.43%，居住 214421 元、占 17.61%，交通通信 99580 元、占 8.18%，家用设备及用品 39760 元、占 3.27%，文教娱乐 99538 元、占 8.17%，医疗保健 116486 元、占 9.57%，其他 16650 元、占 1.37%。

调查户户均总支出 56299.2 元，最高户总支出 465329 元，最低户总支出 3720 元。其中，消费支出最高户户均 130203.5 元（67885—465329 元）；消费支出次高户户均 58324.4 元（48865—64144 元）；消费支出中等户户均 43746.2 元（39715—48740 元）；消费支出次低户户均 31799.1 元（26170—38871 元）；消费支出最低户户均 17422.8 元（3720—26120 元）。调查户户均生活消费总支出 243495.56 元，最高户生活消费总支出 66739 元，最低户生活消费总支出 3120 元。其中，生活消费支出最高户户均 47735 元（30620—66739 元）；生活消费支出次高户户均 26544.7 元（23715—30120 元）；生活消费支出中等户户均 21040.7 元（18770—22360 元）；生活消费支出次低户户均 16133.4 元（13355—18500 元）；生活消费支出最低户户均 10294 元（3120—13244 元）。

调查户食品消费结构为，谷物比重 11.69%（63167 元），豆类 1.20%（6467 元），蛋类 3.84%（20762 元），蔬菜 6.07%（32810 元），食油 10.3%，烟酒 17.46%（94380 元），肉类 20.48%（110705 元），水果 6.0%（32475 元），其他 22.96%（124102 元）。户均谷物 1263.3 元（11.69%）、豆类 129.3 元（1.20%），蛋类 415.24 元（3.84%），蔬菜 656.2 元（6.07%），食油 1113.5 元（10.3%），烟酒 1887.6 元（17.46%），肉类 2214.1 元（20.48%），水果 649.5 元（6.0%），其他 2482.04 元（22.96%）。人均食品消费 2760 元，其中，谷物 340.6 元占 12.34%，豆类 31.8 元占 1.15%，蛋类 112.4 元占 4.07%，蔬菜 185.6 元占 6.72%，食用油 291.6 元占 10.56%，烟酒 456.1 元占 16.52%，肉类 575.1 元占 20.83%，水果 163.1 元占 5.93%，其他

603.7 元占 21.87%。

按照户均再人均方式进行测算，2012 年，良乡一村调查户农民人均生活消费支出 6046 元，比全国农户同期农民人均活消费支出 5908 元的水平高 2.34 个百分点。其中，高消费户人均 11310 元，比全国同比水平高 62.38 个百分点；次高消费户人均 6854.8 元，比全国同比水平低 0.99 个百分点；中等消费户人均 5414.5 元，比全国同比水平低 0.29 个百分点；次低消费户人均 4138.7 元，比全国同比水平低 7.29 个百分点；最低消费户人均 2236.3 元，比全国同比水平低 40.24 个百分点。

按照人均生活消费支出 6046 元计，2012 年，良乡一村调查户农民人均生活消费支出结构分别为食品 2760.3 元占 44.65%，比全国同期 2324 元 39.3% 的水平多 436.3 元、高 6.35 个百分点；衣着 415.7 元、占 6.88%，比全国同期 396 元 6.7% 的水平多 19.7 元、高 0.18 个百分点；居住 1033 元、占 17.09%，比全国同期 1086 元 18.4% 的水平少 53 元、低 1.31 个百分点；交通通信 516.4 元、占 8.54%，比全国同期 653 元 11.1% 的水平少 136.6 元、低 2.56 个百分点；家用设备及用品 211.2 元、占 3.49%，比全国同期 342 元 5.8% 的水平少 130.8 元、低 2.31 个百分点；文教娱乐 503.3 元、占 8.33%，比全国同期 445 元 7.5% 的水平多 58.3 元、高 0.83 个百分点；医疗保健 514.7 元、占 8.51%，比全国同期 514 元 8.7% 的水平多 0.7 元、低 0.19 个百分点；其他 91.3 元、占 1.51%，比全国同期 148 元 2.5% 的水平少 56.7 元、低 0.99 个百分点。

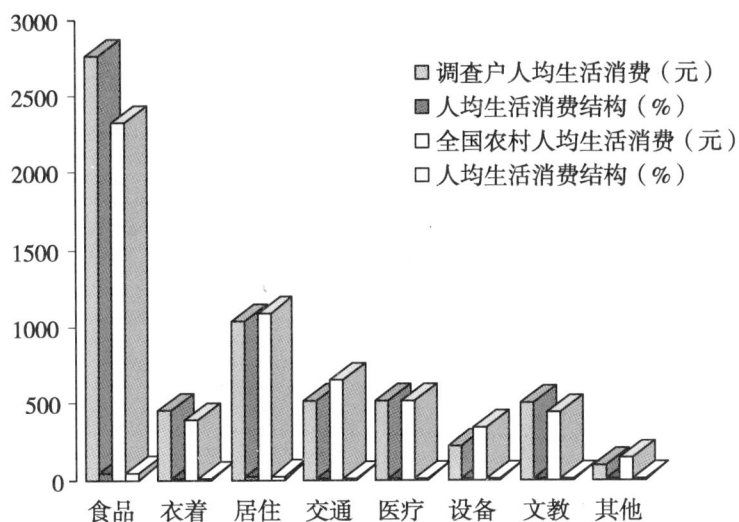

图 10-3　良乡一村（国情调查）调查户与全国人均生活消费结构状况

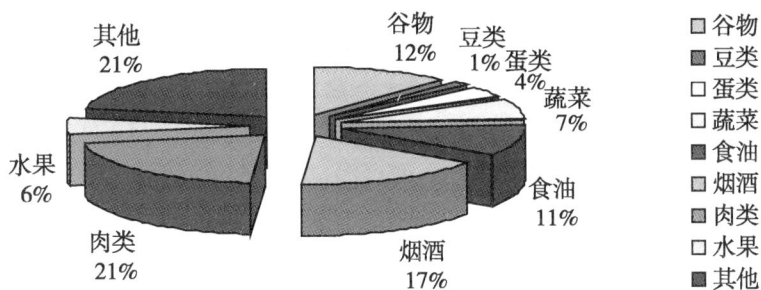

图 10-4　2012 年良乡一村（国情调查）调查户食品消费结构状况

第十一章

农民福利

> 改良人类幸福之价值，是谁亦不能否定的。从这方面的任
> 一种进步，即令是最小的，亦有其大价值。[①]

——马尔萨斯

美国芝加哥大学著名农业经济学家约翰逊指出："在我整个的
职业生涯中，我一直试图说明一点：农民的福利不仅取决于他们拥
有多少资源（包括人力的、物质的和金融的），还取决于要素市场
的运作状况（包括劳动、土地和资本市场）。确保农民充分分享经
济增长成果的途径只有一个，那就是改善要素市场的运作。这一点
在中国尤其重要，因为每一种主要生产要素的市场（劳动、土地、
资本或信贷）在中国都依然受到很大的约束，存在很多缺陷。中国
未来要素市场表现如何，将在很大程度上影响农业生产绩效和农民
收入的提供。确保农民充分分享经济增长成果的途径只有一个那就
是改善要素市场运作。"[②]

[①] 马尔萨斯：《人口论》，北京大学出版社 2008 年中译本，第 46 页。

[②] Ｄ．盖尔·约翰逊：《经济发展中的农业、农村、农民问题》，商务印书馆 2004
年中译本。

《农村公共事业发展》调研结果表明：农村经济发展与农村公共服务事业发展互为因果，前者是后者的前提和基础，后者是前者的出发点和落脚点。农村公共服务事业是农村经济发展到一定阶段的必然结果，农村公共服务事业的发展推动农村经济进一步发展。农村公共事业发展是中国农村经济社会发展到新阶段的必然要求，是新时期农村经济发展的一项有力举措，是新时代农村农民生活改善的行动表现。①

总结近年来中国农村社会保障制度改革实践与研究进展，学界争议颇大，且急待破解的问题主要是：第一，制度衔接与关系迁移问题——社会保障不仅呈现出城乡二元结构，而且表现出明显的区域差异特点，即"碎片化"；第二，社会保障制度安排及体系统一性问题——如何建立城乡统筹又覆盖城乡的社会保障制度及其体系框架，使农村农民与城镇居民享受同一的社会福利和公共产品；第三，政府在农村社会保障中的财政责任问题；第四，农村社会保障公平性及水平问题——广大农村的社会保障制度的不健全乃至缺失就是最大的不公平；第五，农村社会保障资金的安全管理问题；第六，农村社会保障资金立法问题。②

一　老有颐养（保障）

良乡一村首席主任赵波说：养老问题，不仅仅是一个吃穿问题，更重要的是一个精神层面的问题，甚至是一个如何生活的更有尊严的问题。而尊严不是固执己见，而是能够在儿孙面前有些面子。在农村，一定程度上说，逢年过节或急需时，能够给儿孙一些

---

① 徐鲜梅：《农村民事纠纷、社会治安与公共安全》，载农村公共事业发展课题组《农村公共事业发展调查——农户视角：现状、需求意愿与评价》，社会科学文献出版社2013年版。

② 黄祖辉等：《中国"三农"问题解析 理论评述与研究展望》，浙江大学出版社2012年版，第138页。

零花钱和资金的支持，就是有面子的事。鉴于这样的认识，按照村庄土地流转规定，70 岁以上的老年人，将自己占有的 1.7 亩耕地流转给村集体，每年有 1400 元的收入补贴、300 元集体收入分成和 4500 元的养老资金，共计 6000 元，除了自己的花销外，还有些剩余作为儿孙的压岁钱、零花钱和急需资金。60 岁以上的老年人，将自己占有的 1.7 亩耕地流转给村集体，每年有 1500 元的收入补贴、300 元集体收入分成和 4500 元的养老资金，以及从事力所能及的村庄服务事业所得收入 8000 元，共计 14000 元，给儿孙的压岁钱、零花钱绰绰有余，甚至可以提供儿孙的一些急需资金支持。如果口粮田已流转出去的老年人每人每年可获得补助 5280 元。

村委新班子对全村 103 名 60 岁以上的老年人给予较好的安排和宜养，即没有劳动能力且土地交集体的老人，每个月发放 300 元生活费；有一定劳动能力的 60 岁以上老年人（如老支部书记），组成村清洁队，每人每月 800 元，负责村里的卫生。

此外，村集体建盖了老年人公寓房，70 平方米/套，80 岁以上的老年人不仅可以居住，而且提供免费的中餐。村里积极鼓励和提倡厚养薄葬，具体促进措施就是，不用吹鼓手的丧者家庭补助 3000 元，使用吹鼓手的丧者家庭补助 2000 元。起初，可能出于攀比的心理，家家户户都使用吹鼓手，甚至互相攀比，看谁的最隆重和花费最多。随着村里厚养薄葬的理念和行动的推行和实施，村民逐渐认识和理解"人活着的时候得到应有的关心和照顾"是最重要的，攀比性的花费只是"活人做给活人看"的事情，除了浪费钱财外，对丧者没有任何意义。

村情问卷调查数据显示，截至 2012 年年末，良乡一村参加养老保险的农户比重 89.29%（125 户），参与养老保险人数 230 人、占 42.59%；享受最低社会保障农户比重为 0.71%，享受最低社会保障的人数 3 人、占 0.56%，平均保障标准 2000 元/人·年。五保户 1 户，供养经济标准 3300 元/年；养老补助户 50 户、占

35.71%；养老补助人数 70 人、占 12.96%；养老补助标准 3600 元/人·年

户情问卷调查数据显示，2012 年，良乡一村调查户集体养老的人数 18 人、占调查户人口总数（208 人）的 8.65%，其农户比重 22.0%（11 户）。调查户获得集体补贴资金 53980 元，户均 1079.6 元，最高户 2340 元，最低户 520 元。其中，集体补助最高户户均 1838 元（1560—2340 元）；集体补助次高户户均 1196 元（1040—1300 元）；集体补助中等户户均 1040 元（1040—1040 元）；集体补助次低户户均 780 元（780—780 元）；集体补助最低户户均 520 元（520—520 元）。

村庄儿童表演

二　小有良教（教育）

良乡一村首席主任赵波说：农村孩子的教育问题，不仅仅是有教室和有书本的问题，包括教材制作、内容添加、教学方式、教学环境、师资力量、教师待遇和教学水平等均是农村教育改革进程中必须考虑的问题。事实上，农村孩子与城市孩子在书本知识方面的差异不是很大，比较大的差异在于学生的视野和父母的文化意识影

村民秧歌表演

村民竞技表演

响方面。所以，村委所提倡和设计的"小有良教"的目标任务，要求村里的孩子不仅有书读，有教室上课，而且课本知识教育与城市孩子的同步，包括教材选择制作、教学内容更新、教学方式改进、教学环境改善、教师待遇的提高等，特别是重视拓展学生视野和塑造学生品质——胸怀祖国、放眼世界。

良乡一村有所海尔希望小学，良乡四个行政村的小学生都在这儿上课。但课桌很陈旧，新班子自筹资金将课桌焕然一新，并从胶州聘请了英语老师，改变了小学三年级才开设英语课的状况，旨在乡村孩子能够享受到与城市孩子同等程度（课程时间和内容）的教育。

村情统计数据显示，2012年，良乡一村全村初中至大学的在校学生人数64人，占全村总人口548人的11.68%。其中，初中17人占26.56%，高中35人占54.69%，大学生12人占18.75%，女性大学生8人占66.67%。

村情问卷调查数据显示，2012年，良乡一村全村适龄儿童23人，在校小学生人数23人，其中，男性学生14人占60.87%，女性学生9人占39.13%。

户情问卷调查数据显示，2012年，良乡一村调查户具有在校学生人数34人，其具有在校学生的农户比重为58.0%（29户）。其中，借款供养孩子上学的农户占具有在校学生农户的比重为10.34%（3户）；具有辍学孩子的农户占具有在校学生农户的比重为6.90%（2户）。

良乡一村与镇教委联合，投入180万元建设1000平方米的标准化幼儿园，12月底完工。专门从市区聘请优秀的英语教师，使村内的孩子从小学一年级开始就能学到地道的英语。为海尔希望小学各班级配备全新的课桌椅（办公桌28套，学生桌子300套）和多媒体教学设备，改善教学环境。建立贫困生帮扶救助制度，对进入小学、中学、大学乃至更高层次学府读书的贫困生给予一定的助学金，确保全村学生不因贫困而辍学。

三 病有好医（医疗）

良乡一村首席主任赵波说：村委所设计的"病有良医"的基本思想就是病人不仅可以及时得到救治，且得到有医德的医生治疗，包括获得相应的医疗费用保障。

户情问卷调查数据显示，2012年，良乡一村调查户户均年医疗费用131530元，最高户30000元，最少100元，其中，户均500元及以下的农户比重为24.0%（12户）；500—1000元的农户比重为 38.0%（19 户）；1001—1500 元的农户比重为 4.0%（2 户）；1501—2000 元的农户比重为 8.0%（4 户）；2000 元以上的农户比重为 26.0%（13 户）。

2012 年，良乡一村调查农户人均医疗保健费用支出 632.36 元；全村调查户患有大病的农户比重为 42.0%（21 户）；全村调查户患有大病人数的比重为 11.06%；全村调查户有长期性慢性病、残疾人、体弱多病的农户比重为 42.0%（21 户）；患有长期性慢性病人数的比重（包括残疾人、体弱多病者）为 12.5%（26 人）。

2012 年，良乡一村调查户 21 户、23 人大病患者医疗费用 630751 元，人均医疗费 27423.96 元。其中，新农合报销医疗费总额 79200 元、占 12.56%，人均 3443.48 元；治病借款的农户比重为 23.81%（5 户），治病借款总额 91200 元、占调查户医疗费用总额的 14.46%，户均 18240 元。

村庄第一书记徐勇介绍说，村里刚刚购置了垃圾处理器，将安装在新居民楼内的居民家中，进行垃圾分类处理及再次利用。此外，村委组织成立了村民大病与教育基金，计划投入资金 30 万元，确保每个村民不因为大病而陷入生活贫困之中，不因为贫困而丧失了受教育的机会。

四 住有宜居（住房）

村情调查表明，良乡一村所在地的良乡社区是胶州市 10 个新型农村社区建设示范点之一。计划新盖居民楼 211015 平方米（20 亩），2012 年 9 月开始第一期，建盖 40 套 4800 平方米，且已全部竣工入住 40 套（4800 平方米）；第二期于 2014 年 6 月开始，建盖 70 套 6300 平方米，2200 平方米的老年人公寓、医院、银行、超市同时开工；第三期建房工程将于 2015 年月开工，建盖 30 套 1800 平方米。为此，安装路灯 32 盏，树苗 5000 多株，水泵、高压电，粉刷墙皮 3200 多米，硬化 3600 平方米，投入资金 200 万元。2012年，良乡一村按照成本价的一半，即 900 元/平方米将两栋 40 套房屋全部销售给村民。

村庄住宅建设规划

自来水供应。居民自费使用自来水，2.5 元/立方米，户均年水费 120 元（10 元/月），按入住后月增加用水量 1 立方米计算（洗衣服等），年增收水费 30 元，户均年度总水费 150 元。

电力供应。电费价格 0.55 元/度，户均年电费 480 元（40 元/月），按入住后月增加用电量费用 5 元计算（热水器等），年增收水费 60 元，户均年度总水费 540 元。

燃气供应。户均年煤气费用 500 元（户均 150 立方米计算），按照 3.3 元/立方米（城区内天然气价格 2.4 元/立方米）供应入户（目前，村委正在与新奥燃气洽谈建设煤气站），户均年水费 120 元（10 元/月）。

取暖供应。由于农户取暖主要采取炉子和土暖气等，暖气仅仅是辅助取暖设备。综合考量规定户均年度暖气费用 600 元。即 120

平方米的住户应当缴纳年度暖气费 3324 元（建筑面积 27.7 元/平方米×120 平方米/户，相当于使用面积 37 元/平方米，城区 30.4元/平方米）；90 平方米的住户应当缴纳年度暖气费 2493 元（建筑面积 27.7 元/平方米×90 平方米/户）；60 平方米的住户应当缴纳年度暖气费 2560 元（建筑面积 27.7 元/平方米×60 平方米/户）。

良乡一村新居民楼实行生物质集中供暖的方式，购买 1 台10 吨规格的锅炉、86 万元，按 10 年使用年限进行折旧、年均8.6 万；投资 15 万元建设锅炉房，按 10 年使用年限进行折旧、年均 5000 元；燃料费用 302 万元 =1.8 吨/小时×20 小时/天×120 天（4 个月供暖期）×700 元/吨；锅炉工工资 3.2万元 =4000 元/人×2 人/月×4 个月；电费 12.96 万元 =50度/小时×0.9 元/度×204 小时/天×120 天，共计 327.26 万元。每平方米暖气费用 27.7 元（327.26 万元÷11.812 万平方米）。

——摘自于《胶州市里岔镇良乡社区建设实施方案》

户情问卷调查数据显示，2012 年，良乡一村调查户饮用自来水的农户比重为 100%。其主要炊事能源种类有电、柴草、三气（煤气天然气沼气）等，其中，用电作为主要炊事能源的农户比重为 10.0%（5 户）；天然气煤气作为主要炊事能源的农户比重为28.0%（14 户）；柴草作为主要炊事能源的农户比重为 58.0%（29户）；其他能源作为主要炊事能源的农户比重为 4.0%（2 户）。调查农户辅助炊事能源种类有电、柴草、三气（煤气天然气沼气）等，其中，用电作为辅助炊事能源的农户比重为 2.0%（1 户）；天然气煤气作为辅助炊事能源的农户比重为 66.0%（33 户）；柴草作为辅助炊事能源的农户比重为 28.0%（14 户）。

调查户全部拥有厕所，其中，使用水冲式厕所的农户比重为

42.0%（21户）。粪便处理方式主要是管道排放、沼气池、化粪池和农家集肥等。其中，采取管道排放、集中处理方式的农户频数为14户、频率为28.0%；沼气池处理方式的农户频数13户、频率为26.0%，化粪池处理方式的农户频数12户、频率为24.0%；农家集肥处理方式的农户频数为33户、频率为66.0%。

村首席主任赵波说：村委所设计的"住有宜居"的基本思想就是村民不仅有房子住，而且具有适宜的家居条件和居住环境。道路硬化、村庄绿化、环境美化、农屋亮化、居所净化，依托周边自然山水特色和村庄自然环境，专门由城市规划院进行村庄整体规划设计，征集群众意见，集镇风貌塑造、街道景观设计、集市市场环境治理、污水垃圾处理、建设行为规范等各项规划方案。如生态观光园基本竣工，收集各种摩盘铺设的道路充满了田园风光的气息，农村风俗文化和耕作体验项目，建设特色农家饭店，让市民观赏民情民俗、观光耕作、住宿居民屋、品尝农家菜，感受农家乐，分享农家生活经验，体验农家生活，以旅游帮助农民、兴农的新路子。在蔬菜示范园区，一条新沟渠蜿蜒而过，小河两岸衬砌完工后，引进胶河水，形成一条集蓄水、灌溉和景观于一体的河流，在两岸开辟农作物和蔬菜展览园及休闲观光游览基地，将来跨海大桥建成通车，青岛到里岔镇仅仅需要40分钟，吸引市民观光、采摘和游览。

第十二章

进程测度

科学技术变革对人类生活方式产生了重要的影响，数字化、网络化、信息化使人的生存方式发生了巨大的变化，并由此带来一种全新的生存方式，数字不再只和计算有关，它决定我们的生存。①

——尼葛洛庞帝（Negroponte）

毋庸置疑，看似冰冷的数字往往能够勾勒出最真实而客观的状态。事实上，在经济领域，无论是国家宏观进程中的一举一动，还是老百姓餐桌上的一饭一菜，数字记录下了丰富而复杂的发展脉络。指数即信息——判断相应的发展趋势与战略导向；指数即工具——在望闻问切后给予中肯的建议；指数即警示——鞭策在激烈的市场竞争中提高实力；指数即真相——洞察当下的制度变迁和民生状态；指数即智慧——在傲慢与偏见的局势中维护和平。②

——齐鑫

---

① 尼葛洛庞帝（Negroponte）：《数字化生存》（*Being Digital*），海南出版社1997年中译本。

② 齐鑫：《解读中国经济的80个指数》，上海财经大学出版社2011年版，第1页。

一 测度版本

纵观目前关于农村市场化测度成果，主要从三个视角进行评估和测度，即整体视角——经济总体市场化作为研究对象，确定相应的市场化要素，构建市场化测度指标体系，计算出某一时点或年份的市场化水平指数；区域视角——区域经济为研究对象，确定相应的市场化要素，构建市场化测度指标体系，计算出相关区域的省（市、区）市场化水平指数；行业视角——行业经济市场化为研究对象，确定相应的市场化要素，构建市场化测度指标体系，计算出某个行业或领域的市场化水平指数。

1. 北师大版

从中国市场经济地位和国际贸易反倾销的角度，根据美国、欧盟、加拿大等发达资本主义国家市场经济的主要特征和标准：政府行为规范化、经济主体自由化、生产要素市场化、贸易环境公平化和金融参数合理化，制定出 11 个子项和 33 个变量指标，对"总体—因素—子项—指标"采取"倒序"整合和"5 分制"评分法，即确定相应取值区间和分值，并将指标值与取值区间一一对应，由实际值所在区间所对应的分值确定所得分数，再运用简单算术平均计算出各项因素得分——某个时点或年份的市场化水平进行测算（如，2004 年 73.3%、2005 年 78.3% 和 2006 年 77.7%）。

2. 南开大版

从中国经济体制特征视角，根据市场化的含义、机制和特征来确定测度"市场化"指标，按"经济体制构成、产业结构和地区差异"进行分层——选择 11 个因素项：工商企业、政府行为、商品价格市场、劳动力市场、金融市场、技术市场、农业市场化、工业市场化、外贸市场化和地区市场化等，采取五种具体方法：社会总产值流量构成加权、投入要素价格几何加权、三次产业构成加权、GNP 构成加权和市场参数简单平均加权。测度值在很大程度上取决于"因素选项、权重、加权"。南开版的代表人物陈宗胜教授，在卢中原、江晓薇、顾海兵和金玉国等教授对整体经济市场化进程研究成果的基础上，提出了一套测度市场化的指标和方法，测度出中国市场化进程指数，同时专门测度了农业市场化水平。南开版的农业市场化具体测度指标：农村非农产业及进城从业人数占农村总劳动力的比例，农户各种投入来自市场的比率，农户在市场上直接交易的产品占总交易产品的比重，农业固定资产投资中个人、集体和外资所占比重，农产品价格由市场决定的比例等。

3. 樊纲版

樊纲等的测度指标体系的设计是目前国内同类研究中最全面的①。该版本始于 2000 年，运用比较研究及主成分分析法，测度中国各省（市、区）的市场化水平，即对中国 1999 年以来各地区的市场化相对程度进行测度，提供了比较完整的各地区市场化相对指数，目的在于比较各省（市、区）在中国从计划经济向市场经济推进中的市场化水平，以及造成各省（市、区）市场化水平差别的原因。樊纲版的市场化水平指数所反映的是各省（市、区）市场化水平相对位次，而非其绝对市场化改革程度。该版从五个方面 15 个选项（不含子项）设计指标体系，即政府与市场关系（市场分配经济资源的比重、减轻农村居民税费负担、减轻政府对企业的干预）、非国有经济的发展（非国有经济在工业总产值中的比重、在社会固定资产投资中的比重、就业人数占城镇就业人数的比例）、产品市场的发展程度（价格由市场决定的程度、减少商品市场上的地区贸易壁垒）、要素市场的发展程度（银行业的竞争、信贷资金分配的市场化、引进外资的程度、劳动力流动性）、市场中介组织发育和法律制度环境（中介组织的发育、对生产者合法权益的保

---

① 张宗益等：《中国经济体制市场化进程测度研究》，《经济体制改革》2006 年第 4 期。

护、知识产权的保护）。其中，与农村经济市场化相关的指标有"减轻农民的税费负担"、政府对农产品价格的控制和外来农村劳动力占当地城镇从业人员比重三项指标。

4. 海外（舶来品）版

20 世纪 90 年代起，国际机构对于全球范围内不同国度的经济自由化（程度）进行测算和评估，其中最有影响的是美国传统基金会（Heritage Foundation）和加拿大佛拉瑟研究所（Fraser Institute）所做的测度工作。基本思想和方法，传统基金会把经济自由化定义为"对于政府在生产、分配和消费等方面管束的消除程度（1998，Index of Economic Freedom，PP.36）"，选取 10 项因素（Factors），即"贸易政策、税收、政府解决干预、货币政策、资本流动及外资政策、金融、工资及物价控制、产权、规制（Regulation）和黑市"和设定 50 个变量（Variables）或指标，将合类因素的分值进行加权平均——遵循从基本指标到指数的整合程序，从增加了可分析和测度的因素，丰富了测度对象的内涵。海外版之美国传统基金会测度方法不同于国内学术界的研究，各项因素的评估采取了分值测度的方法，即预先就分值的含义和依据作出规定，再根据原始资料对各项因素进行打分和评估，避免了直接从相关指标的数值获取测度结果的错误。因素的分值实行"五等"：1 分最好，5 分最差，1.99 为"经济自由"（Free），2—2.9"经济比较自由"（Mostly Free），3—3.99"比较不自由"，4"经济不自由"（Repressed）。1998 年中国 3.75，被列为"比较不自由"的国家行列。

二　测度指标

自 20 世纪 90 年代初期起，越来越多的学者开始关注"市场化测度及指数"问题；2001 年加入世贸组织后再度引起学者的重视（1995—2002 年 6 月共 1979 起反倾销调查中，中国 278 起占

14.05%，且 2002 年下半年贸易 WTO 成为反倾销主要调查对象，其焦点"中国是否是市场经济国家"）。可以预计"中国市场化，特别是农村市场化测度问题"势必成为相关学者关注的焦点和热点。

中国市场化改革和进程始于农村，即家庭联产承包责任制生产经营方式的推行和 18 种主要农产品价格机制的变革。纵观市场化程度测度研究现状，多数测度重点放在"国家总体市场化水平"方面，农村市场化进程的系统化测度的文献并不多见，农产品市场化水平的专门化测度文献更是寥若晨星，而且，关于市场化水平的核心内容、主要方面争议颇大。

市场化是一个多维和动态的概念，市场化凸显出阶段性、基础性和国情特点。因此，市场化的核心内容和程度测度的主要方面也随之变化。换言之，市场化概念是"市场化测度及指数"的前提和基础，市场化测度指标的设计源于"市场化内涵"的认识和理解。市场化就是通过价格机能，使得（市场）供需平衡，其中，民主与法治是市场化的有力杠杆（郎咸平，2012）;[①] 发展经济学者认为农业市场化是指把生存性农业或生计性农业（Subsistence Agriculture）转化为商业化农业（Commercialized Agriculture）（张新伟，2001）；制度经济学者认为市场化是指资源配置方式由政府分配向市场调节转化（华民，1998）。

"酝酿、发育、成熟、转化"是市场化进程必经阶段。事实表明：中国市场化第一阶段任务——"酝酿"（思想认识和重大决策）已经完成：1992 年确立了社会主义市场经济体制目标，1993 年八届人大一次会议将"国家实行社会主义市场经济"纳入宪法修正案。所以，"农产品市场化水平测度"应当侧重于"发育度"和"成熟度"两个重点及阶段。"发育度"与"成熟度"是不尽相同

---

① 郎咸平：《资本主义精神和社会主义改革》，东方出版社 2012 年版，第 147 页。

的概念："发育"是"成熟"的先决条件和基础；"成熟"是"发育"的客观结果和价值再现。此外，"公平"（公平交易）、"法治"（依法交易）、"自主"（自主交易）和"竞争"（有序竞争）是市场（化）经济机制的"四个"基本元素。

纵观目前关于农村市场化测度成果，农村市场化测度存在的问题和挑战主要是两个方面，一个方面，得出常识性（或思想化）结论；另一个方面，缺乏确定性及权威性——不同学者关于"市场化测度值"存在差异性和随意性。此外，有学者认为目前中国农村市场化进程定量分析的主要缺陷在于：一是农业市场化进程测度的评价标准偏低；二是农业市场化进程测度的评价范围过于狭窄。① 农村市场化作为一种复杂的社会经济现象，决定了对农村市场化进程进行准确测度的复杂性和困难性。

鉴于"指标的相关性和可计量性（内容效度，Validity），数据的真实性和可获得性（数据信度，Evidentiary），测度指数的现实性和客体条件（Accessibility）"等因素的考量，良乡一村国情调查组，从生产力、商品率、货币化、利润率四个方面，以及资源投入结构（专业化）、要素组合效率（产业化）、规模经济效益（规模化）、农机技术系数（科学化）、产品品种、交易渠道、销售数量、结算方式、现金收入率、资金储蓄率、资本投资率、投入收益率、投资回报率 13 个分项指标，对良乡一村的市场化进程及程度进行测度。

（一）市场化

生产力（资源投入结构、要素组合效率、规模经济效益、农机技术系数）、商品率（产品品种、交易渠道、销售数量、结算方式）、货币化（现金收入率、资金储蓄率、资本投资率）、利润率

---

① 习近平：《论中国农村市场化进程测度》，《经济学动态》2001 年第 11 期。

（投入收益率、投资回报率）。

（二）非贫困率

非失业率（就业人数/劳动力数、就业女性数/就业总数）、非失学率（上学适龄儿童数/适龄儿童、升学毕业生/毕业学生数）、非大病率（非患大病家庭数/村庄农户数、非因病致贫家庭/村庄农户数）、非流失率（劳动力流失数量、资金土地流失数量）、非两保户（非低户/村庄农户、非五保户/村庄农户）。

（三）建设性

基础建设（水、电、路、信息等设备设施）、基层建设（村级组织与干部队伍状况）、发展规划（发展目标与可供选择措施）。

（四）文明度

日常用语（交流方式、粗俗与风雅）、饮食习惯（食物结构、口味与营养）、评价标准（闲言碎语与实事求是）、清洁程度（家居环境与村庄卫生）、生活秩序（规律性、计划性、持久性）。

（五）幸福感

满足感（物质匮乏与丰裕程度）、满意度（理想与现实差异状态）、安全感（居住感到安全农户/村庄农户）、时空感（愉悦与刺激、碎片与整体）、愿景感（人生规划与梦想）。

表 12 − 1　　良乡一村市场化发展进程测度指标及逻辑框架

一级指标名称与分值	二级指标名称与权重	三级指标名称与权重
A1 市场化 (德尔菲专家调查法确定权数 40%)	B01 生产力 (0.30)	C01 资源投入结构 (专业化) C02 要素组合效率 (产业化) C03 规模经济效益 (规模化) C04 农机技术系数 (科学化)
	B02 商品率 (0.30)	C05 产品品种 C06 交易渠道 C07 销售数量 C08 结算方式
	B03 货币化 (0.20)	C09 现金收入率 C10 资金储蓄率 C11 资本投资率
	B04 利润率 (0.20)	C12 投入收益率 C13 投资回报率
A2 非贫困率 (德尔菲专家调查法确定权数 20%)	B05 非失业率 (0.35)	C14 就业人数/劳动力数 C15 就业女性/无业总人数
	B06 非失学率 (0.10)	C16 上学适龄儿童数/适龄儿童 C17 升学毕业生/毕业学生数
	B07 非大病率 (0.35)	C18 非患大病家庭/村庄农户数 C19 非因病致贫家庭/村庄农户数
	B08 非流失率 (0.10)	C20 非劳动力流失数量 C21 非资金土地流失量
	B09 非两保率 (0.10)	C22 非最低生活保障户/村庄农户 C23 非生活无保障农户/村庄农户
A3 建设性 (德尔菲专家调查法确定权数 20%)	B10 基础建设 (0.40)	C24 水、电、路、信息等设施
	B11 基层建设 (0.40)	C25 村级组织与干部队伍状况
	B12 发展规划 (0.20)	C26 发展目标与可供选择措施
A4 文明度 (德尔菲专家调查法确定权数 10%)	B13 日常用语 (0.10)	C27 交流方式、粗俗与雅性
	B14 饮食习惯 (0.20)	C28 食物结构、口味与营养
	B15 评价标准 (0.30)	C29 闲言碎语与实事求是
	B16 清洁程度 (0.30)	C30 家居环境与村庄卫生
	B17 生活秩序 (0.10)	C31 规律性、计划性、持久性

一级指标名称与分值	二级指标名称与权重	三级指标名称与权重
A5 幸福感（德尔菲专家调查法确定权数 10%）	B18 满足感（0.30）	C32 物质匮乏与丰裕程度
	B19 满意度（0.30）	C33 理想与现实差异状态
	B20 安全感（0.20）	C34 居住感到安全户/村庄农户
	B21 时空感（0.10）	C35 愉悦与刺激 C36 碎片与整体
	B22 愿景感（0.10）	C37 人生规划与梦想

三 测度结果

良乡一村市场化整体发展水平测度结果：73.95% = 市场化程度（29.29%）＋非贫困率（15.95%）＋建设性（15.7%）＋文明度（5.99%）＋幸福感（7.02%）。

（一）市场化

29.29% = ［生产力（23.25%）＋商品率（24.6%）＋货币化（10.18%）＋利润率（15.2%）］×40%

1. 生产力（30%）＝［资源投入结构（75%）×25%＋要素组合效率（80%）×25%＋规模经济效益（70%）×25%＋农机技术系数（85%）×25%］×30%

＝［75%×25%＋80%×25%＋70%×25%＋85%×25%］×30%

＝23.25%

2. 商品率（30%）＝［产品品种（70%）×20%＋交易渠道（80%）×30%＋销售数量（90%）×40%＋结算方式（80%）×10%］×30%

$$= [70\% \times 20\% + 80\% \times 30\% + 90\% \times 40\% + 80\% \times 10\%] \times 30\%$$

$$= 24.6\%$$

3. 货币化（20%）＝［现金收入率（43%）×30% ＋资金储蓄率（40%）× 20% ＋ 资本投资率（60%）×50%］×20%

$$= [43\% \times 30\% + 40\% \times 20\% + 60\% \times 50\%] \times 20\%$$

$$= 10.18\%$$

4. 利润率（20%）＝［投入收益率（80%）×60% ＋投资回报率（70%）×40%］×20%

$$= [80\% \times 60\% + 70\% \times 40\%] \times 20\%$$

$$= 15.2\%$$

（二）非贫困化

15.95% ＝［非失业率（24.38%）＋非失学率（9.2%）＋非大病率（29.86%）＋ 非流失率（6.4%）＋ 非两保率（9.93%）］×20%

1. 非失业率（35%）＝［就业人数/劳动力数（87.5%）×70% ＋就业女性人数/就业总人数（28%）×30%］×35%

$$= [87.5\% \times 70\% + 28\% \times 30\%] \times 35\%$$

$$= 24.38\%$$

2. 非失学率（10%）＝［上学适龄儿童数/上学适龄儿童数（100%）×60% ＋中学升学学生人数/中小学毕业学生人数（80%）×40%］×10%

$$= [100\% \times 60\% + 80\% \times 40\%] \times 10\%$$

$$=9.2\%$$

3. 非大病率（35%）=［非患大病家庭数/村庄农户数
（58%）×20% + 非因病致贫家庭
数/村庄农户数（92.14%）×
80%］×35%

$$=［58\% × 20\% + 92.14\% ×$$
$$80\%］×35\%$$

$$=29.86\%$$

4. 非流失率（10%）=［非土地流失量（90%）×40% + 非劳
动力流失量（60%）×20% + 非资金
流失量（40%）×40%］×10%

$$=［90\% × 40\% + 60\% × 20\% + 40\% ×$$
$$40\%］×10\%$$

$$=6.4\%$$

5. 非两保率（10%）=［非最低生活保障户/村庄农户数
（99.29%）×50% + 非五保户/村庄
农户数（99.29%）×50%］×10%

$$=［98.57\% × 90\% + 100\% ×$$
$$10\%］×10\%$$

$$=9.93\%$$

（三）建设性

15.70% =［基础设施建设（37.5%）+ 基层组织及干部队伍
建设（32.0%）+ 发展规划及可供选择措施（9.0%）］×20%

1. 基础建设（50%）=［水电路信息等基础设施设备状况
（75%）×100%］×50%

$$=［75\% ×100\%］×50\%$$

$$=37.5\%$$

2. 基层建设（40%）＝［村级组织建设、新农村建设与干部队伍
能力建设状况（80%）×100%］×40%

＝［80%×100%］×40%

＝32.0%

3. 发展规划（10%）＝［发展目标与可供选择措施（90%）×
100%］×10%

＝［90%×100%］×10%

＝9.0%

（四）文明度

5.99%＝［日常用语（6.3%）＋饮食习惯（11.5%）＋评价标
准（15.0%）＋清洁程度（20.7%）＋生活秩序（6.4%）］×10%

1. 日常用语（10%）＝［交流方式与礼貌（65%）×60%＋粗
俗与雅性（60%）×40%］×10%

＝［65%×60%＋60%×40%］×10%

＝6.30%

2. 饮食习惯（20%）＝［食物结构（60%）×50%＋食物口味
（60%）×25%＋食物营养（50%）×
25%］×20%

＝［70%×20%＋80%×30%＋90%×
40%＋80%×10%］×30%

＝11.5%

3. 评价标准（30%）＝［闲言碎语（60%）×50%＋实事求是
（40%）×50%］×30%

＝［60%×50%＋40%×50%］×30%

＝15.0%

4. 清洁程度（30%）＝［家居环境（60%）×40%＋村庄卫生
（75%）×60%］×30%

$$= [60\% \times 40\% + 75\% \times 60\%] \times 30\%$$

$$= 20.7\%$$

5. 生活秩序（10%）= [规律性（60%）× 40% + 计划性（70%）× 40% + 持久性（60%）× 20%] × 10%

$$= [60\% \times 40\% + 70\% \times 40\% + 60\% \times 20\%] \times 10\%$$

$$= 6.4\%$$

（五）幸福感

7.02% = [满足感（21.0%）+ 满意度（18.0%）+ 安全感（19.6%）+ 时空感（5.6%）+ 愿景感（6.0%）] × 10%

1. 满足感（30%）= [物质匮乏（90%）× 50% + 物质丰裕（50%）× 50%] × 30%

$$= [65\% \times 25\% + 72\% \times 25\% + 60\% \times 25\% + 80\% \times 25\%] \times 30\%$$

$$= 21.0\%$$

2. 满意度（30%）= [理想与现实差异状态（60%）× 100%] × 30%

$$= [70\% \times 20\% + 80\% \times 30\% + 90\% \times 40\% + 80\% \times 10\%] \times 30\%$$

$$= 18.0\%$$

3. 安全感（20%）= [居住感到安全农户/村庄农户数（98%）× 100%] × 20%

$$= [98\% \times 100\%] \times 20\%$$

$$= 19.6\%$$

4. 时空感（10%）= [愉悦与刺激（60%）× 60% + 碎片与整体（50%）× 40%] × 10%

$$= [60\% \times 60\% + 50\% \times 40\%] \times 10\%$$

$$= 5.6\%$$

5. 愿景感（10%）＝［人生规划与梦想（60%）×

100%］×10%

$$= [60\% \times 100\%] \times 10\%$$

$$= 6.0\%$$

第十三章

挑战建议

中国"三农"问题不单纯是一个经济问题，也是一个关系到稳定与发展的社会性和政治性问题；不仅是关系到农民增收、农业增长、农村改善的问题，而且关系到农业、农村和农民的长远发展问题；不仅是与农业自身有关的"局部问题"，而且是关系国计民生的全局问题。①

——黄祖辉

行政村是中国农村基层自治的基本单位，发挥着组织农民、农户生活和农业生产的功能，以及酵母农村发展元素和配置农村资源要素的桥梁作用。伴随着中国经济市场化发展进程，农村也发生了巨大嬗变和分化。一方面，农业增长了、农民富裕了、农村文明了；另一方面，农业衰了、农民老了、农村空了。

中国新村建设活动中，谁在治村？怎样治村？这个群体是谁？在哪里？他们是来自村民中的"村长"？是来自大专院校的大学毕业生"村官"？是训练有素的二线公务员"干部"？还是经过市场

---

① 黄祖辉等：《中国"三农"问题解析：理论评述与研究展望》，浙江大学出版社2012年版，第1页。

洗礼具有创新精神的"商人"？社会是多元的，答案也是肯定的。在中国绝大多数村庄，管理者主要来自民选产生的地地道道的农民，他们既要管理好村务，又有承担自家的种植任务，还要担负着带领村民致富的重任，如此任务是否有利于发挥村民干部的才能，以及其才能是否能够适应现代农业发展的需要值得商榷。[1]

在资源要素中，人力资源最为重要，是一切其他要素作用的关键和核心。在现代资源市场配置理念和现代农业发展战略框架下，山东省青岛市、胶州市组织部启动和实施了"能人治村工程项目"[2]和"第一书记现代农业发展举措"[3]，其效果如何、能否仿效和推广，以及何种困难挑战，备受关注。

一 挑战：难以逾越的土地确权政策

良乡一村新班子介绍，目前遇到的最大问题及挑战就是土地制度政策的安排与实践，出现了难以释然和跨越的矛盾纠纷，如"农民土地确权"与"集体土地所有权""国家土地承包法规"与"村庄土地承包方案"和"土地承包权益"与"土地经营利益"等之间的矛盾。农村土地所有权属于村庄集体所有，但村集体仅有法律意义上的抽象土地所有权，却没有可以促进集体经济发展壮大的土地所有权益。再如，1998 年推行的农户土地承包方案，尚未到 2028 年却要求彻底进行农民土地确权变革，这不仅缺乏相应的资

---

① 王川：《提高农户营销能力，重点在于实现"四个"转变——胶州大白菜调研思考》，中国农业科学院农业信息研究所，2012 年 9 月 3 日。

② 2010 年山东省青岛市胶州市组织部启动和实施了"能人治村工程"，推荐和选拔有经济实力且在当地有影响力的能人、企业家回村带动村庄发展。详见关于实施"千名能人"培养工程加强村党组织书记后备干部队伍建设的意见（胶组发〔2009〕38号）。

③ 2012 年青岛市组织部以"下基层、访民情、办实事、转作为"为基调，从市直属机关选派 92 名干部驻农村担任"第一书记"。详见《青岛市党政机关干部深入基层联系服务群众活动实施方案》（青组〔2012〕6 号）和《青岛市村党组织"第一书记"选派管理办法》（青组〔2012〕43 号）。

源和财力，而且还引发无数的土地纠纷，那些老老实实缴纳农业税的农户并未获得任何奖励，而一直拒绝缴纳农业税务及撂荒耕地的农民，在土地确权制度下获得了特殊的保护和权利；在村民自治条例下所通过的"村庄土地整治及流转方案"，被土地确权政策要求"打乱"秩序，甚至被冲击得"七零八落"。

此外，对于因噎废食，为了防止农民土地经营权益的流失，而采取忽视和放弃集体经济发展壮大的权力和机会的做法，也是令人费解。事实上，村干部贪与不贪，主要取决于村民民主监督制度的完善程度和力量，以及村干部自身的人生价值观和道德素养，而与这种"本末倒置""舍本逐末"的政策制度的推行并无本质关联。

"既伤害了农民，又得罪了市民"是时下用于比喻中国农村土地制度改革现况的"流行语"，"媒体和学界甚至已经形成了现行土地制度祸国殃民的共识"①。这在一定程度上反映出了农村土地制度改革的"双重困境"，也隐含着农村土地制度问题已到了不能回避，且无法回避的境地，"现行土地制度与征地制度，……严重不适应城市化加速的现实需要，再不主动改革，怕要面临系统性崩溃的危险境地"②。

（一）农村土地制度变迁及特点

阶段 I　土地所有制变革（1945—1953 年）——废除封建土地私有制，确立农民土地所有制——"三权"统一

在 1945 年初秋，国共两党尚在激战之际，共产党就已经在可控的解放区开展了轰轰烈烈的土地改革运动，废除了土地私有制，实现了"耕者有其田"的中国世代农民梦，3 亿农民获得了 7 亿亩

---

① 贺雪峰：《地权的逻辑 II 地权变革的真相与谬误》，东方出版社 2013 年版，第 1 页。

② 周其仁：《给农民更多的土地权利，真会损害农民的利益吗？》，《经济观察报》2011 年第 7 期。

以上的土地和其他许多生产资料，农民拥有了土地的经营权、出租权和买卖权①。也就是毛泽东所说的："没收地主的土地，分配给无地和少地的农民，实行中山先生'耕者有其田'的口号，扫除农村中的封建关系，把土地变为农民的私产。"② 到 1952 年年末，中国（除了西藏）已完成了土地（所有制）改革。③ 这个时期的土地改革之所以获得成功就在于明晰了土地所有权——实现了土地所有权、土地经营权与土地发展权的"三权"统一，确立了农民的土地权益。以农民土地私有为核心的土地改革，实质上就是地权关系的重大调整，解决了农民内在激励与积极性问题。④ 正如马克思所指出的那样："只有劳动者是自己使用的劳动条件的自由私有者，农民是自己耕种的土地的私有者，手工业者是自己运用自如的工具的自由私有者的地方，才能获得充分发展，才显示出它的全部力量，才获得适当的典型形式。"⑤

阶段 II 土地集体合作经营（1953—1978 年）——终止农民土地所有权，收缴农民土地，创造土地集体所有制

于 1949 年获取中国革命全面胜利后，立即（1953 年）废止农民土地所有权，实行了农村土地集体所有制——收缴农民土地成立土地合作互助组、高级农业合作社和人民公社——统一经营、统一核算、统一分配的土地集体所有制制度。1955 年，中国农村普遍建立了高级农业生产合作社——一个合作社往往覆盖数百个农户和数千亩土地；1958 年，农村成立了人民公社——实行统一经营、统一核算、统一分配"三统"土地经营制度——"后终农民难以接受于 20 世纪 60 年代初将人民公社的经营管理体制变为'三级所

①　许经勇：《中国农村经济制度变迁六十年》，厦门大学出版社 2009 年版，第 202 页。

②　《毛泽东选集第二卷》，人民出版社 1952 年版，第 671 页。

③　陈锡文：《中国农村改革政策的形成》，《中国经济转型 30 年》，社会科学文献出版社 2009 年版。

④　许经勇：《中国农村经济制度变迁六十年》，厦门大学出版社 2009 年版，第 22 页。

⑤　马克思：《资本论》（第 1 卷），人民出版社 1975 年版，第 830 页。

有，队为基础'，即在一个公社之内，按公社、大队、生产队三级进行经营、核算、分配，土地基本属生产队所有"①。

这一阶段的土地制度政策的变化主要围绕土地所有权的"变更"问题——"谁所有、谁经营"展开，核心在于——土地所有者与经营权的变更和调整——从农民个体所有者所有——变更为生产队集体所有。事实上，这一阶段"土地政策"的变化"接近"了"土地资源利用效率和土地价值增值"的核心问题，可惜，由于市场化发育程度低、认知能力和技术能力有限——土地改革仍然未能触及土地价值的"资本性和商品性"实质，以及"流动性、效率性和增值性"土地要素属性。土地效率与其土地资源的属性密切相关，不明晰其属性，其效率的追求努力均濒临枉然。相反，造成了土地资源的粗放经营，甚至抛荒浪费，也为"土地集中经营"带来了致命的"硬伤"和"口实"——农民劳动者对集体生产漠不关心和懈怠情绪高涨，农村经济陷入了恶性循环。正如郭晓鸣教授所认为的那样："从根本上看，中国农业合作化以后土地利用和土地发展中存在的一系列深刻矛盾，并非根源于选择了农村土地集体所有制这一土地公有制度，而是在建立土地公有制的过程中出现了发展方式的重大失误，以及在农村集体所有制建立之后，严重忽视了以土地为基础的农业生产的本质特点，忽视了由农业生产成本决定的对经营方式的特殊要求，否定了农户家庭经营这一最适当和最有效率的农业经营方式。"②

阶段 III 土地包干到户制度与流转机制（1978—2003 年）：家庭承包经营责任制的推行——土地所有权与经营权分离

1978 年是中国当代史发生重大转折的关键年，是中国共产党

① 陈锡文：《中国农村改革政策的形成》，《中国经济转型 30 年》，社会科学文献出版社 2009 年版。

② 郭晓鸣：《中国农村土地制度改革：需求、困境与发展态势》，《中国农村经济》2011 年第 4 期。

实行改革开放的第一年，也就是这一年秋天，安徽省凤阳县小岗村的18户农民对生产队的土地实行"包干到户"的伟大壮举——"包干到户"如同"酵母"，其作用在中国广大农村迅速传递，到1983年年底，中国农村基本上实施了"土地包干到户"的土地经营方式，1984年中共中央1号文件正式确立了"家庭承包经营责任制"的土地制度——"缴够国家的、留足集体的、剩下的是农民的"，并确保土地承包的稳定性，即"土地承包期一般应在十五年以上"；1990年，《中共中央、国务院关于一九九一年农业和农村工作的通知》（中发〔1990〕18号）明确指出，"这种经营体制（土地承包到户），具有广泛的适应性和旺盛的生命力，一定要作为农村的一项基本制度长期稳定下来，并不断加以完善"。1993年，《中共中央、国务院关于当前农业和农村经济发展的若干政策措施》（中发〔1990〕11号）规定："在原定的承包期到期之后，再延长30年不变。"1998年，《中共中央、国务院关于1998年农业和农村工作的意见》（中发〔1998〕02号）规定："第一轮承包期到期的地方，都要无条件地延长30年不变"；同年，党的十五届三中全会通过了《中共中央关于1998年农业和农村工作若干重大问题的决定》——修订和再次重申了"以家庭承包经营为基础、统分结合的经营制度，必须长期不变"。2000年年末，全国农村已经93％的村组完成将土地承包期再延长30年的工作；2001年，中央发布18号文件系统提出了土地承包经营权流转政策；2002年8月29日第九届全国人大常委会第二十九次会议审议通过了《中华人民共和国农村土地承包法》——实现了农民土地承包经营权法律化，并明确规定土地承包经营权可以采取转包、出租、互换、转让或者其他方式流转（不宜采取家庭承包方式的荒山、荒沟、荒丘、荒滩等），赋予农民对承包土地的占有、使用、收益和征收享有补偿的权利。

　　土地承包到户的家庭承包经营、统分结合的双层经营体制的确立实质上就是土地所有权向土地承包权的转移——集体组织退出了

"统一经营、统一核算、统一分配"的历史舞台，农户成了农业生产过程中自主经营、自负盈亏的土地经营主体。换言之，农民土地承包期"长久不变"（十七届三中全会《决定》），其实质是把承包权物权化，即让农民永久享有土地的占有权、支配权、使用权、转让权，把农民紧紧与土地联系在一起。这种土地制度除了不允许农民自由买卖土地外，其余的一系列土地权利与土地私有制度没有什么差别。① 所以，这个时期的土地改革确立了土地经营者（农户）权益——调动了农户的积极性。但是，仍然未能解决土地经营者（农民）的技术、种田能力与土地生产率问题；也未能解决土地劳动者、农民劳动力和农户家庭的其他权益问题——相反，出现了"农村空了""农民老了"和"农业荒了"的中国"三农"现象。事实上，"以家庭承包经营为基础、统分结合的双层经营责任制"获得的成效在很大程度上并非是土地经营制度改革的"成果"，而是集体经营负面"效果"的"结果"。正如郭晓鸣教授所指出的那样："始于20世纪70年代末期的中国农村改革，就实质看并不是对农村土地集体所有制的根本否定，而是在集体经济组织内部成功地实现了土地所有权与经营权的分离，通过确立农户家庭经营的主体地位，重新构建了适合于农业生产本质特点的微观基础。"②

阶段IV　土地规划、土地征地及其合理流转机制（2003—2013年）：国家所有、集体经营——土地整体性调整与土地流转价格议价

2003年召开的党的十六届三中全会提出了改革现行征地制度的要求："按照保障农民权益、控制征地规模的原则，改革征地制度，完善征地程序"；2004年10月，国务院作出《关于深化改革严格土地管理的决定》，并规定"在符合规划的前提下，村庄、集

---

① 许经勇：《中国农村经济制度变迁六十年》，厦门大学出版社2009年版，第23页。
② 郭晓鸣：《中国农村土地制度改革：需求、困境与发展态势》，《中国农村经济》2011年第4期。

镇、建制镇中的农民集体所有建设用地使用权可以依法流转"。从农村土地所有权的结构性转移——农民、集体与国家之间,物权化为基本农田、城市建设用地、国家规划用地——基本农田永久性、土地用途管制、农用地转用审批等刚性行政约束机制。

自土地承包期限再延长工作完成后,截至 2005 年年底,中国农村 98.7% 的村组完成了将农民承包土地期限再延长三十年的工作,有 80% 以上的农户获得了土地承包经营权证,中国的农村土地制度改革也随之结束了"土地承包历史使命",转向一个"新的使命"——农民土地(承包)使用权及经营权流转机制的建立健全,如建立耕地资源保护制度、土地要素有序流动机制、土地征用征收补偿制度等。党的十七届三中全会通过了《中共中央关于推进农村改革发展若干重大问题的决定》规定:"以家庭承包经营为基础、统分结合的双层经营体制,是适应社会主义市场经济体制、符合农业生产特点的农村基本经营制度,是党的农村政策的基石,必须毫不动摇地坚持。赋予农民更加充分而有保障的土地承包经营权,现有土地承包关系要保持稳定并长久不变。"进一步指出:"逐步建立城乡统一的建设用地市场,对依法取得的农村集体经营性建设用地,必须通过统一有形的土地市场,以公开规范的方式转让土地使用权,在符合规划的前提下与国有土地享有平等权益。"同时强调:"加强土地承包经营权流转管理和服务,建立健全土地承包经营权流转市场,允许农民以转包、出租、互换、转让、股份合作等形式流转土地承包经营权,发展多种形式的适度规模经营。"十八大三中全会通过的全面深化改革的决定,把农村土地制度改革作为完善现代市场体系的重要组成部分,建设城乡一体化发展的重要内容,并提出了一系列重大改革措施,如允许符合政府规划和用途管制的集体经营性用地拥有与城市用地"同权利、同市价"进入统一市场的权力权能;赋予农民用土地承包经营权抵押、担保及其入股发展农业产业化经营,以及住房财产权抵押、担保、转让的权利权益。

（二）农村土地制度变革及"瓶颈"

在中国社会主义公有制经济体制下，其市场运行模式、经济现象与行为方式，有着明显的中国社会主义制度特色和特点。这种特殊的制度及机制反映到"农村土地"上即是"国家管理""集体所有""农民经营"截然"三分"。"国家管理""集体所有""农民经营"的农村土地制度存在"天生不足"的问题。

1. 土地农户经营

由于生产技术条件限制、土地分割碎化和劳动力分化原因，必然造成"土地抛荒、撂荒"与"土地'逆向流动'"的问题，从而造成了"土地利用率低"的普遍性问题。

2. 土地集体所有

于 1949 年获取革命全面胜利后，国家立即（1953 年）废止农民土地所有权，实行了农村土地集体所有制——"三级所有，队为基础"，即在一个公社之内，按公社、大队、生产队三级进行经营、核算、分配，土地基本属生产队所有。在土地集体所有制度下，往往容易引发"抢占土地资源"现象及"土地矛盾纠纷"的问题，甚至导致集体性事件和社会问题。

3. 国家管理

随着农村土地所有权的结构性转移——农民、集体与国家之间形成了相对稳定的"土地关系"，国家主要承担土地管理职权，包括将土地物权化为基本农田、城市建设用地、国家规划用地，以及基本农田永久性、土地用途管制、农用地转用审批等刚性行政约束机制。现实表明，国家主要依赖土地法律法规与制度政策进行土地保护、规划和管理，这种自上而下的管理方式往往产生"违法容易"，"执法困难"的普遍性问题。

纵观中国土地制度改革历史，不难发现，中国农村土地变革主要是围绕"土地所有权与土地经营权"展开的，核心就是"谁所有、谁经营"的问题。即，囹圄"人口数量与耕地面积"纯数量的"增增减减"，囿于"谁所有、谁经营"经营制度的"添添补补"，局限"集体经营与分户经营"经营模式的"反反复复"，陷入"经营权与承包权"的"分分合合"的思维窠臼。中国农村土地变革遇到了"瓶颈"，同时这是中国城乡二元经济结构问题与现代农业基础薄弱的根本所在。"中国农村土地制度展现出从私有到公有、从产权统一到产权分割的基本演变态势。当前，中国农村土地制度创新尽管模式多样、进展各异、成效不一，从总体上看并未涉及土地核心产权制度的根本改变。"①

二　建议：跳出土地抽象所有权囹圄

面对土地确权的重重困难，良乡一村新班子提出：是否可以推行因村制宜的耕地流转方案及土地确权制度政策。的确，各个省区、地区及每个乡村，其农地的多寡、肥沃程度及市场价值是不尽相同，"一刀切"的土地确权政策很难满足所有省区、地区和村庄的一切需求。然而，"土地问题"本来就是一个重要而复杂的问题，牵一毛而动全身，必须慎之。事实上，地权所有权的逻辑属性和社会发展特性决定了中国农地"确权"的内涵和路径。为了确保农民福利，推进农业产业化发展和稳定农村经济市场，我们建议：跳出"农村土地所有权'囹圄'"及其"谁所有、谁经营"的"确权"思维框架，在发展实践中创造性地解决农民土地"权益"问题。

（一）地权逻辑属性及特点

1. 农村土地的非顶层设计性与完全实践性

中信信托董事长蒲坚认为："土地流通内含复杂的目标诉求和

---

① 郭晓鸣：《中国农村土地制度改革：需求、困境与发展态势》，《中国农村经济》2011 年第 4 期。

千丝万缕的利益纠葛，任何不从中国现实矛盾问题出发，不从宪法逻辑出发，不以民族集体知识为依归，囿于所谓臆想的顶层设计或从先验的、抽象的'理性原理'出发，照搬现成的资本主义的'道之华'，都是理论实践苍白混乱、行为实践失据无能的表现。"①这一观点，客观上明确了农民土地权益实现路径的本质性和特殊性。

一方面，现行"国家管理""集体所有""农户经营"农村土地制度往往造成"违法容易"而"执法困难"的普遍性问题。在农地集体所有的抽象概念框架下，易发"抢占土地资源"及其"土地矛盾纠纷"的问题，甚至导致某种程度的恶性群体性事件。此外，"土地抛荒、撂荒""土地'逆向流动'"及其"低土地利用率"正是这种土地制度下的"正常现象"；另一方面，包括"土地经营权承包"在内的一切农村土地置换、转包、出让、入股、抵押等"确权"实践活动，哪一次或哪一件经过"专家预设"或顶层审批？可见，农村土地确权问题不是一个"准"与"不准"的概念问题，而是一个政府高层如何认识和裁决的现实问题。"在发达的资本主义生产方式下，谁也搞不清楚到哪里为止算是诚实，从哪里起就算是欺诈。然而，政权是站在欺骗者方面还是站在被欺骗者方面，这始终是有很大差别的。"②

2. 农村土地不可占有性、可分割性与发展权思想

中信信托蒲坚董事长摒弃"非公即私"的思维逻辑，且从中庸的视角提出了"土地共同占有"的土地改革思路。这一思路被认为是"非同小可"的探索，"触碰的是这一届政府和广大农民的关切点和中国新一轮改革的农村突破点"。（国家体改委原副主任高尚全，2014年）对此，我们很难看出其"土地共有"与"土地公有"的本质区别，亦分辨不出"土地共有"与"国家所有"的实质差

---

① 蒲坚：《解放土地　新一轮土地信托化改革》，中信出版社2014年版，第2页。
② 《马克思恩格斯文集》（第10卷），人民出版社2009年版，第450—451页。

异。事实上，土地所有权是一个抽象性的概念，具有不可占有属性。"地权"如同"人权"一样具有"占有"的"违纪性"与"垄断"的"非法性"属性；"地权"却不具备"（普通）物权"一样的"完全排他性""完全竞争性"和"私密性或可以不公开性"特性。换言之，由于农村土地所有权的不完全排他性、不完全竞争性与非私有性，决定了其抽象性、个人不可占有性，从而决定了农村土地"集体所有的产权模糊"的制度特性。

依据美英财产的产权束（A Bundle of Rights）概念，土地用途权利（The Right to Convert）变更的发展权可以通过土地（分区）管制手段从土地产权束中分离和让渡出来——发展权转让（Transfer of Development，TD）或发展权购买（Purchase of Development，PD），以及土地发展权是一项具有潜在经济市场价值的财产性权利，可让渡（The Right to Convert），其关键在于土地效率与土地价值增值等地权思想。

可见，不难认识到，"地权"是可以分割的，且属于历史发展的范畴，与其生产力发展水平与市场化进程具有高度的一致性。事实上，由于中国农村土地制度性质，除了国家，农民、甚至是集体也无权"明目张胆"更改土地用途。因此，农地"发展权"实际被"巧变"成"使用权""承包权""经营权""管理权"或"处分权""转让权"或"抵押权"等多产权形式，从而模糊了"农民土地权益"，"掩盖"了地权制度变化的事实，从而导致了地权向"两极"分割延伸：一端通过"管理权"或"处分权"，将农地所有权强制升格至国家政府，说明土地发展权实际上归属于国家①；另一端"不得不"以"转让权"或"抵押权"等权束形式将农地所有权流失于民间。

---

① 靳相木：《农地保护与补偿：研究进展及评论》，《中国"三农"问题解析：理论述评与研究展望》，浙江大学出版社 2012 年版。

3. 农村土地稀缺性、增值性及市场配置效率

土地资源的稀缺性与国家财政支持的困难性，决定了土地资源市场配置的重要性。十八届三中全会通过的《中共中央关于全面深化改革若干重大问题的决定》明确提出，"要紧紧围绕使市场在资源配置中起决定性作用深化经济体制改革"。从"市场的基础性作用"到"市场的决定性作用"转变，实质上明晰了"市场"是"一种重要的资源配置手段、一种经济发展新制度安排、一种特殊的社会发展资源"的内涵及意义。由于农村经济的特殊性及农户资金存量的有限性与市场信息的不对称性，土地、劳动力、资本、技术等资源要素的合理配置和有序流动，是农业现代化进程持续推进的基本保障。市场化不仅是村庄要素配置效率提高的需要，而且是重构其经济基础、组织化机制和现代农业发展的基本条件。① 事实上，"人类合作中不断扩展的秩序，并不是人类的设计或意图造成的结果，而是一个自发的产物。"②

（二）创造性地解决农地问题

1. 开辟"一个市场"——通过"市场资源""市场配置"和"市场路径"，促进农业土地资源要素增量、农户土地资产财产增值和农村土地资本财富增多

在"这个市场"上，农民是交易主体，农产品是主要交易的对象，且拥有彼此独立的多方买家和多方卖家进行频繁交易③。这样的"市场"是农业生产要素组合的场所；是农村社会资源配置中心；是农产品集散枢纽；是农民收入增加桥梁；是农业资本融通渠道；是农村经济发展必经之路。"在市场竞争制度下，穷人不但是可能致富，而且只有在竞争制度之下，才能够单靠自由意志而不靠

① 王曙光等：《农村金融学》，北京大学出版社 2008 年版，第 3 页。
② F. A. 哈耶克：《致命的自负》，中国社会科学出版社 2000 年中译本，第 1 页。
③ 秦晓：《市场化进程：政府与企业》，社会科学文献出版社 2010 年版，第 15 页。

有势力者的恩惠获得成功，只有在竞争制度下，才没有任何人能够阻挠穷人谋求致富的努力。"①

2. 开拓"一种能力"——培育和增强农民行使土地权力和享有土地权益的"双重"能力

目前农业和农村经济发展中所面临的一切问题和挑战，固然存在其他的原因，但是，最根本的原因在于农民行使权力与享有权益的能力弱。因此，对中国现阶段的农民发展来说，重要的不是"给予多少权利"，而是如何培育并使农民真正具有经过长期市场竞争洗礼和历练而建立起来的行使权力和享受权利的能力。事实上，"只有权力的最终来源是多数人的意志，这种权力才不会成为'专横'"②。

3. 开发"一份产业"——借助"有技术""有规模""有效率"的现代农业培植和发展，创造性地解决"农民就业职业性""农业创收稳定性"和"农村建设持续性"的问题

农业产业是上苍赐予农村农民最好的礼物，是祖宗留下来的"家业"，也是城乡统筹进程中的"砝码"。"农业，这种职业，既可提供最大量的卫生工作同时又可提供最有价值的生产物于社会。"③"劳动贫民，将更大的比例，被雇于制造业；被雇于农业上的劳动贫民，将减少。这种职业的转换，我想，大家会承认的，是极不健康的。而健康即是幸福之本质的成分。"④ 因此，积极发展现代农业，主动"阻击"农民"不要离家出走"了，农业"不被工业化"了，农村"不被荒芜化"了。

4. 创建"一批企业"——寄予具有"社会责任意识、严密监管制度和训练有素队伍"的发展组织，激发农民的创造力和创业

---

① F. A. 哈耶克：《通往奴役之路》，中国社会科学出版社 1997 年中译本，第100—102 页。

② 同上书，第70 页。

③ 马尔萨斯：《人口论》，北京大学出版社 2008 年中译本，第46 页。

④ 同上书，第128 页。

信心

在此，所倡导的企业是这样的社会企业，即应当"有组织、有制度、有目标、有资本、有人力、有技术和有市场"。其中：发展资本是重中之重。随着金融体系的迅速拓展和金融工具的不断创新，现代经济在某种意义上来说已经成为一种"金融经济"。"纯粹的企业家在成为企业家之前必须首先使得自身成为债务人"，只有这样，经济发展才能从单纯的循环性的流动中升华出来，达到一种完美的均衡状态。① 马尔萨斯指出："财富当作资本用，比财富当作收入用，又不仅能推动较多的劳动，而所推动的劳动又更有价值，所以他是福利了国家。"② 中国农村三十年的改革开放，显著成效之一就是农民收入的成倍增长。然而，当前农业农村发展进程中一个突出的问题就是资本要素的稀缺及投入不足。我们很难估算在农民收入中有多少应该或者可以转化成资本。但是，却可以说，农民收入的绝大部分是以收入财富形态直接进入家庭、社会消费领域和生产经营过程，并未有相应比例的农民收入经过金融营运而形成货币资本。

5. 建立"一份保障"——仰仗"老有颐养、小有优教、住有宜居、病有良医"的福利制度，促进农民劳动力从对土地抽象所有权的人身依附关系中摆脱出来，为"平安农村、生态农业、幸福农民"社会建设奠定基础

农民福利保障制度是依靠农民自身能力建设和发展的。哈耶克认为："拥有自己的东西，不管多少，构成了独立的个体得以形成的基础，它创造了能够追求具体的个人目标的特定环境。"③ "在那些没有信心靠自己的奋斗找到前途的人们当中，很难找到独立的精神或坚强的个性。此外，对追求保障的普遍赞同可能是对自由的一

---

① 王曙光等：《农村金融学》，北京大学出版社 2008 年版，第 27 页。
② 马尔萨斯：《人口论》，北京大学出版社 2008 年中译本，第 118 页。
③ F. A. 哈耶克：《致命的自负》，中国社会科学出版社 2000 年中译版，第 69 页。

种危害。"① 他把"保障"划分为两种：一种是有限保障或生存保障，即防止严重的物质匮乏而确保每个人维持生计的最低需要保障。另一种是无限保障或生活保障，即一定生活水准下的"福利保障"。目前，中国农村社会保障多属于"生存保障"，其技术滞后，且常常不被重视——这主要源于农民对自身重要性的认识水平及其经济社会角色的定位能力。在此，我们将"生存保障"称之为"政府普惠保障"，而"生活保障"称之为"农民自力保障"，并倡导"生态保障"或"农村发展保障"，即有干净文明的环境保障。

---

① F. A. 哈耶克：《通往奴役之路》，中国社会科学出版社 1997 年中译本，第116 页。

第十四章

支持文件

一　访谈笔录

第一，伴随着中国经济市场化发展进程，农村也发生了巨大的嬗变和分化。一方面，农业增长了、农民富裕了、农村文明了；另一方面，农业衰了、农民老了、农村空了。对此，通过村庄问卷调查和访谈，了解和记叙村庄的治村方法、文化观念和生活诉求，真实反映村庄建设的重点和热点问题，为决策部门提供可供参考的素材和依据。

第二，话语权既是主体的一项权利，是一份能力，也是一个机会。在行使权利、彰显能力和把握机会的过程中，其方式和语境，以及主体的"自在"或"他在"状态颇为重要。轻松的访谈和倾听方式，更易激发主体深入交谈的自信和愿望。我们的访谈，在"村官能说"与"学者会听"的互动下进行。

第三，"平等"并非是抽象而不切实际的概念，扶持农村并非是仅仅拨款和资金投入，帮助农民并非只有讨工钱一种办法，到农村、真诚地与农民沟通交流也是一种扶持农村和有助于农民的形式，甚至是消除城乡藩篱和缩短农产品产销市场距离的较佳方式。

可以说，与农民的关系方式、交易形式和亲疏状态才是"平等程度测度"的重要指标。那些对农民"一刀切"（政策）、"一脚踢"（补偿）、"一次性"（贷款）的做法正好反映了当事者对待农民福利的方式和态度。

第四，语言本身没有特性和差异，但能让言语富有特性和差异。相同的内容而不同的言语形式，其启发性和现实意义迥然各异。如反映农村土地确权、村民纠纷矛盾等焦点和热点问题，其言语的恰当性和准确性十分重要。否则，误区更广、误会更深。国情村庄调查，通过恰当的言语方式，准确、贴切地表达出村民的诉求和愿景。

（一）典型案例

案例1 "一条路"引发的一场农村革命（南京农业大学博士生 朱思柱）

如果你修不起一公里路，你能不能修得起 100 米？修个 20 年不就 2 公里了嘛，如果总以修不起为由而不干，那么 20 年后还是老样子，关键在于你干不干！赵波主任如是说。身为家缠万贯、日进斗金、拥有数千员工的企业家，如今却将大部分时间放在一个仅有 140 户农户的乡村，整日思考着如何将每户年收入提高到 10 万元，如何不通过污染环境式的工业化来实现农村的现代化。

2010 年 4 月，青岛市实施"能人治村"工程，邀请卓有成效、志在回报社会的企业家回到农村来管理农村，发展农业、建设农村、致富农民。正是在此背景下，赵波回到阔别数年的家乡开始展开他的家乡复兴梦，正如他初回到该村与村民所讲，村上头飘满了美元和欧元，为什么没有人去拿？在赵波的规划中，标准化、规模化和专业化是实现农业现代化的必经之路，首先逐步解决掉村里的历史遗留问题，建设好基本的农业基础设施，用诚信和去小农意识来武装村民思想，最后通过"农消"对接来提高农民收入，增加村民社会福利。

要想富先修路。赵波回到村里首先做的是修好村里的主干道以及田间运输道路硬化，"让80岁的老人都能骑着电动车到自己的地头看着自家的庄稼"。正是由于村里的道路建设为村里争取到模范村建设资金1400万，农田基础设施得到进一步建设，耕地做到旱涝保收。正是由于基础设施的极大改善，该村农地流转地租达到1200元/亩，而邻村耕地每亩租金则仅有六七百元。至此，良乡一村的农业掀开了如火如荼的系统发展，国家万亩标准蔬菜大棚成立，规模化优良猪种养殖、蔬菜"农消"对接、"农校"对接陆续启动，农民收入得到明显增长；村里幼儿教育、老年养老寓所、农民信贷"金信工程"启动（通过企业授信，每户最高可贷5万元），农户生产积极性得到极大改善，农业生产呈现一派欣欣向荣之景象。正如赵波所言：发展就是硬道理。一旦农民收入提高了，生活环境改善了，村里的各种矛盾都会逐渐解决。

一条路解决了一个村的发展问题。路的背后是要有修路的人，人的背后要有真正谋发展的理念（想干、能干、会干）。归根结底，农村的发展要有人才的介入，人才的引进需要建立真正有效的引入机制，让真正想干、会干、能干的人来管理农村，发展农村，建设农村，这也许是未来农村发展的方向。

案例2 返璞归真与农产品市场化（南京农业大学硕士生 陈康）

本次调研在中国社会科学院农村发展研究所徐鲜梅老师的带领下，旨在发现农村生存现状和探索农村发展模式。经过七天的问卷调查和深入访谈，进行了50户详细调查和90户信息采集，对良乡一村140户村民的家庭结构、生活方式、生产情况、收入支出以及社会福利和保障有了全面具体了解。

随着深入访谈，逐渐构建起一个个鲜活的、有血有肉的农民形象。如一个有着强烈的社会责任感、推崇"道法自然"的儒商形象；一个朴实无华、甘为孺子牛的乡村第一书记形象；一个工作认真专注、将全村记在心里的文书形象；一个将毕生无偿奉献给瘫痪的妻子和村集体、忠厚敦实的山东汉子形象。从而，一个充满活力和动力、国家级现代农业示范村展现在我们的面前——"返璞归真"。

从大的层面上说，农业是一国之根本，一个国家的综合实力和国际竞争力的提升离不开农业的发展，因为粮食安全是一个民族生存和发展的必要条件。农村要实现可持续发展，农民要提高收入和生活水平，实践证明，走唯工业化道路是行不通的，虽然短时间里可以增加农村劳动人口的就业率和提高收入。但是，这不可避免地对农村资源的掠夺和浪费，包括年轻熟练劳动力和农地的流失，尤其是污染问题——对自然生态和农村生活环境的破坏，直接影响到社会福利水平。因此，农村的发展还是要回归到农业现代化，充分利用农村当地自然资源和社会资源，实现规模化、科技化、市场化的现代农业产业发展。

从小的层面上说，在乡村治理上，一位在外经营企业，身价过亿的企业家和一位青岛市宣传部干部先后选择回到农村，共同探索一条农村发展之路，同时实现自己的人生价值。如果说有一家自己的公司，并且资产过亿是普通人的生活目标，那么赵波董事长可以说是已经成功了；如果说融入中国的体制内，并且谋得一官半职是普通人努力争取的事业目标，那么徐勇书记也可以说是成功了。但是他们放弃了在城里优越的生活，选择了回到农村，回归农业，挥洒着汗水，展现真性情。

调研发现，中国农村发展，关键是观念的改变，从自给自足、靠天收的原始农业，转变为走出去、科技兴农的现代农业。走在良乡一村的乡间大路上，感触良多，一个"非洲路""美洲路""澳洲路"无形中给村民植入一种"走出去"的意识，灌输从小农意识转变到大农思想的知识和理念——原本狭隘的，只是装着一亩三分地的头脑瞬间堆积着这些词汇，经过时间的积累和发酵，刺激和孕育出新的想象和意识。

（二）深度访谈

【访谈对象1】良乡一村（行政村）顾问小组　赵波

访谈人员：徐鲜梅　朱思柱　陈康

访谈时间：2013 年 4 月 14 日、7 月 12 日和 23 日

谁在治村　怎样治村

良乡一村村主任赵波，来自"组织人才选拔、能人治村工程"基层组织干部产生新渠道〔见关于实施"千名能人"培养工程加强村党组织书记后备干部队伍建设的意见（胶组发〔2009〕38号）〕。赵波主任，作为青岛里岔黑猪繁育基地董事长，将"岔黑猪"国家级猪种资源抢救性保护、进入市场及推向高端的企业家，他曾经是胶州市东宝制衣有限公司和青岛天泽皮革制品有限公司法人，资产过亿元。1997 年，某银行胶州支行的赵波科长辞职投入了下海经商的浪潮中，自筹成立了一家皮革服装厂，专门加工夹克衫，主要出口俄罗斯和欧美等国家。截至 2010 年，赵波的皮革服装厂已发展成为江北最大的皮革服装厂，3700 多名职工，2 亿多美元的年度营业额，6700 万元的年税贡献额。

赵波，带着企业家的诚信进行村庄治理，用企业家的精神改善基层组织服务。他在短短三年时间（2010 年 4 月至 2013 年 4 月）使良乡一村的经济资源效率由低转高。他带给村庄的是组织村庄和管理村庄的综合才能和特殊的无形生产要素。他给予的不仅仅是村庄的道路建设和现代产业发展所需资金，还有"良乡、良地、良民、良心"所蕴含的思维理念和文化元素。

问：到村里时，最大的问题是什么？

答：2010 年 4 月到任，摆在面前的是三个问题：1）村容差，

四处是垃圾；2）村情乱，历史遗留问题多，且复杂，全村 530 多人，却分成六七派，互相掣肘；3）村债重，拖欠 50 多万元。为了解决历史遗留问题，村委新班子创造性地建立相应的应对和预防机制。即，在新农村建设领导小组组织框架下设立由 17 人组成的村民议事会，村民议事会再下设六个联户小组，每个小组设两名组长，每 2—3 人议事成员管辖 1 个小组，每个小组联系 8—12 户农户，所有的村事，先由新农村建设领导小组提出意见，交由村民议事会讨论通过和执行。

问：请谈谈创收规划？

答：说起来，单纯的经济目标不是最困难的。村里的经济目标：户均收入 10 万元。目前，207 人在外打工，81 人在上学，35 岁以下的 8 人，60 岁以上的 103 人，其中 7 人仍然在种地。农民增收计划是：土地集中在 30 户手中，每户耕种 32 亩，户均年收入可达到 10 万元；30 户外出承包耕地经营 3000 亩，户均年收入可达 10 万多元；20 户养殖"里岔黑猪"，每户养殖 15 头，每头年利润 400 元，户均 10 万元；9 户经商，10 万元收入有保障；除了外出打工户，剩余的 11 户完全可以依靠集体经济收入达到户均 10 万元的目标。如推行"农校对接"市场开发项目——饲养母猪，按每头母猪 500 元利润计算，饲养 2 万头，利润就是 1000 万元。

问：担任村主任之前的工作给一个简单的介绍？

答：做银行工作 13 年，然后下海经商，做过皮革、做过贸易，还做过养殖。

问：与您交谈，自然绕不开"您为什么要回村庄来担任村主任"，"什么样的价值观和情怀促使您作出这样的决定"？

答：回答这样的问题我也"自动化"了！对于这个"事实胜于雄辩"，一切用实际行动来回答。这是一个"没有满意答案"的问题，也是一个认识和价值观的问题。询问者本身心里自有"答案"，不同的人，就有不同的"答案"。中国人谁不在意政治待遇，这是社会主义价值观和革命意义思想长期教育的必然。在我心中最有分量的就是国家和人民的认可，而不是"财富排行榜"。

问：能否介绍一下您的村庄治理策略、思想和思路？

答：很乐意！我治村的基本思想就是"无工业现代农业发展道路探索和实践"，既然世界上有"无工业的工业化国家"，我就有梦想创建"无工业的现代化村庄"，这可能在我们这个"多工业的农业大国"和"世界加工厂"的国家有某种"特殊的"现实意义，尤其是环境问题已经是大问题的当今社会！

问：如何解决资源要素和农民福利市场化的问题，阻力何在？

答：土地问题、农民身份问题，涉及三农发展的大问题，城乡统筹的实质问题！

问：目前最关心的问题是什么？

答：中国未来村庄的发展方向问题，特别是什么样的人愿意治村、能治村和会治村！

【访谈对象2】良乡一村（行政村）第一书记　徐勇

访谈人员：徐鲜梅

访谈时间：2013 年 7 月 12 日和 23 日

军人式忠诚村书记：红烛精神　绿叶传统

根据中央、省委有关政策精神，以及《青岛市党政机关干部深入基层联系服务群众活动实施方案》（青组〔2012〕6 号）相关制度要求和《青岛市村党组织"第一书记"选派管理办法》（青组〔2012〕43 号）具体实施规定，青岛市委宣传部徐勇被选派担任良乡一村第一书记。

据村民反映，2012 年 4 月，徐勇第一书记驻良乡一村时起，努力做到"进百户门、听百家言、办百件事"。他与农民促膝而谈，访问党员干部、村民代表、贫困户、致富能手和信访人，了解村委班子运行、村情民意、发展路子、群众疾苦和矛盾纠纷。一到村庄，他就深入实际，运用"问卷、访谈、座谈"的调研方法认真开展调查研究，了解民情、民意和需求，一辆代步电动车被他改装成便民服务箱，谁家需要修理服务，一个电话就上门维修；同时，书记喜欢搞一些小发明，以便提高生产效率。此外，徐书记积极发挥自身网络技术优势，拓展村庄蔬菜销售渠道，为村民增收应做贡献。良乡一村有蔬菜种植的传统优势，但是多年来一直存在水平低、规模小、销售不畅等问题。徐勇经过调研，为村民们探索建立了"农消对接""农校对接"及网络营销的销售模式，省去了中间环节，提高了农产品知名度和菜农收益。

在工作中徐勇认识到，只发展经济远远不够，还要让村民们从思想、精神上跟得上时代步伐。为此，他在村里建立了 QQ 群，便于村民相互交流；创建了良乡一村《创业报》，制定了《村规民约》，用通俗易懂的小故事，潜移默化地影响着村民。

用徐书记的话说："人到，心就要到，既然到了村庄就要踏踏实实为老百姓作出一些好事。切莫把自己当成'官'，把心安定下来，与老百姓同吃同住同劳动，把双脚站到泥土上，老百姓才能接纳你，和你交流，相信你！"徐书记介绍说，为了发展农业，提高农业劳动生产率，村委将邀请相关农业技术人员到村里进行蔬菜种植培训，在田间地头进行现场培训和技术指导服务，转变村民种植观念和提高科学种植水平。

为此，徐书记被村民称之为"万能书记"。可以说，徐书记"让忠诚闪耀在良一村庄——忠诚观念融入血脉"，小岗位连接着大使命——把握着村庄经济发展政策方向，具有红烛精神、绿叶传统。他如同"村政委"，把握政治方向、宣传动员群众、看望慰问"伤员"、化解村民矛盾和凝聚村庄力量。

【访谈对象3】良乡一村（行政村）第四小组　赵伯强

访谈人员：朱思柱

访谈时间：2013 年 4 月 14 日、7 月 12 日和 23 日

天才的闪烁：村里的秘书长

赵伯强，男，38 岁，五口之家，党员，村委会委员，村会计，高收入组。

1998 年结婚，后以 79 元/年的价格承包改造一亩洼地，1999 在该处养猪，当时毛猪价格为 2.58 元/斤，同时酿酒出售。2000 年承包道路硬化工程，赔了 20000 元。之后在村里装运白菜上车，装运费 8 元/吨。

2002 年生子，在猪场周围继续承包 2 亩地，承包期限 15 年。由于装运白菜的活太累且收入低，为什么别人可以卖菜赚大钱而自己只能搬运白菜挣血汗钱？自己卖菜至上海，由于没有渠道，即使价格比别人低依然没有人买，赔 1600 元。大伯家有一头奶牛，日产牛奶 100 斤，由于年迈无法继续喂养，市价能值 10000 元，但不想卖给外人，赵伯强以 8000 元先赊账购之，同时又买一头一齐饲养。

2003 年，两头奶牛各产一仔，以 3000 元/头出售，母牛以 12000 元/出售，共收入 30000 元。以 600 元雇车到烟台蓬莱拉一车黄牛出售，每头净赚数百元，花 2.3 万元买车干起贩运黄牛生意。

2004 年，由于知道黄牛购买地点的人越来越多，拉牛逐渐不再赚钱，卖车后买了一辆五菱拖拉机和一台联合收割机，干起农机服务生意。

2006 年，以 12 万元的价格购买一台 88 码的大功率联合收割机，专门收获小麦和玉米，当时全胶州市仅有两辆这种大功率的收割机。农机局和财政局招之为民服务，挣 6 万元。2008 年 4 月 9 号，村文书竞聘上岗。根据村里管理情况发放工资一般年收入八九

千元,2012 年升至 14900 元。

2009 年,入党。同期获得函授大专学位,专业为农村行政管理。

2010 年,由父母饲养企业订单猪,饲养一头母猪交押金 2000 元,产仔长到 60 斤时(大约为 4 个月,115 天左右)由企业以 800 元/头收购,每头利润约 400 元,目前养殖 120 头猪仔。养殖期间若有疫情可通知企业寻求技术支持。

2011 年,卖掉机器,包地种地。包地 30 多亩,好地价格在 800—900 元/亩,差地 600 元/亩。2012 年,总共经营 130 余亩耕地。其中在外村通过朋友关系包地 50 亩全部种土豆,租金 700 元/亩/年;本村通过拍卖竞得 70 多亩,租金 1200 元/亩。

【访谈对象 4】良乡一村(行政村)第三小组 赵先生

访谈人员:徐鲜梅

访谈时间:2013 年 7 月 26 日

理性经济人的农民代表

赵先生 58 岁,初中文化程度,妻子 59 岁,未上过学,儿子儿媳妇都是教师,孙子 8 岁,还有 94 岁的老母亲。有两处住房,建筑面积 205 平方米,房屋价值 48 万元,楼房及钢筋混凝土结构,有两台彩色电视机、2 台冰箱、1 台空调和 1 量摩托车。全家耕地面积 6.75 亩,主要种植玉米和土豆,2012 年玉米产量 4050 公斤,土豆产量 1856 公斤。2012 年全年家庭总收入 110780 元,其中工资性收入 80000 元。

问:您将十多年的生产投入记录下来,是如何做到的?

答:这没有什么稀罕的,只是喜欢把投入的资金做记录,我将这些记录给您。

问:谢谢,这么宝贵的资料我不能要!请您讲一下这些年来您家种植的投入情况？

答：从2004年说起。2004年粮食及农产品种植投入6335元，其中，种子1818.5元、化肥1961元、农药239元、地膜192元、有机肥914.5元、其他1210元；2005年种植投入6347元，其中，种子1815元、化肥2890元、农药202元、地膜200元、有机肥860元、雇工250元、其他130元；2006年种植投入6780.5元，其中，种子1933.5元、化肥1440元、农药80元、地膜267元、有机肥1270元、雇工1100元、其他690元；2007年种植投入6933元，其中，种子25385元、化肥1812元、农药158元、地膜390元、有机肥1600元、雇工90元、其他345元；2008年种植投入11759元，其中，种子2913元、化肥4470元、农药260元、地膜374元、有机肥2820元、雇工240元、其他682元；2009年粮食及农产品种植投入6515元，其中，种子1445元、化肥2989元、农药183元、地膜98元、有机肥1460元、雇工140元、其他花费200元；2010年粮食及农产品种植投入9985元，其中，种子2416元、化肥3165元、农药200元、地膜100元、有机肥2200元、雇工1300元、其他花费604元；2011年粮食及农产品种植投入10085元，其中，种子3200元、化肥4095元、农药120元、地膜150元、有机肥1360元、雇工590元、其他花费570元；2012年粮食及农产品种植投入10801元，其中，种子2543元、化肥2520元、农药394元、地膜464元、有机肥1630元、雇工2600元、其他花费650元；2012年粮食及农产品种植投入15334元，其中，种子2430元、化肥5060元、农药530元、地膜484元、有机肥3360元、雇工2730元、其他花费740元。

问：每亩投入多少？其中，玉米投入多少？土豆投入多少？

答：我说一下订单农业（土豆）的投入情况，其他的自己看记录。2004年土豆种植亩均投入400元，共计投入1624元，其中，种子741.5元、化肥355元、农药77元、地膜100元、有机肥300.5元、其他50元；2005年土豆种植亩均投入491.1元，共计投入 2210 元，其中，种子 786 元、化肥 684 元、农药 50 元、地膜 200 元、有机肥 360 元、其他 130 元；2006 年土豆种植亩均投入 476 元，共计投入 2140 元，其中，种子 785 元、化肥 520 元、农药 359 元、地膜 90 元、有机肥 520 元、雇工 100 元、其他 90 元；2007 年土豆种植亩均投入 469.4 元，共计投入 3051 元，其中，种子 1069 元、化肥 955 元、农药 67 元、地膜 130 元、有机肥 600 元、雇工 90 元、其他 140 元；2008 土豆种植亩均投入 663.2 元，共计投入 3968 元，其中，种子 1368 元、化肥 1220 元、农药 70 元、地膜 140 元、有机肥 800 元、雇工 120 元、其他 250 元；2009 年土豆种植亩均投入 696.9 元，共计投入 4170 元，其中，种子 1275 元、化肥 1222 元、农药 65 元、地膜 98 元、有机肥 1220 元、雇工 140 元、其他 150 元；2010 年土豆种植亩均投入 941.8 元，共计投入 6122 元，其中，种子 1851 元、化肥 1275 元、农药 200 元、地膜 126 元、有机肥 1100 元、雇工 1300 元、其他 270 元；2011 年土豆种植亩均投入 1094.6 元，共计投入 7115 元，其中，种子 1600 元、化肥 1885 元、农药 120 元、地膜 150 元、有机肥 1360 元、雇工 1500 元、其他 500 元；2012 年土豆种植亩均投入 1208.8 元，共计投入 7857 元，其中，种子 2343 元、化肥 1340 元、农药 94 元、地膜 220 元、有机肥 1310 元、雇工 2000 元、其他 550 元；2013 年土豆种植亩均投入 1400.1 元，共计投入 9100 元，其中，种子 2430 元、化肥 1830 元、农药 70 元、地膜 244 元、有机肥 1680 元、雇工 2576 元、其他 270 元。

问：每亩投入增加很多，从 2004 年的 400 元/亩增至 2013 年 1400 元/亩，增加了 2.5 倍？

答：是的，主要是有机肥和雇工费用增加了。2004 年和 2005 年不需要雇工，主要是换工或互相帮忙。从 2006 年起就要付工钱，从 2006 年 100 元到 2013 年的 2500 多元。有机肥费用也增长很快，从 2004 年的 300 元增至 2013 年的 1680 元，增加了好几倍（4.6

倍）。所以，种植费用不断增加，而产量的增长是一定的，农民农业收入相对减少的。

【访谈对象 5】良乡一村（行政村）第二小组　赵先生

访谈人员：朱思柱

访谈时间：2013 年 7 月 24 日和 28 日

天降横祸惊内室，一腔衷肠诉春秋
——记村工程监理赵先生

赵先生，男，51 岁，妻子因受惊吓精神分裂，需要常年吃药，基本没有劳动能力，膝下两女，均已成婚，大女儿一家户口仍然挂在村下，中等收入组。

1995 年，妻子在屋里为小孩子缝制衣物，梁上突然滑落一条蛇，不偏不倚坠入怀中，因受惊吓不省人事。这一落改变了整个人一生的命运，当时住院 40 余日，出院时依然落下了精神分裂症，不能干重活。

家有儿女，村中规定家中有两个女儿的，可以给其中一个女儿的孩子上本村户口，另一个女儿的孩子不再给村中户口。大女儿在网上认识现在的这个女婿，户口挂在村里，仅有村民之名但并不享受村民福利之实，二人之子享受村民待遇，分有土地。目前二人在青岛工作，小女儿已经出嫁，户口迁出。

2011 年冬天开始包地，租地费用 600 元/亩，去年与另外三个人合伙去外村包了 120 亩地（合伙包地的概念源于资金共出、农资共用、生产同步、共同雇工，最后出售农产品后去除生产成本，四人平均分配收益）。当时租地是口头协议，租期若干年。生产之初为了培养土地肥力，用了 15000 块钱的鸡粪。但收获季之后，租地一方反悔，不再愿意租给他们，由于是口头协议，没有签订合同，故只好作罢。

后来村里要建房屋工程，村主任找到赵先生，4栋楼房的工程，从看材料、验材料、议价、工程质量、工程验收都有他一人全权负责，账款亦由他一人负责，由于账务复杂，款项巨大，他曾找到村主任要求加个人进行监管，村主任却信得过他，只要求他自己记下明细即可。由于事务渐多，没有时间种地，赵先生便不再包地，全心放在村工程上，工资为2500元/月。

问：你平时有什么爱好吗？

答：斗地主，家里有电脑。

问：你玩的是QQ斗地主吗？怎么学会的？

答：一看别人玩的就会了，好学。

【访谈对象6】良乡一村（行政村）第一小组 赵先生

访谈人员：陈康

访谈时间：2013年7月24日

典型农民形象

农村发展离不开像黄牛一样的农民，这些天这些人的形象时刻闪现在我的脑海中，黝黑的皮肤，杂乱的头发，爽朗的笑声和那离开庄稼地面对陌生环境表现出来的局促表情，他们或是抿嘴微笑，带着点害羞；或是开怀大笑，奔放爽朗；或是互相打招呼，亲切自然；或是低头沉思，专注认真，种种无不表现出当代农民的淳朴实在的特点。

赵先生，良乡一村普通村民，夫妻二人带着一个9岁的孩子，年复一年地守着庄稼地，勤勤恳恳，略带羞涩。在与我的交流中，得到更多的回馈是那中气十足豪放的笑声，尽管庄稼地的风雨在其古铜色的肤色上洗刷出深深的沟壑，但是那烁烁有神的双眼仍然蕴含着活力和年轻。常年的劳作不仅铸造了其钢铁一样的身板，也丰富了其农业生产的宝贵经验，他的文化水平不是很高，也就是中专水平，种植方面的知识都是从庄稼地里实践得出，在农业技术人员的指导下和其他农民的帮助下进行粮食的播种、施肥、打农药和收割等，由于当地的农业生产规模化有限，科技水平一时间难以提升，所以作为良乡一村的一名普通农民，并不能做到精确种植，这也是该村的普遍现象。他的经历，某种程度上说明，很多所谓的农业精确技术还是处在实验室里的试验阶段。

赵先生从外村承包了 20 亩耕地，主要种植玉米，但并未产生规模效益，这从单产水平，农肥支出可以看出来。尽管种植总量和总收入有很大的差距，但同时支出也较大。尽管，村民已经有意识通过农业发家致富，但是对如何科技种田，高效种田还是没能有较高的认识，仅仅是凭着经验和外界有限的指导去管理自己的农业生产，对自然风险和市场风险规避力量不足。

【访谈对象7】良乡一村（行政村）第二小组赵先生

第四小组　林女士

访谈人员：陈康

访谈时间：2013 年 7 月 12 日和 23 日

未来农村劳动力问题　谁来种地

林女士，一位普普通通的农村妇女，像很多积劳成疾的女人一样，不幸地患上了子宫肌瘤和视网膜脱落，劳动能力因而受到很大的限制，而她的丈夫也是腿部疾病，且丧失劳动能力，有两个儿子，均在外务工，生活在县城里很少回家帮忙干农活，家里的农活基本都是靠林女士和雇工，家境比较窘迫。与她的交流中，谈到为什么两个儿子不愿回村从事农业，她的儿子在外工作并不是很好，工资不高，而且城里消费支出都很高，他们存不了钱，如今小儿子的婚事，房子的事情都让林女士和她的丈夫发愁。

赵先生，一位农村农药化肥零售商，收入在当地还是较为可观，生意也算是中上等规模，家庭一大半收入是靠夫妻俩做生意，有一个儿子在外面学习数控，属于工厂委托培养模式，学成之后直接进工厂上班。再与其交流中，他也不愿他的儿子未来回到农村进行农业生产，就算是子承父业也不行，尽管回来的收入远远高于在工厂里的那点工资。

我不断思考这样的问题：农村会传递至什么样的人手中？

首先，从年轻人来说，农业生产还是一个比较低层次的劳动水平，年轻人花大量时间和精力在庄稼地里，孤独感和社会的认同感低是其面临的最大难题。年轻人，从小在父母的精心呵护下快乐成长，没有吃过苦，没有面临温饱的问题，需要体面的生活，享受社会的资源，贫瘠的土地提供不了年轻人所需的东西，所以贫穷的农村不是年轻人聚集的地方。

其次，父辈也不愿他们的子女回到农村，去吃他们吃过的苦，因为他们在这种土地上顽强抗争了很久，不断的挣扎，贱农观念左右着他们的思维和想法，一道道深深的皱纹已经诠释了种地的困苦和辛酸。村主任说，现在的年轻人在学校里学到的知识很难短时间内用于指导农业生产，回到农村发挥不出自己的能力，会对其信心是一种打击，还不如到社会各个岗位上进行磨炼和二次学习，真正认识到自己喜欢干什么了，再选择也不迟。同时，现在农村劳动力从量上说是足够的，而土地资源相对欠缺，所以这部分劳动力可以先在社会的蓄水池中找找自己的位置，未来的农村发展肯定会有一定的诱惑吸引这部分年轻人回到农村。

【访谈对象8】良乡一村（行政村）顾问组　李先生

访谈人员：张晓艳

访谈时间：2013 年 7 月 24 日

农民的收入就是这样造就的

李先生，43 周岁，中专毕业，家里有六口人，大女儿在胶州市读高中，小女儿在村里读小学。家里共有4处房产，他主要从事猪饲料销售工作，旺季时每月有8000元的工资，淡季时也有6000元；父母主要经营自家的7亩地，主要种植小麦、玉米和花生，每年有1万元的纯收入，妻子在家里开了一家销售兽药的店面，每年有2万元的收入，他家在村里属经济条件很好的一户。当问起他的工作时，他开始耐心地给我介绍起来："我在公司工作了十几年，属于最早的一批，算是'元老级'的了，刚开始发展客户时很困难，只要知道哪家在养猪，就开始地毯式搜索，挨家挨户上门推销饲料，经过几年时间才与一部分客户开始建立起长期合作关系。由于与老客户相互信任，在客户急需饲料却又缺资金时，我会先用我的钱给他们垫上，不久后他们有钱时就会立刻把钱打我卡上；有些老客户也会愿意先预付款再拿饲料。这样的方式使我的业绩一直不错！当然，每年也会不可避免地出现一些老客户的流失，但是也会发展一些新的客户。现在村里新建了专门供村民分享信息的网络平台，我想通过这个平台宣传我们公司的饲料产品，使更多的村民了解，这样也会使我的工作更有效率！"

【访谈对象9】良乡一村（行政村）第一小组　庄先生

访谈人员：钱青青

访谈时间：2013年7月23日

效率加手艺　收入有保障

庄先生，男，50岁，家里四口人，大女儿已经成家，小女儿18岁，还在上高中。庄先生初中文化水平，当了十年兵，回来后就种起了大棚，农闲时在当地给别人装修。

问：你们家家里人身体都好吧？

答：我和媳妇儿身体都好，就是小孩子（小女儿）身体不好。（她）上中学后就吃不下饭，胶州医院、青岛和北京的医院都去看了，查不出来毛病，一直吃药了，花了两三万了，还没治好。

问：两三万数目不小啊，有没有跟别人借钱？

答：没有，自己家还有点。

问：您给别人装修能挣多少钱？

答：一天200块钱，一年能装修个150天左右。

经调查发现，庄先生小女儿上高中由于分不够一次性花了一万元，这两年小女儿看病花了2—3万，去年村里面盖起了成栋的公寓，庄先生也买了一套，花了11.4万，此外庄先生还有两三万的存款，日子过得还算宽裕。而这些收入主要来源于8亩地的农作物种植和打工收入。庄先生几年前发现大棚收入不错，很早就开始投入大棚种植，不仅提高了农作物的种植产量，也缩短了农作物的收获时间，增加了种植业收入；庄先生还有门装修手艺，土地机械作业之后，庄先生有更多的农闲时间去运用自己的手艺，150天还能收入3万元。这让庄先生一家日常生活无忧，在突如其来的灾难和额外花销面前也能应对自如，增加了自身的抗灾能力。改善农民生活条件的基础在于增加农民收入，而实现农业现代化，提高农民生产效率是增加农民农业收入的有效途径。此外，农民学一门手艺，是增加农民收入和改善生活的良策。

【访谈对象10】良乡一村（行政村）第二小组　石女士

访谈人员：钱青青

访谈时间：2013年7月25日

耕地耕种贵在质量

石女士，47周岁，小学文化，家里有五口人，婆婆78周岁，患有高血压，每年有1200多元的养老金，大女儿在胶州工作，小女儿在村里上小学。去年共经营13亩地（其中租入5亩，今年租期到后已被收回），主要种植玉米、土豆、白菜和黄瓜，共获得

15000 元的纯收入。丈夫主要从事磨面生意，扣除每月 2000 元的电费，一年有 1 万元的纯收入，由于平时店面需要有人照看，仅在农忙的时候才帮妻子一起干农活，其余时间都由妻子负责。当被问到其他村民种十多亩地能有六七万元的收入，而她家为何只获得一万多元收入时，她解释到：去年大部分土豆和白菜在收之前都烂在地里，导致产量很低，3 亩黄瓜仅赚了 900 元，还是要种在大棚里，但家里又人手不够，所以今年租入的地收走后先不考虑再租，主要想想怎么把自家的 8 亩地种好，提高产量，保证收入，以后再考虑扩大规模。交谈中，她乐观积极的性格给我留下了很深的印象，正是这样的性格让她看起来比同龄人要年轻许多，我想她今年一定会有好收成！

【访谈对象 11】良乡一村（行政村）第二小组　赵先生

访谈人员：钱青青

访谈时间：2013 年 7 月 26 日

土地政策有创意　集体成员受益多

赵先生，男，自己家庭人口三人，儿子在青岛市念职高，户口本上有五口人，还有两位是十四年前离异的姐姐和她的女儿。赵先生的姐姐当时嫁出去的时候把户口迁出，离异后，户口又迁回良乡一村，由于赵先生的父母已去世，赵先生的姐姐户口就落在了赵先生家里。

问：您家有几亩地？

答：一口人一亩七分多点地，三口人就是五亩二分地。

问：您家户口本上不是五口吗？怎么是三口人的地？

答：是五口人，姐姐和外甥女儿没有地，以前有的，前年开始没有了，换村主任以后政策不一样了，就没有地了。

根据这一情况，我询问了村干部村里土地分配的具体政策。村里的土地每年 7 月 1 日调整一次，按照每人 1.757 亩地进行分配，将多的部分承包给地不够生产或者想扩大生产规模的农户（一般采用拍卖的形式，价格从 1000 元到 1200 元不等）；地不够分时，按照土地承包的年租金补偿给没分到地的人（现在为 1200 元）。这一做法与全国大多数地方对土地的分配大相径庭，现在全国大部分地区都是采用土地三十年一分配的做法，节约分配成本。但是，良乡一村的土地分配方式却得到了几乎全部村民的同意。三十年村民人口变动极大，有的农户家里孩子出生在分地后，这意味着这孩子从出生到 29 岁都分不到地，家里的地不够养活全家人；而有的家庭由于人员的减少，劳动力不足却有很多地，无法耕种造成了土地资源的浪费。

每年村里都有人口减少和增加的现象，以一年为基本单位进行分配有利于实现资源的合理配置，较为公平和有效。另外农户原来家里有的地若比较分散也可以通过与其他村民的土地进行调换，方便耕种和规模经营。据悉，这一调整每年都是由村干部和村民小组的组长们去协调，虽然工作较为繁重，但是村干部和村民小组们认为能帮到村民，能更好地发展良乡一村，因而乐此不疲。

对于参与土地分配的村民，良乡一村还有严格的"集体成员"限制，只有良乡一村的集体成员才有土地分配资格。下面就"集体成员"的界定范畴，我询问了该村的首席主任赵波。

问：现在很多大学生上学都把户口迁到大学的集体户口，这些大学生已经没有了你们村的户口，那么还能分到地吗？

答：这个问题是这样的。这些学生无论是不是上大学，出去上学迁户口的，我们把地都给他留着，等到他毕业后一年内如果把户口迁回来了，这地就一直是他的，他还是我们的集体成员；毕业一年内户口不回来的，这地我们就收上来了。

问：那有些妇女嫁到了外地，户口迁出去了，然后离婚之后户口又迁回来了，村里还分给她地吗？

答：要是这户人家里只有一个女儿的话，嫁出去了要是户口还在这儿还给分地，要是两个女儿以上的，原则上是只给一个女儿的地。像这样的方案我们都是通过村民会议经过大家同意的，大概有80%—90%的村民同意，而且之后都是签合同的。

良乡一村对于"集体成员"这一概念的明确，对特殊情况有严格的实施方案，并经过村民投票同意，不仅能减少个案纠纷的发生，还能在建设良乡一村的同时给集体成员自身带来一些优越感，让他们更有积极性。

【访谈对象12】良乡一村（行政村）第二小组　庄先生
访谈人员：伽红凯　张晓艳
访谈时间：2013 年 7 月 23 日

乡村经纪人

庄先生，今年 56 周岁，初中文化水平，是村子里的"能人"之一，脑子活络，对信息敏感度高，在家除了种菜务农之外，还长期从事外地客商蔬菜收购的"代办"业务。村里蔬菜种植大多分散经营，规模较小，外地客商收购需要数量大，"代办"即为沟通外地客商与当地百姓的桥梁，通过与当地种植户议价、协调装车等工作，协助外地客商完成收购计划，无须垫资，视完成情况，每斤抽取加 1—2 分钱服务费用，每年仅这一项能有三万余元的收入。通过访谈了解到，村子有五六户从事"代办"业务的人，村里与周边村子大约 500 亩地的产出通过他们销售到市场上，"代办"相互之间竞争也比较激烈，宣传及与外地客商联系方式较传统，没有利用互联网等现代媒介。

众所周知，订单农业违约的一个重要情况是市场价格较高时，农户为获得更高收益而发生的，想到这一点，我询问他，"在从事代办的时候，是否发生订单农户违约销售的事情"，他讲："有这种情况发生，但是非常少，特别是近几年，农民的收入提高很多，诚信观念在村里的广泛认同，不会因一些眼前利益，影响长远的合作。"

【访谈对象13】良乡一村（行政村）第五小组　赵先生

访谈人员：朱思柱

访谈时间：2013 年 7 月 25 日

农村经纪人

赵先生，男，62 岁，中等收入组。

10 多年前，百事公司看好当地的生态环境，免费提供土豆种子（名为大西洋），待成熟化来回收果实，后逐渐扩大规模，上好佳公司也参与进来，目前整个村都在种植土豆。每斤种子最后至少回收 15 斤土豆，这 15 斤土豆的价格事先就已约定，15 斤之外的土豆可适当提高价格收购，收购后公司扣除种子成本将剩余利润返还农户。在农户与公司之间需要中间环节来统计每年种子用量、接收种子、发放种子并回收土豆，赚取佣金，赵先生便扮演了这一角色。

调查员：在农户与企业之间需要签订合同吗？

赵先生：一开始的时候签，后来就不用签了。

调查员：那不签合同就没有人不按合同来吗？

赵先生：不会，你想，要是有人违反合同，以后就不会再收购他家的土豆，也不会再给他种子了，所以没人会违反规定。

调查员：如果到收获时，市场价格明显高于合同价，农户也会按照合同来执行吗？

赵先生：会，一斤土豆种子只收 15 斤，多余的部分要比合同价高一些，现在土豆产量 1 亩能产五六千斤，每亩种子才用 220 斤。

调查员：像你这样做中介服务，每斤能赚多少钱？

赵先生：一分钱吧。

调查员：平时的田间管理你会参与吗？

赵先生：平时就是去地里转转，等收获的时候搭个大棚来收。

【访谈对象 14】良乡一村（行政村）第五小组　赵先生

访谈人员：陈康

访谈时间：2013 年 7 月 23 日

农消对接：土豆销售模式

赵先生 53 岁，小学文化程度，妻子 49 岁，小学文化程度，儿子 18 岁，在市里上高中，母亲 76 岁。价值最高处住房建筑面积 102 平方米，房屋价值 48 万元，楼房及钢筋混凝土结构，有两台彩色电视机、2 台冰箱、2 台空调、1 辆摩托车和 1 辆小汽车。全家耕地经营面积 40 亩，主要种植玉米、土豆、大白菜和花生，2012 年玉米产量 12000 公斤，土豆产量 75000 公斤，大白菜 30000 公斤，花生 3200 公斤。2012 年全年家庭总收入 73440 元，其中经营性收入 62000 元。

在本次调研中，我有幸采访了该村一名土豆收购员赵先生，在与其交流中，逐渐了解到该村土豆独特的销售模式，这种模式不仅很好地利用了当地的土地资源，也降低了农户市场风险。赵先生受雇于上好佳公司，每年土豆收购季节，就会开着自己的运输车徘徊于县内各村田间，进行土豆收购，然后转给上好佳公司，用于薯条的制作。在该村，所有的土豆种植服务于两家公司，分别是百事集团和上好佳公司，这两家公司在每季的土豆种植之前，将把种子送到农民手中，并且商议好每个协议户的种植规模和收购价格，这样一来为本公司确保了货源的稳定，二来解决了农民未来所面对的土豆销售市场风险，为每户保证了一定的种植收入，所以在当地基本每个农户都会参加到这种销售模式中。但是了解到，这种模式也有它的缺点，首先是制定的价格基本是以上季价格为参考，并且很大程度上赶不上物价的上涨，带来一定程度的贬值；其次是协议价格远远低于市场价格，这样农户就无形中减少了很大部分收入；再次是如果不能满足协议收购量，农户将承担全部的责任，也就是说农户必须承担相当部分的自然风险，因为没人能确定每季都能保收；最后是农户不能直接与企业进行对话与议价，农户影响市场能力较弱，会让不少不法分子从中捞取巨额利益，从而不能有效维护自身的权益。但是综合来说，这种模式还是值得推广的，因为这样的方式能让农民看到实实在在的利益，在权衡自身的承受能力后，进行种植选择，至少保证了一部分稳定的收益，而这种销售模式是该村的很多发展模式之一，还有的是"农校对接"等，很多是村集体出面寻找农产品销售渠道，拓展了农村走出去的道路。

【访谈对象 15】良乡一村（行政村）第三小组　赵先生

访谈人员：伽红凯

访谈时间：2013 年 7 月 23 日

可供选择的销售模式

赵先生 46 岁，小学文化程度，妻子 48 岁，小学文化程度，大女儿 24 岁，在外打工，小女儿 13 岁，在读初中，父亲 73 岁，母亲 69 岁。价值最高处住房建筑面积 130 平方米，房屋价值 1 万元，有两台彩色电视机、1 台冰箱、1 台空调、1 辆摩托车。全家耕地经营面积 12 亩，主要种植玉米、土豆、大白菜和黄瓜，2012 年玉米产量 3600 公斤，大白菜 18000 公斤，土豆 30000 公斤，黄瓜 30000 公斤。2012 年全年家庭总收入 51560 元，其中经营性收入 25000 元。

赵先生，是六口之家的户主，同时为良乡一村五组组长，主要任务是在特定时间为村民做一些服务工作。家中收入来源，经营性和工资性收入各半。

当我问及他们家农产品如何销售时，他讲道："目前村里主要有两种模式，一种是订单模式，如土豆销售，村中一半左右农户与百事集团旗下公司签订订单，生产的土豆按协议价销售给他们；另一种是外来客商收购模式，如白菜销售，外来客商通过当地'代办'或者直接与农户商议价格收购。两种模式各有优劣，订单农业风险小，但公司处于强势地位，价格常常低于市场价，外来客商收购模式，收购价格较高，不确定因素多，同时销售季节比较辛苦。"赵先生所采用的是后一种模式，他对自己家的蔬菜品质有信心，觉得可以通过外来客商收购模式获得更好的收益。

【访谈对象16】良乡一村（行政村）第五小组　赵先生
访谈人员：钱青青
访谈时间：2013 年 7 月 24 日

种子可赊购　收成为订单

赵先生，男，家里四口人，一儿一女，儿女都未成家，在外打工。女儿在外做会计，年收入 24000 元；儿子只念到了高中，去年参加的高考，由于成绩不理想，去不了好学校，差学校学费太高，觉得没意义，干脆就去学门手艺，做数控，月收入 2600 元。

问：你们家现在儿子女儿都开始工作了，生活条件应该更好了，那还有没有欠别人钱？

答：现在借的倒是少了，以前小孩子上学还要借，现在没有要借的，前一年攒的钱下年花。也就是买土豆种的时候欠小铺里面的钱。

问：这个小铺是种子店吧？他们为什么能赊给你们？

答：嗯，是，村里好多人都是这样（做）的。我们买种子先赊着钱，然后土豆收成了再卖给小铺，这就还上钱了。

问：那您今年欠了小铺多少种子钱了？

答：万把块钱吧，都能（靠卖土豆把钱）收上来的。

据悉，赵先生口中的"小铺"是由当地人开的种子店，种子店与土豆收购商合作，种子店赊销给农民土豆种子，到了收成季节，农民将土豆以一定价格和数量卖给该收购商，收成多于原来约定数量的部分，价格更高。这是一个三赢的种植模式：种子店通过与土豆收购商合作，待土豆收成后，收回种子价款，并就土豆销售利润分成；土豆收购商通过这一合作能够有固定的土豆收购来源，为土豆销项订单减少风险；村民不需要担心销售途径和市场价格，解决了农民一部分靠市场吃饭的问题，给农民带来了相对稳定的种植收益。

【访谈对象17】良乡一村（行政村）第四小组　赵先生

访谈人员：张晓艳

访谈时间：2013 年 7 月 26 日

有金信工程　农民贷款容易

赵先生，49 周岁，初中文化，家里有三口人，儿子 18 周岁，在胶州市打工。去年他和妻子共经营 11 亩地，其中自家承包 7 亩地，向本村村民租入 4 亩地，每年每亩地租金 1000 元，主要种植土豆、玉米、白菜和黄瓜，共获得 75000 元的纯收入。为扩大生产经营规模，2012 年 12 月又向村集体租入 9 亩地，每年每亩地租金 900 元，资金来源是通过"金信工程"取得了 5 万元的贷款，贷款期限为 16 个月，月利息为 7 厘。目前共经营 20 亩地，其中 12 亩地是大棚（共 5 个）。当问到"金信工程"对他的作用时，他笑呵呵地说道："我一直想建几个大棚，但一直缺少资金。现在有了'金信工程'，不出村就拿到了 5 万元贷款，利息还比自己办贷款低五六百块钱，真是方便多了。"

搜集到的相关资料："金信工程"是胶州市农村信用合作联社在里岔镇开创的首家金融诚信贷款工程，核心是能人担保，党员群众贷款，也就是一个人担保，让全村村民受益。良乡一村负责人赵波是里岔镇请回来的村庄"能人"，是"金信工程"的贷款担保人。前些年，赵波在外经商，个人总资产在 500 万元以上，具有良好的资信状况，具有较强的代偿贷款本息的能力，有了经济实力的赵波，一直想为村里的老百姓干点实事，想帮助村里的父老乡亲早日发家致富，可是却总苦于没有好的办法，不知如何来做。赵波回村后，个人投资 400 多万元，为村里村民修路、上电、修水利，先解决农民致富的基础设施难题。胶州市联社创新"金信工程"的实施，更为赵波提供了发挥"能人"作用的平台，找到了一条为村民带富帮富的门路。

【访谈对象 18】良乡一村（行政村）第四小组　赵先生

访谈人员：伽红凯

访谈时间：2013 年 7 月 25 日

集中社区建设与农民利益

赵先生，50 岁，初中文化程度，妻子 51 岁，小学文化程度，儿子 22 岁，在外打工。价值最高处住房建筑面积 80 平方米，房屋价值 80 万元，有两台彩色电视机、1 台冰箱、1 台空调、1 辆摩托车。全家耕地经营面积 9.5 亩，主要种植玉米、土豆、大白菜和黄瓜，2012 年玉米产量 1000 公斤，大白菜 30000 公斤，土豆 29000 公斤，黄瓜 35000 公斤。2012 年全年家庭总收入 100800 元，其中经营性收入 60000 元，工资性收入 40000 元，转移性收入 800 元。

赵先生，既是三口之家的户主，同时为良乡一村议事会成员，负责村子环保、卫生等日常事务，直接辅佐新农村建设小组组长赵波，是村子里上传下达消息的重要人物。全家人通过打工、种菜及养猪一年能有 10 万元的收入，在村子里面算中上等，在调研中发现，村子里与他收入接近的人有在胶州县城买房的行为，而他家没有，目前村里正在建设集中社区，本村村民购买低于市场价，基础设施、卫生等条件大大改善，他仍不愿入住，详细问其原因时，他讲道："家里面有一个女儿，将来结婚不需要准备房屋，村子里新建的社区房屋是楼房，家里主要收入为务农所得，入住后既不能养猪，农资、农业机械也无处安放，同时随着自己年龄的增大，以后上下楼会不方便，还是喜欢住现在的房屋。"

【访谈对象 19】良乡一村（行政村）第二小组　赵先生
访谈人员：张晓艳
访谈时间：2013 年 7 月 25 日

有女便是福

赵先生，55 周岁，小学文化，家里有五口人，大女儿已出嫁，二女儿和三女儿还未嫁，三个女儿都在北京工作，小儿子在村里上小学。他和妻子共经营 10 亩地（其中租入 1 亩），1.5 亩地是大棚，主要种植土豆、玉米、白菜和黄瓜，去年共获得50000 元的纯收入。此外，他还有一个收入来源就是，每年农忙时的三个月，他会组织一个四个人的小团队（包括他自己），为村里 80% 的大棚提供劳动力服务，每个大棚一共能有 1000 元的报酬，他提取三分之一，这样三个月能有 18000 元的收入。当问起他的三个女儿在北京工作的情况时，他笑呵呵地开始耐心给我介绍起来："2007 年前我在北京一家外贸服饰公司工作了 7 年，小儿子开始上学后我便离开公司回村种地，同时介绍我的大女儿在这个公司工作（之前她已在培训学校学习三年俄语，每年学费6000元），主要从事服装对外展销时的俄语翻译。我的二女儿和三女儿也是通过这样的培养模式分别在北京的外贸服饰公司从事俄语翻译工作，当时学习俄语的培训费都是她们大姐出的呢，现在每年有七八万元的收入。"可见，他对他的三个女儿的工作很是满意。

【访谈对象20】良乡一村（行政村）第一小组　刘先生
访谈人员：伽红凯
访谈时间：2013 年 7 月 24 日

因病致贫现象依然突出

刘先生，今年 59 周岁，六口之家三世同堂，夫妻二人在家务农，一年有一万元的收入，儿子儿媳在外地打工，一年有近 5 万元收入，这家人的收入水平在本村还算不错，但由于大孙女在三岁时，检查出血小板疾病，至今已有 6 个年头，前前后后治病已花销 25 万，可以说一家人赚的钱都为她的病花掉了，病情却不见好转，大孙女早过了入学的年龄，因为经常浑身无力、行动不便、过敏性皮肤红点等问题，辍学在家，已参加了新型农村合作医疗，由于报销比例低，手续烦琐等原因，因治病还向亲戚借款 4 万元。村子知悉他们家的情况，青岛市出台的干部一对一扶贫"联系户"活动，已纳入体系内，有专门的处级以上干部与其对接，解决家庭的一些困难情况；村里还向他提供就业岗位，如村子的清洁工作，任务轻，待遇较好，可以增加收入，减轻一些家庭负担；2011 年，村子里获得"优秀党支部"，并有一定额度的奖金，在奖金的使用上，经党员投票决定，用于村里的困难户扶贫，特殊家庭都获得一定资助。全部算下来，他家一年约有 2000 元的资助，村里的资助坚定了刘先生一家给孩子治病的决心，他讲："现在知道北京有家医院治疗血小板的病比较好，一家人好好干活攒钱，够了去北京给大孙女看病。"

【访谈对象 21】良乡一村（行政村）顾问组　赵先生
访谈人员：钱青青
访谈时间：2013 年 7 月 25 日

农民看病负担仍然较重

赵先生，男，59 岁，儿女都已成家，家里三口人，只有自己、老伴和 95 岁高龄的老父。老父身体还算健康，能走动。倒是自己和老伴都有糖尿病，吃东西都格外小心。

问：您家里人都有养老保险金吧？

答：都有，我一个月 400 元，媳妇儿一个月 300 元，我爹一个月 120 元。

问：你们家去年有没有人住过院？

答：有啊。我去年糖尿病去县医院看病，住了两天就花了 7850 元。

问：您不是参加了新农合吗？报销了多少？

答：就报销了 1800 元，吃药的报销不了多少。

赵老先生家里人都有养老金，土地收上去也有每人每月 300 元的补贴，帮儿媳和两个孙子代种地也有了一些口粮和收入，平常花销还算够，但是老两口都有糖尿病，看病花销还不小，这就远远不够了。虽然老两口都有参加新农合，但是新农合的报销方案老两口不懂，也不知道如何利用，这还需要村干部进行报销方案的普及和宣传，让农民知道该如何报销和怎样最大限度地发挥新农合的作用；关于新农合的医药费报销少的问题，还需要有关国家政策的改进，切实改变农民看病贵的难题。所幸赵老先生家儿女还孝顺，看病吃药花销都是儿女出，日子过得也还算可以。

【访谈对象22】良乡一村（行政村）第一小组　赵先生
访谈人员：钱青青
访谈时间：2013 年 7 月 25 日

老有颐养

赵先生，男 70 岁，老伴 73 岁，家里只有两口人。赵先生一共有四个女儿，一个儿子，儿女都已经成家。家里没有土地，都已经交给村集体。70 岁的赵老先生身体还很硬朗，接受我们访问的时候刚从菜园子回来。

问：你们家没有地，那您靠什么吃饭呀？

答：地收上去了一个人给三百，一年也有个 3000 元，两个人就七千了。还有五个儿女，他们回来一次就给点钱，还有粮食、油、一些吃的，就差不多（够吃）了。儿子一年两千，女儿一年给一千，我们老两口也用不了多少钱。

问：您刚才从菜园子里回来，这菜园子是您自己的吗？

答：不是，是村里的。我们（有）两个人去看菜园子，今年 3 月份开始的，村里 1 个月给我们 1000 元（一个人）。

问：您和老伴儿都有养老金吧，一个月有多少钱？

答：一人一个月 300 元。

据悉，良乡一村前年开始对老人实行土地补贴，老人不种地的可以把自己有的土地交给村里来经营，老人因此可以拿到村里给的每人每月 300 元的补贴，赵老先生家里两口人，一年就能有 7200 元的收入；四个女儿一人给一千，儿子给两千，赵先生老两口一年就有 6000 元的收入；农村养老保险金每人每月 300 元，一年收入 7200 元；去年村里建集贸市场、集体土地种树卖的钱给了赵先生一家 1040 元。这样计算，去年赵先生老两口去年的纯收入大约为 21440 元，这对农村一般家庭来说都算还不错的。对于没有劳动能力的老人，村里实行的征收政策使土地不会成为老人的负担，也不容易造成土地荒废以及资源的浪费，适当补贴老人能够保证其稳定的收入来源；对于还有劳动能力的老人，村里面安排了较为轻松的工作，例如看管菜园子或者去卫生队，并给予适当的工资，让老人交了土地后也并不是完全没事做，能给家里添点家用，又增加了老人的收入来源。唯一不足的是，这样的工作机会还较少，只能增加少数人的收入机会，需要村里继续开辟。凭着儿女孝顺和村里的养老政策以及国家推行的养老保险，赵老先生家的日子可算过得不错。

【访谈对象23】良乡一村（行政村）顾问小组　赵先生

访谈人员：伽红凯

访谈时间：2013 年 7 月 26 日

空巢老人与农民退出机制

赵先生 86 周岁，有两个儿子，都在外地买房定居，家中有五间房子，200 余平方米的宅基地使老人更加寂寞，儿子在外地忙事业，特定的节假日才回家，老人已不能从事体力劳动，平时特别喜欢到周边邻居家串门，花销很小，每月 300 元就足够了。

当我问及老人的收入来源时，老人讲是自己的钱，并且很自豪地讲，"儿子们一直想尽孝心给我钱或买东西，给的钱我从来没要过，不想成为他们的负担，自己的钱除了吃饭还有很多剩余，每年过节的时候还会给孙子们包个大红包，希望他们能多回来住几天"。

村里全体村民都签订了一个用地协议，年龄到达 60 岁、女性嫁出本村等情况下就放弃土地的使用权，被村里征收统一流转，被征收者可以从土地上收取一定额度的补偿，村里制定此项协议的目的是让会种田的适龄人群能够扩大生产规模，不适宜种田的从土地上退出。赵先生就是协议的受益者之一，每年土地受益和村里养老补贴加起来，有 5000 余元，明后年村里的养老公寓就建成了，他可以享有一套住房的使用权，让老年人之间相互有个"伴"，医疗卫生条件将大大改善，极大的方便老年人，真正地实现"老有颐养"。

【访谈对象24】良乡一村（行政村）顾问小组　赵先生

访谈人员：朱思柱

访谈时间：2013 年 7 月 25 日

空巢老人

赵先生，男66岁，小对象6岁，两个儿子均在县城买房，大儿子是公务员，小儿子自己开了个电动车修理铺。前几年心脏做了搭桥手术，大部分为儿子出钱，自己借钱2万元，常年需要吃药，典型的空巢老人。两个儿子均在外工作，条件算得上优越，每年春节两个儿子均回家过年，然而令人意外的是家中竟然没有空调甚至连洗衣机也没有。

调查员：两个儿子分家了吗？

赵先生：没有。

调查员：两个儿子都在外面，农忙时需要雇工的吧？

赵先生：不雇，让儿子回来帮忙。

调查员：二儿子吗？

赵先生：对！

调查员：儿子修电动车，一天的收入比你雇人花的钱多吧？怎么不雇人呢？

赵先生：我是让他不要忘了他爹现在种地有多辛苦。

调查员：你们新买的这个房子借钱了吗？

赵先生：没有，两个儿子给买的。

【访谈对象25】良乡一村（行政村）顾问组　赵女士

访谈人员：张晓艳

访谈时间：2013 年 7 月 25 日

村集体的关心

赵女士，52 周岁，高中文化，2007 年以前与丈夫在青岛开了一家小企业，丈夫查出患心脏病后便一起回村养病，去年因病去世，生前丈夫在村里是公认的能人。如今家里有三口人，大女儿已出嫁在北京打工，小儿子在青岛上大学。平时主要和公公婆婆住在一起，公公身体较好，婆婆患有高血压，二老每年每人都有 1200 多元的养老金。由于家里没有足够的劳动力，已将自家的 4 亩地租出，2012 年 7 月前，租给本村村民，每年每亩地租金 700 元；到期后转租给了村集体，每年每亩地租金 1600 元。她自己在家开了一家便利店，每年能有 10000 元的收入。此外，由于她家的特殊情况，村里每年资助 2000 元，并于节假日时常去她家慰问；同时，村里邻里之间也会照顾他们，给予他们村集体的温暖。当问起生活中是否遇到什么困难时，她面带微笑，说道："现在生活挺好的，大家都比较关心我们家，让我们很感动。儿子在外上大学，我只希望他好好学习，毕业后找一份好工作，不一定要回村，常回家看看我们就行！"经历过伤痛但仍表现出如此豁达淡定的她让我很是敬佩，祝愿他们家平安健康！

【访谈对象26】良乡一村（行政村）第四小组　王先生

访谈人员：朱思柱

访谈时间：2013 年 7 月 24 日

混业型农民

王先生，男，43 岁，当地派出所协警，老婆在村里理发，儿子正读高中，高收入组。

调查员：你这个协警是自己找的还是别人找你？

王先生：当时村里找的。

调查员：多少钱一个月？

王先生：1300 元。

调查员：那你干协警谁来种地？

王先生：我，协警是干一天歇一天。

调查员：老婆的理发店一年能挣多少钱？

王先生：三四万元吧。

调查员：理发店的房子怎么弄的？

王先生：买的，跟家里住的房子一样的。

调查员：为什么没有在村里买房？

王先生：住不了啊，以后小孩直接在城里买房了。

【访谈对象27】良乡一村（行政村）第五小组　赵先生

访谈人员：张晓艳

访谈时间：2013 年 7 月 25 日

在外打工始终不是长久之计

赵先生，32 周岁，初中文化，家里有五口人，女儿正在村里上幼儿园。2006 年之前与妻子一直在胶州市打工，虽然每月有 3000 多元的收入，但是扣除房租和生活费后一年到头能攒的钱不多，且始终没有归属感。2006 年年底他见村里整体发展不错，便决定回村。如今 7 年过去了，他目前共经营 14 亩地（其中租入 7 亩），8 亩地是大棚，主要种植土豆、玉米、白菜和黄瓜，平时会购买蔬菜类的报纸杂志以获取生产和销售的信息，去年共获得 8 万元的纯收入，这远高于他和妻子在外打工获得的收入，是村里公认的能干的小伙。他自己买了一辆汽车，外出十分方便，一家五口生活在一起让他有很大的幸福感，是年轻人回村种地致富的典型。其中有一个细节是他家里还没有电脑，他解释道：现在孩子还小，怕网络给孩子的健康成长带来不好的影响，等到孩子再长大些有自律能力的时候再买。可见，他很注重对孩子的教育问题。当问起将来如何打算时，他笑呵呵地说道："暂时还没有扩大生产规模的计划，会考虑买一套村里集中建造的楼房，进一步改善全家人的生活条件！"

【访谈对象28】良乡一村（行政村）第一小组　赵先生

访谈人员：钱青青

访谈时间：2013 年 7 月 25 日

年轻可闯荡 落叶要归根

赵先生，60 岁，家里四口人，女儿已成家，儿子 27 岁，技术学院毕业，去年 5 月份开始在广西南宁从事修车行业。赵先生自己当兵 6 年，之后开车 8 年给别人搞运输，合同到期后回村里种地。

问：为什么不继续在外面打工？

答：在外面太累了，年纪大了还是回来种地，在家还能照顾照顾家里。

问：您儿子现在在外面打工，一个月能挣多少钱？给您寄钱吗？

答：啊呀，他自己都不够花，怎么给我寄钱啊。一个月赚个 2000 来块钱，住房、吃饭都得花钱，还得跟我们要钱，一年也得给他个 15000 元。

问：您儿子自己赚的还不够花，为什么还要去这么远的地方打工？在家附近也可以打工啊？

答：他自己愿意去外面，我们也不管。闯闯也好，年轻人总要去外面闯闯的。

良乡一村像赵先生家里这样的情况不在少数，家里的年轻人总爱到外面去见识见识，无论赚得多少，外面的世界和农村的总是不一样，生活环境差异大，年轻人若是一辈子待在一个村里，就容易思想短见，做事就难免有小农思想，不利于村庄的发展。但是就像赵先生一样，还有很多人到了一定年纪就回村里，一部分原因是外面太奔波，回来照顾家里也方便，还有一部分原因是现在村里发展好了，农民的农业收入也有不少，生活条件开始改善。

二 数据编辑

随着科技事业的发展，以及网络应用技术的普及，信息数字化、模型化、系统化，以及数据信息库的建立越来越成为可能。其实，数据、信息不仅是调查报告内容的进一步充实和丰富，亦是相关问题进一步调查研究的基础和参考。以问卷、访谈、观察等实地（田野）调查方法所获得的数据、信息、图表和案例不仅具有真实性、客观性，以及其他文献材料不可替代的实证用途和借鉴价值，而且能够为相关的研究者再现鲜活的、原始的场景，从而予以其灵感。因此，我们把对白邑村村情、户情和相关的调查资料、数据进行集中处理、汇总和编辑，以便查阅和考证。

（一）户情数据

表 14 - 1 　（a）良乡一村（国情）调查户村庄分布与收入分组状况

农户编号	所在村小组	收入位次	农户编号	所在村小组	收入位次
1	顾问小组	高	6	顾问小组	低
2	顾问小组	高	7	第一小组	中
3	顾问小组	低	8	第一小组	中
4	顾问小组	中	9	第一小组	中
5	顾问小组	低	10	第一小组	高

农户编号	所在村小组	收入位次	农户编号	所在村小组	收入位次
11	第一小组	高	31	第三小组	中
12	第一小组	低	32	第四小组	高
13	第一小组	高	33	第四小组	中
14	第一小组	中	34	第四小组	低
15	第一小组	低	35	第四小组	中
16	第一小组	低	36	第四小组	中
17	第二小组	高	37	第四小组	高
18	第二小组	中	38	第四小组	高
19	第二小组	低	39	第四小组	低
20	第二小组	中	40	第四小组	中
21	第二小组	高	41	第四小组	高
22	第二小组	中	42	第五小组	中
23	第二小组	中	43	第五小组	中
24	第二小组	高	44	第五小组	中
25	第三小组	中	45	第五小组	低
26	第三小组	中	46	第五小组	高
27	第三小组	低	47	第五小组	中
28	第三小组	低	48	第五小组	低
29	第三小组	高	49	第五小组	低
30	第三小组	低	50	第五小组	高

表 14 -1 （b） 良乡一村调查户村庄分布与收入分组状况

村庄分布	顾问小组	第一小组	第二小组	第三小组	第四小组	第五小组
调查户（户）	6	10	8	7	10	9
比重（%）	12.0	20.0	16.0	14.0	20.0	18.0

收入位层	低收入		中等收入		高收入	
农户数（户）	15		20		15	
比重（%）	30		40		30	

表 14 - 2（a）　良乡一村（国情）调查户户主基本情况

编号	村小组	性别	年龄	文化程度	编号	村小组	性别	年龄	文化程度
1	顾问小组	男	69	小学	26	第三小组	男	71	小学
2	顾问小组	男	66	小学	27	第三小组	男	58	初中
3	顾问小组	男	69	小学	28	第三小组	男	46	小学
4	顾问小组	男	66	初中	29	第三小组	男	58	初中
5	顾问小组	男	86	小学	30	第三小组	女	55	小学
6	顾问小组	男	79	小学	31	第三小组	男	48	初中
7	第一小组	男	59	初中	32	第四小组	男	49	初中
8	第一小组	男	37	中专	33	第四小组	男	47	初中
9	第一小组	男	60	初中	34	第四小组	男	59	小学
10	第一小组	男	59	小学	35	第四小组	男	52	小学
11	第一小组	男	48	初中	36	第四小组	男	57	初中
12	第一小组	男	44	初中	37	第四小组	男	60	小学
13	第一小组	男	46	初中	38	第四小组	男	64	小学
14	第一小组	男	55	小学	39	第四小组	男	45	高中
15	第一小组	男	70	小学	40	第四小组	男	43	初中
16	第一小组	男	70	未上学	41	第四小组	男	50	初中
17	第二小组	男	56	初中	42	第五小组	男	57	小学
18	第二小组	男	50	初中	43	第五小组	男	45	初中
19	第二小组	男	42	初中	44	第五小组	男	53	小学
20	第二小组	男	55	小学	45	第五小组	男	45	小学
21	第二小组	男	43	小学	46	第五小组	男	41	初中
22	第二小组	男	48	初中	47	第五小组	男	46	初中
23	第二小组	男	50	初中	48	第五小组	男	50	初中
24	第二小组	男	51	初中	49	第五小组	男	62	初中
25	第三小组	男	42	小学	50	第五小组	男	51	初中

表 14 - 2（b）　　良乡一村调查户户主基本情况

年龄结构	25 岁及以下	26—35 岁	36—45 岁	46—55 岁	56—65 岁	65 岁以上
户主数（人）	0	0	10	19	12	9
比重（%）	—	—	20.0	38.0	24.0	18.0

文化结构	文盲半文盲	小学	初中	高中	大专及以上
户主数（人）	1	21	26	2	0
比重（%）	2.0	42.0	52.0	4.0	—

表 14-3（a） 良乡一村（国情）调查答卷人基本信息

编号	村小组	性别	年龄	文化程度	编号	村小组	性别	年龄	文化程度
1	顾问小组	男	43	中专	26	第三小组	男	43	小学
2	顾问小组	男	66	小学	27	第三小组	男	58	初中
3	顾问小组	男	69	小学	28	第三小组	男	46	小学
4	顾问小组	男	66	初中	29	第三小组	男	58	初中
5	顾问小组	男	86	小学	30	第三小组	女	55	小学
6	顾问小组	男	79	小学	31	第三小组	男	48	初中
7	第一小组	男	59	初中	32	第四小组	男	49	初中
8	第一小组	男	37	中专	33	第四小组	男	47	初中
9	第一小组	男	60	初中	34	第四小组	男	59	小学
10	第一小组	男	59	小学	35	第四小组	男	52	小学
11	第一小组	男	48	初中	36	第四小组	男	57	初中
12	第一小组	男	44	初中	37	第四小组	女	52	小学
13	第一小组	女	43	初中	38	第四小组	男	38	大专
14	第一小组	男	55	小学	39	第四小组	男	45	高中
15	第一小组	男	70	小学	40	第四小组	男	43	初中
16	第一小组	男	70	未上学	41	第四小组	男	50	初中
17	第二小组	男	56	初中	42	第五小组	男	32	初中
18	第二小组	女	47	小学	43	第五小组	男	45	初中
19	第二小组	男	42	初中	44	第五小组	男	53	小学
20	第二小组	男	55	小学	45	第五小组	男	45	小学
21	第二小组	男	43	小学	46	第五小组	女	45	初中
22	第二小组	男	48	初中	47	第五小组	男	46	初中
23	第二小组	男	50	初中	48	第五小组	男	50	初中
24	第二小组	男	51	初中	49	第五小组	男	62	初中
25	第三小组	男	42	小学	50	第五小组	男	51	初中

表 14-3（b） 良乡一村（国情）调查答卷人基本信息

年龄结构	25 岁及以下	26—35 岁	36—45 岁	46—55 岁	56—65 岁	65 岁以上
答卷人（人）	0	0	15	19	9	7
比重（%）	—	—	30.0	38.0	18.0	14.0

文化结构	文盲半文盲	小学	初中	高中	大专及以上
答卷人（人）	1	19	26	3	1
比重（%）	2.0	38.0	52.0	6.0	2.0

表 14－4（a）　　良乡一村（国情）调查受访者基本信息

编号	村小组	性别	年龄	文化程度	编号	村小组	性别	年龄	文化程度
1	顾问小组	男	43	中专	21	第二小组	男	43	小学
2	顾问小组	男	66	小学	23	第二小组	男	50	初中
3	顾问小组	男	69	小学	24	第二小组	男	51	初中
4	顾问小组	男	66	初中	28	第三小组	男	46	小学
5	顾问小组	男	86	小学	29	第三小组	男	58	初中
6	顾问小组	女	52	高中	32	第四小组	男	49	初中
7	第一小组	男	59	初中	37	第四小组	女	52	小学
8	第一小组	男	37	中专	38	第四小组	男	38	大专
9	第一小组	男	60	初中	40	第四小组	男	43	初中
10	第一小组	男	70	小学	41	第四小组	男	50	初中
11	第二小组	男	56	初中	42	第五小组	男	32	初中
12	第二小组	女	47	小学	44	第五小组	男	53	小学
13	第二小组	男	42	初中	49	第五小组	男	62	初中
14	第二小组	男	55	小学	50	第五小组	男	51	初中

表 14－4（b）　　良乡一村调查受访者基本信息

年龄结构	25 岁及以下	26—35 岁	36—45 岁	46—55 岁	56—65 岁	65 岁以上
受访者（人）	—	—	7	11	5	5
比重（%）	—	—	25.0	39.2	17.9	17.9
文化结构	文盲半文盲	小学	初中	高中	大专及以上	
受访者（人）	—	10	14	3	1	
比重（%）	—	35.7	50.0	10.7	3.6	
村庄分布	顾问小组	第一小组	第二小组	第三小组	第四小组	第五小组
受访人（人）	6	4	7	2	5	4
比重（%）	21.43	14.29	25.00	7.14	17.85	14.29

表 14 – 5（a）   良乡一村（国情）调查户人口规模与年龄结构状况

（单位：人）

序号	人口	成员结构		年龄结构			序号	人口	成员结构		年龄结构		
		子女	其他	16 岁以下	16—60 岁	60 岁以上			子女	其他	16 岁以下	16—60 岁	60 岁以上
1	9	2	7	1	6	2	26	5	1	4	—	3	2
2	7	2	5	1	4	2	27	2	—	2	—	2	—
3	3	—	3	—	—	3	28	6	2	4	1	3	2
4	5	1	4	—	3	2	29	6	1	5	1	4	1
5	1	—	1	—	—	1	30	3	2	1	—	3	—
6	5	—	5	—	3	2	31	3	1	2	1	2	—
7	6	1	5	2	4	—	32	3	1	2	—	3	—
8	3	1	2	1	2	—	33	4	2	2	—	4	—
9	4	2	2	—	4	—	34	5	1	4	1	4	—
10	5	1	4	1	3	1	35	4	2	2	1	3	—
11	3	1	2	—	3	—	36	6	2	4	1	5	—
12	3	1	2	—	3	—	37	6	2	4	1	5	—
13	5	2	3	—	4	1	38	5	1	4	1	2	2
14	4	2	2	—	4	—	39	3	1	2	—	3	—
15	2	—	2	—	2	—	40	3	1	2	—	3	—
16	2	—	2	—	—	2	41	3	1	2	—	3	—
17	4	1	3	—	4	—	42	5	1	4	1	4	—
18	5	2	3	1	3	1	43	4	2	2	2	2	—
19	4	1	3	—	3	1	44	4	1	3	—	3	1
20	5	3	2	1	4	—	45	4	2	2	1	3	—
21	5	1	4	1	4	—	46	4	2	2	2	2	—
22	4	2	2	1	3	—	47	4	2	2	—	4	—
23	3	1	2	—	3	—	48	4	2	2	—	4	—
24	5	1	4	1	4	—	49	2	—	2	—	—	2
25	4	1	3	—	3	1	50	4	2	2	—	4	—

表 14 – 5（b）   良乡一村调查户人口规模与年龄结构状况

人口规模	2 人及以下	3—4 人	5—6 人	7 人及以上
农户数（户）	5	26	17	2
比重（%）	10.0	52.2	34.0	4.0
年龄结构	16 岁以下	16—45 岁		60 岁以上
人口数（人）	25	154		29
比重（%）	12.02	74.04		13.94

表 14-6 （a）　　良乡一村（国情）调查户家庭成员文化结构状况

（单位：人）

序号	人口	文盲	小学	初中	高中中专	大专及以上	序号	人口	文盲	小学	初中	高中中专	大专及以上
1	9	—	4	2	2	1	26	5	1	1	2	1	—
2	7	1	1	2	1	2	27	2	—	1	1	—	—
3	3	1	2	—	—	—	28	6	2	2	2	—	—
4	5	1	—	3	1	—	29	6	2	1	1	1	1
5	1	—	1	—	—	—	30	3	—	1	2	—	—
6	5	—	2	—	2	1	31	3	—	1	2	—	—
7	6	1	2	3	—	—	32	3	—	—	3	—	—
8	3	—	1	—	2	—	33	4	—	1	1	1	1
9	4	—	—	2	1	1	34	5	2	1	—	—	2
10	5	1	2	1	1	—	35	4	—	3	—	1	—
11	3	—	—	3	—	—	36	6	1	1	3	—	1
12	3	—	—	2	1	—	37	6	1	2	3	—	—
13	5	—	1	3	1	—	38	5	—	2	1	1	1
14	4	—	1	1	—	2	39	3	—	1	—	2	—
15	2	1	1	—	—	—	40	3	—	—	2	1	—
16	2	2	—	—	—	—	41	3	—	1	2	—	—
17	4	—	1	1	1	1	42	5	1	2	2	—	—
18	5	—	1	1	3	—	43	4	1	1	2	—	—
19	4	—	—	3	1	—	44	4	1	2	—	1	—
20	5	—	3	2	—	—	45	4	—	2	—	1	1
21	5	—	2	2	1	—	46	4	—	1	3	—	—
22	4	—	—	2	2	—	47	4	—	1	3	—	—
23	3	—	—	2	1	—	48	4	—	1	2	—	1
24	5	1	1	1	1	1	49	2	—	—	2	—	—
25	4	!	2	—	1	—	50	4	—	—	2	1	1

表 14-6 （b）　　良乡一村调查户家庭成员文化结构状况

文化结构	文盲半文盲	小学	初中	高中	大专及以上
人口数（人）	22	57	77	34	18
比重（%）	10.58	27.4	37.02	16.35	8.65

表 14 – 7 （a）　　　良乡一村（国情）调查户在校学生情况

（单位：人、元）

序号	家庭地址	学生数量	学习地点		学习阶段				年均教育支出
			本村	非本村	小学	初中	高中	大专及以上	
1	顾问组	2	1	1	1	—	1	—	5500
2	顾问组	1	—	1	—	—	1	—	10000
3	顾问组	1	—	1	—	—	1	—	10000
4	顾问组	1	—	1	—	—	—	1	14000
5	第一组	1	1	—	1	—	—	—	500
6	第一组	1	1	—	1	—	—	—	260
7	第一组	1	—	1	1	—	—	—	8000
8	第一组	1	—	1	1	—	—	—	5500
9	第二组	1	—	1	—	1	—	—	11000
10	第二组	1	—	1	—	—	1	—	10000
11	第二组	1	1	—	1	—	—	—	400
12	第二组	2	—	2	1	1	—	—	15000
13	第二组	1	—	1	—	1	—	—	1000
14	第二组	1	—	1	—	—	1	—	3800
15	第三组	1	—	1	—	—	1	—	3700
16	第三组	1	—	1	—	—	1	—	8000
17	第三组	1	—	1	—	1	—	—	1200
18	第三组	1	—	1	1	—	—	—	200
19	第三组	1	1	—	1	—	—	—	600
20	第四组	1	—	1	—	—	1	—	15000
21	第四组	1	1	—	1	—	—	—	100
22	第四组	1	—	1	—	—	1	—	3800
23	第四组	1	—	1	—	—	1	—	5000
24	第五组	1	1	—	1	—	—	—	500
25	第五组	1	—	1	—	—	1	—	10000
26	第五组	2	1	1	1	—	—	1	20800
27	第五组	2	1	1	1	1	—	—	5500
28	第五组	2	—	2	—	—	1	1	9300
29	第五组	1	—	1	—	1	—	—	100

表 14 – 7 （b）　　　　　良乡一村调查户在校学生情况

文化结构	小学	初中	高中	大专及以上
人口数（人）	13	6	12	3
比重（%）	38.24	17.65	35.29	8.82
所在地区	本村		非本村	
人口数（人）	9		25	
比重（%）	26.47		73.53	

表 14 –8（a）　　良乡一村（国情）调查户人口及劳动力情况

（单位：人/户）

序号	人口	劳动力	劳动力负担系数	序号	人口	劳动力	劳动力负担系数
1	9	6	1.50	26	5	3	1.67
2	7	4	1.75	27	2	2	1.00
3	3	—	—	28	6	3	2.00
4	5	3	1.67	29	6	3	2.00
5	1	—	—	30	3	3	1.00
6	5	2	2.50	31	3	2	1.50
7	6	4	1.50	32	3	3	1.00
8	3	2	1.50	33	4	4	1.00
9	4	4	1.00	34	5	4	1.25
10	5	3	1.67	35	4	3	1.33
11	3	3	1.00	36	6	5	1.20
12	3	3	1.00	37	6	4	1.50
13	5	4	1.25	38	5	3	1.67
14	4	4	1.00	39	3	2	1.50
15	2	—	—	40	3	3	1.00
16	2	—	—	41	3	3	1.00
17	4	4	1.00	42	5	4	1.25
18	5	3	1.67	43	4	2	2.00
19	4	3	1.33	44	4	3	1.33
20	5	4	1.25	45	4	3	1.33
21	5	4	1.25	46	4	2	2.00
22	4	3	1.33	47	4	4	1.00
23	3	3	1.00	48	4	4	1.00
24	5	3	1.67	49	2	2	1.00
25	4	3	1.33	50	4	4	1.00

表 14 –8（b）　　良乡一村调查户人口及劳动力情况

劳动力数	无劳动力	2 人	3 人	4 人	5 人及以上
农户数（户）	4	8	21	15	2
比重（%）	8	16	42	30	4
劳力负担系数	1	1.1—1.5		1.6—2.0	2 以上
农户比重（%）	34.78	39.13		23.92	2.17

表 14 - 9（a）　　良乡一村（国情）调查户劳动力性别与年龄结构

（单位：人）

序号	数量	性别结构		年龄结构			序号	数量	性别结构		年龄结构		
		男	女	16—35岁	36—45岁	46—65岁			男	女	16—35岁	36—45岁	46—65岁
1	6	3	3	2	4	—	26	3	1	2	1	2	—
2	4	2	2	2	2	—	27	2	1	1	—	—	2
3	—	—	—	—	—	—	28	3	1	2	1	—	2
4	3	2	1	1	2	—	29	3	2	1	2	—	1
5	—	—	—	—	—	—	30	3	2	1	2	—	1
6	2	1	1	2	—	—	31	2	1	1	—	—	2
7	4	2	2	2	—	2	32	3	2	1	1	—	2
8	2	1	1	1	1	—	33	4	1	3	2	—	2
9	4	2	2	2	—	2	34	4	2	2	2	—	2
10	3	2	1	2	—	1	35	3	1	2	1	—	2
11	3	2	1	1	1	1	36	5	2	3	3	—	2
12	3	2	1	1	2	—	37	4	2	2	3	—	1
13	4	2	2	—	—	2	38	3			—	2	1
14	4	1	3	2	—	2	39	2	2	—	1	1	—
15	—	—	—	—	—	—	40	3	1	2	1	2	—
16	—	—	—	—	—	—	41	3	1	2	1	—	2
17	4	2	2	2	—	2	42	4	2	2	2	—	2
18	3	1	2	1	—	2	43	2	1	1	—	2	—
19	3	2	1	1	2	—	44	3	2	1	1	—	2
20	4	1	3	2	—	—	45	3	2	1	1	1	1
21	4	2	2	1	2	1	46	2	1	1	—	2	—
22	3	2	1	1	1	1	47	4	2	2	2	—	2
23	3	1	2	1	—	2	48	4	2	2	2	—	2
24	3	2	1	2	—	1	49	2	1	1	—	—	2
25	3	2	1	1	2	—	50	4	2	2	2	—	2

表 14 - 9（b）　　良乡一村调查户劳动力性别与年龄结构

劳动力性别	男劳力（人）		女劳力（人）	
劳力数（人）	74		76	
比例（%）	49.33		50.67	
年龄结构	16—35岁	36—45岁	46—60岁	
劳力数（人）	63	31	56	
比例（%）	42.00	20.67	37.33	

表 14 - 10（a）　良乡一村（国情）调查户劳动力文化结构状况

（单位：人）

序号	数量	小学	初中	高中	大专及以上	序号	数量	小学	初中	高中	大专及以上
1	6	1	2	2	1	26	3	—	2	1	—
2	4	—	2	—	2	27	2	1	1	—	—
3	—	—	—	—	—	28	3	2	1	—	—
4	3	—	2	1	—	29	3	—	1	1	1
5	—	—	—	—	—	30	3	1	2	—	—
6	2	—	—	1	1	31	2	—	2	—	—
7	4	1	3	—	—	32	3	—	3	—	—
8	2	—	—	2	—	33	4	1	1	1	1
9	4	—	2	1	1	34	4	1	1	—	2
10	3	1	1	1	—	35	3	2	—	1	—
11	3	—	3	—	—	36	5	1	3	—	1
12	3	—	2	1	—	37	4	1	3	—	—
13	3	—	2	1	—	38	3	1	1	—	1
14	4	1	1	—	2	39	2	—	—	2	—
15	—	—	—	—	—	40	3	—	2	1	—
16	—	—	—	—	—	41	3	1	2	—	—
17	4	1	1	1	1	42	4	2	2	—	—
18	3	1	1	1	—	43	2	—	2	—	—
19	3	—	2	1	—	44	3	2	—	1	—
20	4	2	2	—	—	45	3	1	—	1	1
21	4	2	1	1	—	46	2	—	2	—	—
22	3	—	1	2	—	47	4	2	2	—	—
23	3	—	2	1	—	48	4	1	2	—	1
24	3	—	1	1	1	49	2	—	2	—	—
25	3	2	—	1	—	50	4	—	2	1	1

表 14 - 10（b）　良乡一村调查户劳动力文化结构

劳动力性别	文盲半文盲	小学	初中	高中	大专及以上
劳力数（人）	1	32	70	29	18
比例（%）	0.67	21.33	46.67	19.33	12.00

表 14 – 11 （a）　良乡一村（国情）调查户粮食安全状况

序号	粮食安全状况			序号	粮食安全状况		
	口粮来源	是否自足	不足原因		口粮来源	是否自足	不足原因
1	自给 购买	不足	土地流转	26	自给 购买	不足	种植非粮食
2	自给	有余	—	27	自给 购买	不足	种植非粮食
3	自给	有余	—	28	自给 购买	不足	种植非粮食
4	购买	不足	土地流转	29	自给 购买	不足	种植非粮食
5	购买	不足	缺乏劳力	30	自给 购买	不足	种植非粮食
6	购买	不足	土地流转	31	自给 购买	不足	种植非粮食
7	自给 购买	不足	种植非粮食	32	自给 购买	不足	种植非粮食
8	自给 购买	不足	种植非粮食	33	自给 购买	不足	种植非粮食
9	自给 购买	不足	种植非粮食	34	自给 购买	不足	种植非粮食
10	自给 购买	不足	种植非粮食	35	自给 购买	不足	种植非粮食
11	自给 购买	不足	种植非粮食	36	自给 购买	不足	种植非粮食
12	自给 购买	不足	种植非粮食	37	自给 购买	不足	种植非粮食
13	自给 购买	不足	种植非粮食	38	自给 购买	不足	种植非粮食
14	自给 购买	不足	种植非粮食	39	自给	有余	—
15	购买	不足	土地流转	40	自给 购买	不足	种植非粮食
16	自给 购买	不足	种植非粮食	41	自给 购买	不足	种植非粮食
17	自给 购买	不足	种植非粮食	42	自给 购买	不足	种植非粮食
18	自给 购买	不足	种植非粮食	43	自给 购买	不足	种植非粮食
19	自给 购买	不足	种植非粮食	44	自给 购买	不足	种植非粮食
20	自给 购买	不足	种植非粮食	45	自给 购买	不足	种植非粮食
21	自给 购买	不足	种植非粮食	46	自给 购买	不足	种植非粮食
22	自给 购买	不足	种植非粮食	47	自给 购买	不足	种植非粮食
23	自给 购买	不足	种植非粮食	48	自给 购买	不足	种植非粮食
24	自给 购买	不足	种植非粮食	49	购买	不足	土地流转
25	自给 购买	不足	种植非粮食	50	自给 购买	不足	用作饲料

表 14 – 11 （b）　　　　良乡一村调查户粮食安全状况

口粮来源	自给	购买	自给和购买	其他途径
农户数（户）	3	5	42	—
比例（%）	6.0	10.0	84.0	

不足原因	用作饲料	种植非粮食作物	土地流转	缺乏劳力	其他
农户数（户）	1	43	5	1	—
比例（%）	2.0	86.0	10.0	2.0	

表 14 – 12（a）　　良乡一村（国情）调查户家庭房屋（价值最高）状况

序号	面积（m²）	房屋结构	时间（年）	造价（元）	序号	面积（m²）	房屋结构	时间（年）	造价（元）
1	100	砖混	2012	500000	26	108	砖混	2009	260000
2	120	钢筋混凝土	2012	110000	27	48	砖瓦及其他	1980	3000
3	147	砖瓦及其他	1986	20000	28	130	砖瓦及其他	1992	10000
4	83	钢筋混凝土	2009	330000	29	97	钢筋混凝土	2008	360000
5	80	砖瓦及其他	1987	3000	30	57.6	砖瓦及其他	1990	8000
6	100	砖瓦及其他	1991	10000	31	90	砖瓦及其他	1993	3000
7	105	砖混	2000	50000	32	120	钢筋混凝土	2012	224000
8	120	钢筋混凝土	2012	220000	33	180	砖瓦及其他	2000	30000
9	108	砖混	2005	90000	34	120	砖混	2006	90000
10	80	钢筋混凝土	2011	250000	35	90	钢筋混凝土	2012	500000
11	80	钢筋混凝土	2012	220000	36	97.5	砖瓦及其他	1997	30000
12	93	钢筋混凝土	2012	480000	37	108	砖瓦及其他	1986	40000
13	94	钢筋混凝土	2012	440000	38	120	钢筋混凝土	2012	232000
14	88	砖瓦及其他	2001	18000	39	140	砖混	2008	50000
15	147	砖混	2003	20000	40	100	砖混	2006	100000
16	120	钢筋混凝土	2012	220000	41	80	砖混	1999	80000
17	120	钢筋混凝土	2012	220000	42	60	砖混	2002	40000
18	150	砖混	2007	140000	43	70	砖瓦及其他	1991	20000
19	110	砖瓦及其他	1995	50000	44	102	钢筋混凝土	2012	480000
20	250	砖混	2008	120000	45	60	砖混	2008	80000
21	110	砖混	2009	174000	46	108	砖混	1996	60000
22	60	钢筋混凝土	2012	230000	47	120	钢筋混凝土	2012	224000
23	120	钢筋混凝土	2012	224000	48	105	砖瓦及其他	1993	15000
24	120	钢筋混凝土	2012	220000	49	120	钢筋混凝土	2012	220000
25	170	砖混	2009	120000	50	105	砖混	2008	70000

表 14 – 12（b）　　良乡一村调查户家庭房屋状况

房屋结构	钢筋混凝土	砖（石）木	砖混	土坯	砖瓦及其他
农户数（户）	19	—	17	—	14
比例（%）	38.0	—	34.0	—	28.0

表 14－13（a）良乡一村（国情）调查户耐用品拥有状况（台、辆、部）

序号	彩电	空调	冰箱	电脑	洗衣机	小汽车	摩托车	电动车	序号	彩电	空调	冰箱	电脑	洗衣机	小汽车	摩托车	电动车
1	2	2	2	1	2	1	—	2	26	2	1	1	1	1	1	1	1
2	1	—	1	—	—	—	—	2	27	1	—	1	—	1	—	—	2
3	1	—	2	—	1	—	—	1	28	2	1	1	1	—	—	1	2
4	2	—	1	1	1	1	—	—	29	2	1	2	1	2	—	1	—
5	1	—	—	—	—	—	—	—	30	1	1	1	—	—	—	—	—
6	2	1	1	1	1	—	—	—	31	1	1	1	1	1	—	1	2
7	2	1	2	1	1	—	2	3	32	1	—	1	1	1	—	1	2
8	1	1	1	—	—	1	1	—	33	1	—	1	—	1	—	1	1
9	1	—	—	—	1	—	—	1	34	1	1	1	—	1	—	1	1
10	2	1	2	1	2	—	2	2	35	1	—	1	1	1	—	1	1
11	1	2	1	—	—	—	—	1	36	1	—	1	—	1	—	—	1
12	1	—	1	—	—	1	1	1	37	1	—	1	—	—	—	1	3
13	1	—	1	1	1	—	1	2	38	2	2	2	1	2	1	2	4
14	1	—	1	—	1	—	1	1	39	1	—	1	—	1	—	—	2
15	1	1	1	—	1	—	—	—	40	2	1	1	1	1	—	1	—
16	1	—	1	—	1	—	—	—	41	1	—	1	—	1	—	1	2
17	2	1	2	1	1	3	1	2	42	2	1	—	2	—	1	1	2
18	1	1	1	1	1	—	1	1	43	1	—	1	—	1	—	1	2
19	2	1	1	1	1	—	1	1	44	2	—	2	—	1	—	1	3
20	1	1	1	1	1	—	1	3	45	1	—	1	—	1	—	1	1
21	1	—	1	—	1	—	—	1	46	1	—	1	—	1	—	1	1
22	1	1	1	1	1	—	—	—	47	1	—	1	—	1	—	1	2
23	1	1	1	1	1	—	—	2	48	1	1	1	—	1	—	1	2
24	1	1	1	1	1	1	—	1	49	1	1	1	—	1	—	—	2
25	1	—	1	1	1	—	1	3	50	1	—	2	—	1	—	—	1

表 14－13（b）　　　　　良乡一村调查户耐用品拥有状况

拥有农户	彩电	空调	冰箱	洗衣机	电脑	小汽车	摩托车	电动车
农户数（户）	50	28	48	43	29	12	29	42
比例（%）	100	56.0	96.0	43.0	0.58	14.0	58.0	84.0
总拥有量（台）	65	32	59	86	29	14	32	72
户均拥有量（台）	1.30	0.64	1.18	0.94	0.58	0.28	0.64	1.44

表 14-14 (a)　　良乡一村（国情）调查户通信设备与小电器用品状况

（单位：台、件）

序号	影碟机	收录机	缝纫机	座机	手机	序号	影碟机	收录机	缝纫机	座机	手机
1	1	—	1	1	5	26	—	—	1	—	2
2	—	—	—	1	1	27	—	—	1	—	2
3	1	—	—	—	1	28	—	—	—	1	4
4	—	—	—	—	4	29	—	—	—	1	3
5	—	—	—	—	—	30	—	—	—	—	—
6	—	1	1	1	2	31	1	—	—	1	2
7	—	—	—	—	4	32	—	—	1	1	3
8	1	—	1	—	2	33	1	—	—	—	4
9	—	—	—	1	1	34	1	—	1	—	2
10	1	—	1	—	3	35	1	—	1	—	3
11	—	2	—	—	3	36	—	—	—	—	5
12	—	—	—	—	3	37	1	—	1	—	5
13	1	—	—	—	5	38	1	—	—	1	5
14	—	—	—	—	3	39	—	—	—	—	3
15	—	—	1	1	—	40	—	—	—	—	3
16	—	—	—	1	1	41	1	—	1	—	3
17	—	—	1	—	7	42	—	—	1	—	4
18	1	1	1	—	5	43	—	—	1	—	2
19	—	—	1	—	4	44	—	—	—	1	4
20	—	—	1	—	5	45	—	—	—	—	2
21	—	—	1	1	3	46	—	1	1	1	2
22	—	—	—	—	4	47	—	—	1	—	4
23	1	—	1	1	3	48	—	—	—	—	3
24	—	—	1	—	3	49	1	—	1	1	2
25	—	—	—	1	3	50	1	—	—	—	1

表 14-14 (b)　　良乡一村调查户通信设备与小电器用品状况

拥有农户	影碟机	收录机	缝纫机	座机	手机
农户数（户）	17	4	24	17	47
比例（%）	34.0	8.0	48.0	34.0	94.0
总拥有量（台）	17	5	24	17	148
户均拥有量（台）	0.34	0.10	0.48	0.34	2.96

表 14 – 15（a）　　良乡一村（国情）调查户牲畜家禽饲养状况

（单位：头、只）

序号	生猪	母猪	鸡	其他	序号	生猪	母猪	鸡	其他
1	—	—	7	—	26	—	—	—	—
2	1	—	20	—	27	—	—	—	—
3	—	—	—	—	28	1	—	—	—
4	—	—	—	—	29	—	—	—	—
5	—	—	—	—	30	—	—	—	—
6	—	—	—	—	31	—	—	—	—
7	—	—	—	—	32	—	—	—	—
8	—	—	2	—	33	—	—	—	—
9	34	4	—	—	34	—	—	—	—
10	—	—	13	—	35	—	—	12	—
11	—	—	12	—	36	—	—	—	—
12	—	—	5	—	37	—	—	4	—
13	—	2	—	—	38	120	13	10	—
14	—	2	—	—	39	—	—	—	—
15	—	—	—	—	40	—	—	—	—
16	—	—	5	—	41	—	1	—	—
17	—	—	—	—	42	—	—	—	—
18	6	—	—	—	43	—	—	—	—
19	—	—	—	—	44	—	—	—	—
20	—	—	4	—	45	—	—	—	—
21	80	13	—	—	46	—	—	—	—
22	—	—	—	—	47	—	—	—	—
23	—	—	10	—	48	—	—	—	—
24	—	—	—	—	49	—	—	—	—
25	—	—	—	—	50	35	3	—	

表 14 – 15（b）　　良乡一村调查户牲畜家禽饲养状况

拥有农户	生猪	母猪	鸡	其他
农户数（户）	7	7	12	—
比例（%）	14.0	14.0	24.0	—
总拥有量（头）	277	38	104	—
户均拥有量（头）	5.54	0.76	2.08	—
人均拥有量（头）	1.33	0.18	0.50	—

表 14 -16（a）　　良乡一村（国情）调查户生活设施条件与结构状况

序号	饮水状况		炊事材料		序号	饮水状况		炊事材料	
	饮水水源	是否困难	主要	次要		饮水水源	是否困难	主要	次要
1	自来水	不困难	燃气	柴草	26	自来水	不困难	燃气	柴草
2	自来水	不困难	柴草	燃气	27	自来水	不困难	柴草	燃气
3	自来水	不困难	燃气	柴草	28	自来水	不困难	燃气	电
4	自来水	不困难	柴草	燃气	29	自来水	不困难	柴草	燃气
5	自来水	不困难	柴草	燃气	30	自来水	不困难	柴草	煤
6	自来水	不困难	柴草	燃气	31	自来水	不困难	燃气	柴草
7	自来水	不困难	柴草	燃气	32	自来水	不困难	燃气	电
8	自来水	不困难	柴草	燃气	33	自来水	不困难	燃气	柴草
9	自来水	不困难	电	燃气	34	自来水	不困难	燃气	柴草
10	自来水	不困难	燃气	柴草	35	自来水	不困难	燃气	柴草
11	自来水	不困难	燃气	柴草	36	自来水	不困难	燃气	柴草
12	自来水	不困难	燃气	柴草	37	自来水	不困难	柴草	燃气
13	自来水	不困难	燃气	电	38	自来水	不困难	燃气	柴草
14	自来水	不困难	燃气	柴草	39	自来水	不困难	柴草	燃气
15	自来水	不困难	燃气	煤	40	自来水	不困难	燃气	柴草
16	自来水	不困难	燃气	柴草	41	自来水	不困难	燃气	柴草
17	自来水	不困难	燃气	柴草	42	自来水	不困难	燃气	柴草
18	自来水	不困难	燃气	电	43	自来水	不困难	燃气	柴草
19	自来水	不困难	沼气	柴草	44	自来水	不困难	燃气	柴草
20	自来水	不困难	燃气	电	45	自来水	不困难	柴草	燃气
21	自来水	不困难	沼气	柴草	46	自来水	不困难	燃气	柴草
22	自来水	不困难	柴草	燃气	47	自来水	不困难	柴草	燃气
23	自来水	不困难	燃气	柴草	48	自来水	不困难	燃气	柴草
24	自来水	不困难	燃气	柴草	49	自来水	不困难	燃气	柴草
25	自来水	不困难	燃气	柴草	50	自来水	不困难	燃气	柴草

表 14 -16（b）　　良乡一村调查户炊事主要与次要能源结构状况

主要炊事能源	电	柴草	煤气天然气	沼气	其他
农户数（户）	5	29	14	—	2
比例（%）	10.0	58.0	28.0	—	4.0
次要炊事能源	电	柴草	煤气天然气	沼气	其他
农户数（户）	1	14	33	2	—
比例（%）	2.0	28.0	66.0	4.0	—

表 14 – 17（a） 良乡一村（国情）调查户取暖设备状况

序号	火炕	空调	炉子	暖气	其他	序号	火炕	空调	炉子	暖气	其他
1	√	—	√	—	—	26	—	√	√	—	—
2	√	—	√	√	—	27	—	—	√	—	—
3	—	—	√	—	—	28	—	—	√	—	—
4	—	√	√	—	—	29	—	√	√	—	—
5	—	√	√	—	—	30	—	—	√	—	—
6	—	√	√	—	—	31	—	—	√	—	—
7	—	√	√	—	—	32	—	—	√	√	—
8	—	√	√	√	—	33	√	√	√	—	—
9	√	—	√	—	—	34	√	—	√	—	—
10	√	√	√	—	—	35	√	—	—	—	—
11	—	√	√	√	—	36	—	—	√	—	—
12	—	—	√	√	—	37	—	—	√	—	—
13	—	—	√	√	—	38	√	√	—	√	—
14	—	—	√	—	—	39	—	—	√	—	—
15	√	√	√	—	—	40	—	—	√	—	—
16	√	—	—	√	—	41	—	—	√	—	—
17	—	√	√	√	—	42	—	—	√	—	—
18	—	√	√	—	—	43	—	—	√	√	—
19	√	√	√	—	—	44	—	√	√	—	—
20	—	√	√	—	—	45	√	—	√	—	—
21	√	—	√	—	—	46	√	√	√	—	—
22	√	—	√	—	—	47	√	—	√	√	—
23	√	—	√	√	—	48	√	—	√	—	—
24	√	√	—	—	—	49	√	—	√	√	—
25	√	√	—	—	—	50	√	—	√	—	

表 14 –17（b） 良乡一村调查户卫生与取暖设备状况

取暖设施	火炕	炉子	暖气	空调	其他
农户数（户）	22	45	14	21	—
比例（%）	44.0	90.0	28.0	42.0	—

表 14 – 18（a）　良乡一村（国情）调查户卫生条件状况

序号	厕所类型		厕所位置		处理方式		序号	厕所类型		厕所位置		处理方式	
	旱厕	水冲式	室内	院内	卫生	集肥		旱厕	水冲式	室内	院内	卫生	集肥
1	旱厕	水冲式	√	√	√	√	26	旱厕	水冲式	√	√	√	—
2	旱厕	水冲式	√	√	√	—	27	旱厕	—	—	√	—	√
3	旱厕	—	—	√	√	√	28	旱厕	—	—	√	√	
4	旱厕	水冲式	√	√	√	√	29	旱厕	水冲式	√	√		
5	旱厕	—	—	√	—	√	30	旱厕	—	—	√	√	
6	旱厕	—	—	√	√	—	31	旱厕	—	—	√		
7	旱厕	水冲式	√	√	√	√	32	旱厕	水冲式	√	√		
8	旱厕						33	旱厕					
9	旱厕	—	—	√	√	√	34	旱厕	—	—	√		
10	旱厕	水冲式	√	√	√	√	35	旱厕					
11	旱厕	水冲式	√	√	√	√	36	旱厕				√	√
12	旱厕	水冲式	√	√	√	√	37	旱厕					√
13	旱厕	水冲式	√	√	√	√	38	旱厕	水冲式	√			—
14	旱厕	—	—	√	√	√	39	旱厕	—	—	√		
15	旱厕	—	—	√	√	—	40	旱厕	—	—	√		
16	旱厕	水冲式	√	√	√	√	41	旱厕					
17	旱厕	水冲式	√	√	√	√	42	旱厕					
18	旱厕	水冲式	√	√	√	√	43	旱厕					
19	旱厕	—	—	√	√	—	44	旱厕	水冲式	√	√	√	—
20	旱厕	水冲式	√	√	√	√	45	旱厕					
21	旱厕	—	—	√	√	√	46	旱厕					
22	旱厕	水冲式	√	√	√	√	47	旱厕	水冲式	√	√	√	—
23	旱厕	—	—	√	√	√	48	旱厕					
24	旱厕	水冲式	√	√	√	√	49	旱厕	水冲式				
25	旱厕	—	—	√	—	√	50	旱厕	—	—	√	—	√

表 14 – 18（b）　　良乡一村调查户卫生条件状况

厕所类型	旱厕	无厕所	水冲式	厕所位置	室内	院内	院外
农户数（户）	50	—	21	农户数（户）	21	50	—
比例（%）	100.0	—	42.0	比例（%）	42.0	100.0	—
处理方式	管道排放	沼气池	化粪池	农家积肥	无处理		
农户数（户）	14	13	14	35	—		
比例（%）	28.0	26.0	28.0	70.0	—		

表 14 – 19（a）　　良乡一村（国情）调查户固定资产拥有状况

（单位：台、辆、套、元）

序号	大型拖拉机 量	值	小型拖拉机 量	值	播种机及其他 量	值	序号	大型拖拉机 量	值	小型拖拉机 量	值	播种机及其他 量	值
1	—	—	—	—	3	1800	26	—	—	—	—	1	1800
2	—	—	1	1900	—	—	27	—	—	1	2000	1	500
3	—	—	1	1580	1	700	28	—	—	2	9000	—	—
4	—	—	—	—	—	—	29	—	—	1	5200	1	640
5	—	—	—	—	—	—	30	—	—	—	—	—	—
6	—	—	—	—	—	—	31	—	—	2	8000	—	—
7	1	12000	—	—	2	8600	32	—	—	1	5000	—	—
8	—	—	1	7000	2	9100	33	—	—	1	7000	—	—
9	—	—	1	12000	1	700	34	—	—	1	5000	—	—
10	—	—	1	3400	3	840	35	—	—	1	3700	—	—
11	—	—	—	—	4	9900	36	—	—	—	—	1	4000
12	—	—	1	3600	—	—	37	—	—	1	4000	1	380
13	—	—	1	6000	1	4500	38	2	100000	2	10000	5	19012
14	—	—	1	6500	—	—	39	—	—	1	5000	—	—
15	—	—	—	—	—	—	40	—	—	—	—	1	4000
16	—	—	—	—	2	3100	41	—	—	1	7000	—	—
17	—	—	1	5000	1	3400	42	—	—	1	2000	2	3600
18	—	—	1	7100	—	—	43	1	47000	1	4000	—	—
19	—	—	1	5800	3	12300	44	—	—	2	11000	3	4100
20	—	—	1	4500	—	—	45	—	—	1	4600	—	—
21	—	—	2	12000	3	7460	46	1	8800	—	—	2	2160
22	—	—	1	4600	4	4700	47	—	—	1	4500	—	—
23	—	—	—	—	2	7600	48	—	—	2	8000	2	2625
24	—	—	1	4000	3	3400	49	—	—	—	—	—	—
25	—	—	1	5000	2	3730	50	—	—	1	4300	—	—

表 14 – 19（b）　　良乡一村调查户固定资产拥有状况

拥有农户	大型拖拉机 数量	价值	小型拖拉机 数量	价值	播种机及其他设备 数量	价值
农户数（户）	4	—	35	—	27	—
比例（%）	8.0	—	70.0	—	54.0	—
总拥有量（台）	5	167800	41	199280	57	124647
户均拥有量（台）	0.10	3356	0.82	3985.6	1.14	2492.9

表 14 - 20（a） 良乡一村（国情）调查户耕地面积状况 （单位：亩）

序号	承包面积	调整面积		经营面积	播种面积	序号	承包面积	调整面积		经营面积	播种面积
		调入	调出					调入	调出		
1	15	—	7.5	7.5	14	26	7	—	—	7	14
2	6.8	—	—	6.8	13.6	27	3	—	—	3	6
3	4	—	—	4	8	28	12	—	—	12	24
4	8.5	—	8.5	—	—	29	6.75	—	—	6.75	13.5
5	1.7	—	1.7	—	—	30	5.5	—	—	5.5	11
6	4	—	4	—	—	31	6	39	—	45	74
7	10	—	—	10	19	32	7	13	—	20	25
8	7	51	—	58	84	33	6	12	—	18	36
9	5	5.1	—	10.1	12	34	3.2	—	—	3.2	6.4
10	7.2	—	—	7.2	14.2	35	7	8	—	15	28
11	10	26	—	36	53	36	10	—	—	10	20
12	5	5	—	10	20	37	10	—	—	10	19
13	9	12	—	21	42	38	80	50	—	130	250
14	4	—	—	4	8	39	7	4	—	11	22
15	3.2	—	3.2	—	—	40	5	—	—	5	10
16	4	—	—	4	5.8	41	6	3.5	—	9.5	21
17	5	—	—	5	12	42	7	7	—	14	22
18	8	5	—	13	25	43	8	7	—	15	39
19	6	—	—	6	12.5	44	12	28	—	40	76
20	9	1	—	10	12	45	8.5	—	—	8.5	13.5
21	6	4	—	10	30	46	7	23	—	30	65.5
22	6.8	16.2	—	23	46	47	8	—	—	8	16
23	8	—	—	8	13.5	48	7.3	—	—	7.3	11.5
24	7	31	—	38	68	49	3.4	—	3.4	—	—
25	7	3	—	10	12	50	7	8	—	15	25

表 14 - 20（b） 良乡一村调查户耕地面积状况

经营耕地	5 亩以下	5.1—10 亩	10.1—15 亩	15.1—20 亩	20 亩以上
农户数（户）	10	21	8	2	9
比例（%）	20.0	42.0	16.0	4.0	18.0
播种面积	10 亩以下	10.1—20 亩	20.1—30 亩	30.1—40 亩	40 亩以上
农户数（户）	10	20	9	2	9
比例（%）	20.0	40.0	18.0	4.0	18.0

表14-21（a）　良乡一村（国情）调查户种植结构与产量

（单位：亩、公斤）

序号	粮食作物		其他作物		序号	粮食作物		其他作物	
	播种	产量	播种	产量		播种	产量	播种	产量
1	10	6500	2	600	26	3	1500	11	46000
2	8.3	4900	5.3	13250	27	4	1900	2	6000
3	2	1000	6	15600	28	6	3600	18	78000
4	—	—	—	—	29	6.75	4050	6.75	18562.5
5	—	—	—	—	30	4	2300	7	23200
6	—	—	—	—	31	35	17500	39	89000
7	9	4950	10	23375	32	5	3000	15	60000
8	40	22000	44	142700	33	—	—	36	112000
9	6	3000	6	14800	34	3.2	1950	3.2	11200
10	5	3000	9.2	34580	35	—	—	28	119000
11	19	10400	34	122000	36	6	3000	14	110500
12	5	2500	15	62500	37	10	5900	9	33000
13	13	6500	29	168000	38	100	60000	150	463000
14	3.9	1950	4.1	9025	39	11	5900	11	20900
15	—	—	—	—	40	5	2500	5	11250
16	3	1650	2.8	7000	41	2	1000	19	99000
17	—	—	12	42500	42	6	4200	16	91000
18	4	1500	21	50000	43	7	4200	32	76550
19	2.5	1500	10	47000	44	32	14800	44	108200
20	5	3000	7	43000	45	4.5	2925	9	39350
21	13	9750	17	43300	46	20	15000	45.5	174000
22	19	11400	27	52000	47	8	4800	8	22000
23	5.5	3300	8	15550	48	1.5	900	10	53000
24	44	21300	24	51000	49	—	—	—	—
25	—	—	12	42700	50	10	6000	15	60000

表14-21（b）　　良乡一村调查户耕地与种植状况

（单位：亩、公斤）

	粮食作物		非粮食作物	
	种植面积	产量	种植面积	产量
合计	507.15	287025	865.85	2925192.5
户均	10.14	5740.5	17.18	58503.85
人均	2.44	1379.93	4.13	14063.43

表 14 – 22（a）　良乡一村（国情）调查户农产品产量与销量

（单位：公斤）

序号	粮食作物		其他作物		序号	粮食作物		其他作物	
	产量	销量	产量	销量		产量	销量	产量	销量
1	6500	6000	600	600	26	1500	1500	46000	46000
2	4900	3000	13250	17000	27	1900	900	6000	6000
3	1000	—	15600	13600	28	3600	3600	78000	78000
4	—	—	—	—	29	4050	2000	18563	15000
5	—	—	—	—	30	2300	2000	23200	22200
6	—	—	—	—	31	17500	18000	89000	55000
7	4950	4850	23375	23125	32	3000	3000	60000	60000
8	22000	18000	142700	141700	33	—	—	112000	68000
9	3000	2200	14800	14300	34	1950	1800	11200	11000
10	3000	3000	34580	30080	35	—	4200	119000	119000
11	10400	3500	122000	106000	36	3000	3000	110500	60500
12	2500	2400	62500	57500	37	5900	5500	33000	33000
13	6500	5000	168000	103000	38	60000	—	463000	463000
14	1950	1000	9025	9025	39	5900	5300	20900	20900
15	—	—	—	—	40	2500	1500	11250	11250
16	1650	1500	7000	7000	41	1000	1000	99000	99000
17	—	—	42500	40000	42	4200	4200	91000	91000
18	1500	—	50000	50000	43	4200	4200	76550	75800
19	1500	2500	47000	44000	44	14800	12000	108200	108200
20	3000	1500	43000	43000	45	2925	2925	39350	39350
21	9750	—	43300	20800	46	15000	15000	174000	174000
22	11400	11560	52000	50000	47	4800	4800	22000	12000
23	3300	2750	15550	17750	48	900	600	53000	53000
24	21300	21100	51000	51000	49	—	—	—	—
25	—	—	42700	42700	50	6000	—	60000	60000

表 14 – 22（b）　良乡一村调查户产量与销量状况　（单位：公斤）

	粮食作物		非粮食作物	
	产量	销量	产量	销量
合计	287025	186885	2925192.5	2663380
户均	5740.5	3737.7	58503.85	53267.6
人均	1379.93	898.49	14063.43	12804.72

表 14-23（a） 良乡一村（国情）调查户农产品销售渠道

（单位：公斤）

序号	销售数量	合作组织	商贩收购	销售企业	市场其他	序号	销售数量	合作组织	商贩收购	销售企业	市场其他
1	6600	—	6000	—	600	26	47500	9600	14300	14000	9600
2	20000	—	3000	17000	—	27	6900	—	900	6000	—
3	13600	3000	4000	3000	3600	28	81600	14400	22800	30000	14400
4	—	—	—	—	—	29	17000	—	2000	15000	—
5	—	—	—	—	—	30	24200	2160	4880	15000	2160
6	—	—	—	—	—	31	73000	4500	24000	40000	4500
7	27975	900	1200	20000	5875	32	63000	13500	21000	15000	13500
8	159700	24000	50000	60000	25700	33	68000	6000	8000	48000	6000
9	16500	—	2000	14000	500	34	12800	—	1800	11000	—
10	33080	3000	7000	20000	3080	35	123200	22500	34200	24000	42500
11	109500	22800	33900	30000	22800	36	63500	10650	17200	25000	10650
12	59900	11250	17400	20000	11250	37	38500	3600	10300	21000	3600
13	108000	18900	28200	40000	20900	38	463000	30000	40000	360000	33000
14	10025	—	1000	9000	25	39	26200	—	5300	20000	900
15	—	—	—	—	—	40	12750	—	1500	11250	—
16	8500	—	1500	7000	—	41	100000	19500	27000	29000	24500
17	40000	9000	12000	10000	9000	42	95200	21000	32200	21000	21000
18	50000	7500	—	35000	7500	43	80000	6000	12200	43000	18800
19	46500	32000	2500	12000	—	44	120200	9000	24000	75000	12200
20	44500	10200	15100	9000	10200	45	42275	8700	14525	10350	8700
21	20800	3000	4000	10000	3800	46	189000	25200	48600	90000	25200
22	61560	—	11560	40000	10000	47	16800	—	4800	12000	—
23	20500	1200	4350	13750	1200	48	53600	12000	16600	8000	17000
24	72100	2000	23100	45000	2000	49	—	—	—	—	—
25	42700	9000	12000	8000	13700	50	60000	12000	16000	20000	12000

表 14-23（b） 良乡一村调查户农产品销售渠道

	销售数量	合作组织	商贩收购	销售企业	市场其他
农户数（户）	45	34	44	34	37
比重（%）	90.0	68.0	88.0	68.0	74.0
调查户销售量（公斤）	2850265	388060	643915	1386350	431940
比重（%）	—	13.61	22.59	48.64	15.15
户均销售量（公斤）	57005.3	7761.2	12878.3	27727	8638.8
人均销售量（公斤）	13703.2	1865.7	3095.3	6665.1	2076.6

表 14-24（a）　　良乡一村（国情）调查户农业机械化程度

（单位：亩、公斤、人）

序号	经营面积	播种面积	大棚面积	机耕面积	机播面积	机电灌溉	机收面积	地膜覆盖	化肥用量	雇工人数
1	7.5	14	—	3	7	3	7	—	700	4
2	6.8	13.6	—	6.8	6.8	—	—	—	680	—
3	4	8	—	4	4	2	4	4	800	5
4·	—	—	—	—	—	—	—	—	—	—
5	—	—	—	—	—	—	—	—	—	—
6	—	—	—	—	—	—	—	—	—	—
7	10	19	—	10	10	10	—	9.5	1000	5
8	58	84	7	58	58	30	40	30	5000	15
9	10.1	12	—	10	10	10	10	10	700	4
10	7.2	14.2	—	7	7	7	7	7	700	2
11	36	53	10	36	36	36	36	15	4000	10
12	10	20	—	10	10	10	—	10	1000	—
13	21	42	6	21	21	21	—	21	1200	—
14	4	8	—	4	4	4	—	4	400	—
15	—	—	—	—	—	—	—	—	—	—
16	4	5.8	—	4	4	4	4	2	530	6
17	5	12	2.7	5	5	—	—	5	1500	8
18	13	25	2.7	13	13	13	13	10	1000	5
19	6	12.5	—	6	6	5	—	6	400	7
20	10	12	4.5	10	10	10	10	15	1000	5
21	10	30	6	10	10	10	10	13	1600	1
22	23	46	15	23	23	23	—	20	4000	5
23	8	13.5	2.5	8	8	8	8	8	1600	3
24	38	68	—	38	38	38	36	22	6000	5
25	10	12	10	10	10	2	4	6	1500	4

续表

序号	经营面积	播种面积	大棚面积	机耕面积	机播面积	机电灌溉	机收面积	地膜覆盖	化肥用量	雇工人数
26	7	14	—	7	7	7	7	7	1100	6
27	3	6	—	3	3	3	2	2	500	4
28	12	24	6	12	12	12	—	12	1000	—
29	6.75	13.5	—	6	6	6	4	4	600	3
30	5.5	11	—	5.5	5.5	5.5	—	5.5	600	—
31	45	74	—	45	45	45	—	37	5000	18
32	20	25	12	20	20	20	—	20	3000	6
33	18	36	4.5	18	18	18	—	29	—	4
34	3.2	6.4	—	3.2	3.2	3.2	3.2	3.2	500	3
35	15	28	5.4	15	15	15	15	15	1000	—
36	10	20	3	10	10	10	—	10	1000	6
37	10	19	—	10	10	10	4	8	400	5
38	130	250	—	130	130	130	130	130	20000	10
39	11	22	2.7	11	11	11	—	8	1000	2
40	5	10	—	5	5	5	5	5	1250	1
41	9.5	21	7.5	9.5	9.5	9.5	—	7.5	400	4
42	14	22	8.1	14	14	14	14	14	2000	2
43	15	39	2.7	15	15	15	—	15	1000	3
44	40	76	—	40	40	40	40	30	6000	5
45	8.5	13.5	5.4	8.5	8.5	8.5	8.5	8.5	2200	3
46	30	65.5	7	30	30	30	30	10	1680	1
47	8	16	—	8	8	8	8	8	800	4
48	7.3	11.5	5.4	7.3	7.3	2	4	4	1700	4
49	—	—	—	—	—	—	—	—	—	—
50	15	25	2.7	15	15	10	12	12	2000	—

表 14-24 (b) 良乡一村调查户农业生产机械化程度

（单位：亩、公斤、人）

	经营面积	播种面积	大棚面积	机耕面积	机播面积	机电灌溉	机收面积	地膜覆盖	化肥用量	雇工人数
合计	750.35	1373	138.8	744.8	748.8	683.7	475.7	622.2	90040	188
户均	15.0	27.5	2.7	14.9	14.98	13.67	9.51	12.4	1800	3.76
人均	3.61	6.61	0.67	3.58	3.60	3.29	2.29	2.99	432.9	0.90

表 14 – 25（a）　　良乡一村（国情）赵伯乐十年年农业生产投入状况

（单位：元）

年份	合计	种子	化肥	农药	地膜	有机肥	雇工	其他
2004	6335	1818.5	1961	239	192	914.5	—	1210
2005	6347	1815	2890	202	200	860	250	130
2006	6780.5	1933.5	1440	80	267	1270	1100	690
2007	6933	2538	1812	158	390	1600	90	345
2008	11759	2913	4470	260	374	2820	240	682
2009	6515	1445	2989	183	98	1460	140	200
2010	9985	2416	3165	200	100	2200	1300	604
2011	10085	3200	4095	120	150	1360	590	570
2012	10801	2543	2520	394	464	1630	2600	650
2013	15334	2430	5060	530	484	3360	2730	740

表 14—25（b）　　良乡一村赵伯乐十年年订单农业（土豆）生产投入状况

（单位：元）

年份	亩均	种子	化肥	农药	地膜	有机肥	雇工	其他
2004	400	741.5	355	77	100	300.5	—	50
2005	491.1	786	684	50	200	360	—	130
2006	476	785	520	35	90	520	100	90
2007	469.4	1069	955	67	130	600	90	140
2008	663.2	1368	1220	70	140	800	120	250
2009	696.9	1275	1222	65	98	1220	140	150
2010	941.8	1851	1275	200	126	1100	1300	270
2011	1094.6	1600	1885	120	150	1360	1500	500
2012	1208.8	2343	1340	94	220	1310	2000	550
2013	1400.1	2430	1830	70	244	1680	2576	270

表 14－26（a）　　2012 年良乡一村（国情）调查户农业生产效率

（单位：元）

序号	小麦玉米粮食作物					土豆蔬菜经济作物				
	机械作业	劳动数量	种子支出	农药化肥	其他支出	机械作业	劳动数量	种子支出	农药化肥	其他支出
1	175	3	31.5	217.5	40	—	—	—	—	—
2	30	9	22.5	250	—	15	10	330	450	35
3	195	1	20	470	—	94.5	4	185	540	97.5
4	—	—	—	—	—	—	—	—	—	—
5	—	—	—	—	—	—	—	—	—	—
6	—	—	—	—	—	—	—	—	—	—
7	110	5	60	190	—	100	3.8	195	275	150
8	180	3	60	240	100	160	4.5	215	250	65
9	170	1.5	25	390	100	195	4	330	530	180
10	150	6	50	180	100	165	4	175	350	125
11	170	3.5	18.8	302.5	—	180	4.5	195	1095	105
12	100	6	40	190	120	100	6.5	202.5	510	135
13	90	3	40	190	—	90	3	217.5	510	135
14	100	6	50	190	120	100	6	180	460	150
15	—	—	—	—	—	—	—	—	—	—
16	100	10	50	190	120	80	8	300	390	150
17	—	—	—	—	—	80	10	195	220	115
18	200	5	50	120	—	155	7.5	195	300	80
19	100	2	50	230	100	110	2.5	195	440	115
20	200	3	50	350	100	195	4	225	175	100
21	120	3	30	305	—	20	2.8	177.5	540	120
22	240	2	22.5	215	100	60	3	330	590	130
23	130	10	15	220	80	205	8.5	213	550	117.5
24	160	9	22.5	225	80	150	11	187.5	585	117.5
25	—	—	—	—	—	27.5	8.5	177.5	625	150
26	210	3	25	220	100	205	5	255	432.5	100
27	120	2	40	222.5	—	70	6	330	200	130
28	100	3	50	190	120	100	3	217.5	560	135
29	180	3	50	200	120	170	3	330	500	120
30	110	5	50	350	30	150	5.5	190	525	140

续表

序号	小麦玉米粮食作物					土豆蔬菜经济作物				
	机械作业	劳动数量	种子支出	农药化肥	其他支出	机械作业	劳动数量	种子支出	农药化肥	其他支出
31	100	7	35	190	120	150	6	202.5	500	135
32	180	4	60	200	—	155	6	225	300	100
33	—	—	—	—	—	140	6	200	600	100
34	135	10	40	200	—	180	6	268	430	135
35	—	—	—	—	—	110	4	190	300	80
36	105	5	50	200	—	105	7.5	215	530	115
37	160	2	30	365	—	140	3.5	190	435	115
38	100	4	30	220	100	37.5	4.5	185	585	117.5
39	100	4.5	49	274	120	100	6	330	480	150
40	190	9	15	230	100	140	10	330	530	135
41	100	7	40	190	120	100	6	210	560	135
42	130	4	50	120	80	105	6	230	300	80
43	100	6	50	190	120	105	7.5	230	325	120
44	160	4	30	210	120	145	4.5	185	585	137.5
45	60	10	15	320	—	90	11.5	225	625	135
46	140	5	60	120	130	70	4	215	379	125
47	180	10	21	190	120	120	10	345	580	130
48	60	2	30	280	—	27.5	9	225	830	115
49	—	—	—	—	—	—	—	—	—	—
50	135	4	30	240	—	47.5	6	355	542.5	30

表 14 – 26（b）　　2012 年良乡一村调查户农业生产效率　　（单位：元）

	小麦玉米粮食作物（亩均）投入				土豆蔬菜经济作物（亩均）投入			
	投入	比重	最高	最低	投入	比重	最高	最低
机械作业	135.98	28.47	240	30	114.65	12.06	205	15
劳动数量	4.98	1.05	10	1	5.97	0.63	11.5	2.5
种子支出	37.99	7.95	60	10	234.06	24.63	355	175
农药化肥	233.81	48.95	470	120	477.71	50.27	1095	175
其他支出	64.87	13.58	130	30	117.89	12.41	180	30
合计	477.63	100.0	—	—	950.28	100	—	—

表 14 – 27 （a） 良乡一村（国情）调查户农业从业人员状况

（单位：人）

序号	劳动力	从业人员	性别结构		序号	劳动力	从业人员	性别结构	
			男性	女性				男性	女性
1	6	2	1	1	26	3	—	—	—
2	4	2	1	1	27	2	2	1	1
3	—	—	—	—	28	3	4	2	2
4	3	—	—	—	29	3	1	1	—
5	—	—	—	—	30	3	1	—	1
6	2	—	—	—	31	2	2	1	1
7	4	4	2	2	32	3	2	1	1
8	2	2	1	1	33	4	2	1	1
9	4	2	1	1	34	4	2	1	1
10	3	1	1	—	35	3	2	1	1
11	3	2	1	1	36	5	2	1	1
12	3	2	1	1	37	4	4	2	2
13	4	2	1	1	38	3	3	1	2
14	4	2	1	1	39	2	1	1	—
15	—	—	—	—	40	3	1	1	—
16	—	—	—	—	41	3	2	1	1
17	4	2	1	1	42	4	3	2	1
18	3	2	1	1	43	2	2	1	1
19	3	—	—	—	44	3	2	1	1
20	4	2	1	1	45	3	2	1	1
21	4	2	1	1	46	2	2	1	1
22	3	2	1	1	47	4	2	1	1
23	3	2	1	1	48	4	2	1	1
24	3	—	—	—	49	2	—	—	—
25	3	2	1	1	50	4	2	1	1

表 14 – 27 （b） 良乡一村调查户农业从业人员状况

农业从业结构	数量	男性		女性	
总劳动力数（人）	150	74		76	
农业从业数（人）	83	43		40	
户均农业从业数	0 人	1 人	2 人	3 人	4 人
农户数（户）	10	5	30	2	3
比例（%）	20.0	10.0	60.0	4.0	6.0

表 14 – 28（a）　　良乡一村（国情）调查户农业从业人员性别与年龄结构

（单位：人）

序号	数量	性别结构		年龄结构		序号	数量	性别结构		年龄结构	
		男	女	16—45 岁	46—60 岁			男	女	16—45 岁	46—60 岁
1	2	1	1	—	—	26	—	—	—	—	—
2	2	1	1	—	—	27	2	1	1	—	2
3	—	—	—	—	—	28	4	2	2	2	2
4	—	—	—	—	—	29	1	1	—	—	1
5	—	—	—	—	—	30	1	—	1	—	1
6	—	—	—	—	—	31	2	1	1	—	2
7	4	2	2	2	2	32	2	1	1	—	2
8	2	1	1	2	—	33	2	1	1	—	2
9	2	1	1	—	2	34	2	1	1	—	2
10	1	1	—	—	1	35	2	1	1	—	2
11	2	1	1	2	—	36	2	1	1	—	2
12	2	1	1	2	—	37	4	2	2	3	1
13	2	1	1	—	2	38	3	1	2	2	1
14	2	1	1	—	2	39	1	1	—	1	—
15	—	—	—	—	—	40	1	1	—	1	—
16	—	—	—	—	—	41	2	1	1	—	2
17	2	1	1	—	2	42	3	2	1	1	2
18	2	1	1	—	2	43	2	1	1	2	—
19	—	—	—	—	—	44	2	1	1	—	2
20	2	1	1	—	2	45	2	1	1	1	1
21	2	1	1	2	—	46	2	1	1	2	—
22	2	1	1	1	1	47	2	1	1	—	2
23	2	1	1	—	2	48	2	1	1	—	2
24	—	—	—	—	—	49	—	—	—	—	—
25	2	1	1	2	—	50	2	1	1	—	2

表 14 – 28（b）　良乡一村调查户农业从业人员年龄结构

	16—45 岁	46—60 岁
农业从业数（人）	28	55
比例（%）	33.73	66.27

表 14－29（a）　　良乡一村（国情）调查户农业从业人员文化状况

（单位：人）

序号	数量	小学	初中	高中	大专及以上	序号	数量	小学	初中	高中	大专及以上
1	2	2	—	—	—	26	—	—	—	—	—
2	2	2	—	—	—	27	2	1	1	—	—
3	—	—	—	—	—	28	4	4	—	—	—
4	—	—	—	—	—	29	1	—	1	—	—
5						30	1	1	—	—	—
6	—	—	—	—	—	31	2	—	2	—	—
7	4	1	3	—	—	32	2	—	2	—	—
8	2	—	—	2	—	33	2	1	1	—	—
9	2	—	2	—	—	34	2	2	—	—	—
10	1	1	—	—	—	35	2	2	—	—	—
11	2	—	2	—	—	36	2	—	1	1	—
12	2	—	2	—	—	37	4	1	3	—	—
13	2	—	2	—	—	38	3	1	1	—	1
14	2	1	1	—	—	39	1	—	—	1	—
15	—	—	—	—	—	40	1	—	—	1	—
16						41	2	1	1	—	—
17	2	1	1	—	—	42	3	2	1	—	—
18	2	1	1	—	—	43	2	—	2	—	—
19	—	—	—	—	—	44	2	2	—	—	—
20	2	2	—	—	—	45	2	1	—	1	—
21	2	2	—	—	—	46	2	—	2	—	—
22	2	—	1	1	—	47	2	—	2	—	—
23	2	—	2	—	—	48	2	1	1	—	—
24	—					49	—	—	—	—	—
25	2	2	—	—	—	50	2	—	2	—	—

表 14－29（b）　良乡一村调查户农业从业人员文化结构

劳动力性别	小学及以下	初中	高中	大专及以上
劳力数（人）	36	41	5	1
比例（%）	43.37	49.4	6.02	1.20

表 14－30（a）　良乡一村（国情）调查户非农从业人员状况

（单位：人）

序号	劳动力	从业人员	性别结构		序号	劳动力	从业人员	性别结构	
			男性	女性				男性	女性
1	6	2	1	1	26	3	2	1	1
2	4	4	2	2	27	2	—	—	—
3	—	3	2	1	28	3	1	—	1
4	3	—	—	—	29	3	2	1	1
5	—	—	—	—	30	3	2	1	1
6	2	2	1	1	31	2	—	—	—
7	4	2	1	1	32	3	1	1	—
8	2	—	—	—	33	4	1	—	1
9	4	1	1	—	34	4	3	2	1
10	3	2	1	1	35	3	1	—	1
11	3	1	1	—	36	5	2	1	1
12	3	1	1	—	37	4	3	2	1
13	4	2	1	1	38	3	1	1	—
14	4	2		2	39	2	1	1	—
15	—	—	—	—	40	3	2	1	1
16	—	1	1	—	41	3	1	1	—
17	4	1	1	—	42	4	—	—	—
18	3	1	—	1	43	2	—	—	—
19	3	2	1	1	44	3	2	1	1
20	4	3	1	2	45	3	1	1	—
21	4	1	—	1	46	2	—	—	—
22	3	1	1	—	47	4	2	1	1
23	3	1	1	—	48	4	1	—	1
24	3	1	1	—	49	2	2	1	1
25	3	—	—	—	50	4	2	1	1

表 14－30（b）　良乡一村调查户非农业从业人员状况

农业从业结构	数量		男性	女性	
总劳动力数（人）	150		74	76	
非农从业数（人）	67		37	30	
户均非农从业数	0 人	1 人	2 人	3 人	4 人	5 人及以上
农户数（户）	10	19	16	4	1	—
比例（％）	20.0	38.0	32.0	8.0	2.0	—

表 14－31（a）　　良乡一村（国情）调查户非农从业人员性别与年龄结构

（单位：人）

序号	数量	性别结构		年龄结构			序号	数量	性别结构		年龄结构		
		男	女	16—35 岁	36—45 岁	46—65 岁			男	女	16—35 岁	36—45 岁	46—65 岁
1	2	1	1	—	2	—	26	2	1	1	—	2	—
2	4	2	2	2	2	—	27	—	—	—	—	—	—
3	3	2	1	—	2	1	28	1	—	1	1	—	—
4	—	—	—	—	—	—	29	2	1	1	2	—	—
5	—	—	—	—	—	—	30	2	1	1	2	—	—
6	2	1	1	1	1	—	31	—	—	—	—	—	—
7	2	1	1	2	—	—	32	1	1	—	—	1	—
8	—	—	—	—	—	—	33	1	—	1	1	—	—
9	1	1	—	1	—	—	34	3	2	1	2	1	—
10	2	1	1	2	—	—	35	1	—	1	1	—	—
11	1	1	—	1	—	—	36	2	1	1	2	—	—
12	1	1	—	1	—	—	37	3	2	1	3	—	—
13	2	1	1	1	1	—	38	1	—	1	—	1	—
14	2	—	2	2	—	—	39	1	1	—	1	—	—
15	—	—	—	—	—	—	40	2	1	1	—	2	—
16	1	1	—	—	—	1	41	1	1	—	1	—	—
17	1	1	—	1	—	—	42	—	—	—	—	—	—
18	1	—	1	1	—	—	43	—	—	—	—	—	—
19	2	1	1	—	2	—	44	2	1	1	—	2	—
20	3	1	2	2	1	—	45	1	1	—	—	1	—
21	1	—	1	—	1	—	46	—	—	—	—	—	—
22	1	1	—	—	1	—	47	2	1	1	—	2	—
23	1	1	—	—	1	—	48	1	—	1	1	—	—
24	1	1	—	—	1	—	49	2	1	1	—	—	2
25	—	—	—	—	—	—	50	2	1	1	2	—	—

表 14－31（b）　良乡一村调查户农业从业人员年龄结构

	16—35 岁	36—45 岁	46 岁及以上
非农从业数（人）	37	26	4
比例（%）	55.22	38.81	5.97

表 14 – 32（a）　良乡一村（国情）调查户非农从业人员文化状况

（单位：人）

序号	数量	小学	初中	高中	大专及以上	序号	数量	小学	初中	高中	大专及以上
1	2	1	—	1	—	26	2	—	2	—	—
2	4	—	2	—	2	27	—	—	—	—	—
3	3	—	3	—	—	28	1	—	1	—	—
4	—	—	—	—	—	29	2	—	—	1	1
5	—	—	—	—	—	30	2	—	2	—	—
6	2	—	—	2	—	31	—	—	—	—	—
7	2	—	2	—	—	32	1	—	1	—	—
8	—	—	—	—	—	33	—	—	—	—	1
9	1	—	—	—	1	34	3	1	—	—	2
10	2	—	1	1	—	35	1	—	—	1	—
11	1	—	1	—	—	36	2	—	1	—	1
12	1	—	—	1	—	37	3	—	3	—	—
13	2	—	1	1	—	38	1	—	—	—	1
14	2	—	—	—	2	39	1	—	—	1	—
15	—	—	—	—	—	40	2	—	2	—	—
16	1	1	—	—	—	41	1	—	1	—	—
17	1	—	—	—	8	42	—	—	—	—	—
18	1	—	—	1	—	43	—	—	—	—	—
19	2	—	2	—	—	44	2	2	—	—	—
20	3	1	2	—	—	45	1	1	—	—	—
21	1	—	1	—	—	46	—	—	—	—	—
22	1	—	1	—	—	47	2	—	2	—	—
23	1	—	1	—	—	48	1	—	—	—	1
24	1	—	1	—	—	49	2	—	2	—	—
25	—	—	—	—	—	50	2	—	—	1	1

表 14 – 32（b）　良乡一村调查户非农从业人员文化结构

劳动力性别	文盲半文盲	小学	初中	高中	大专及以上
劳力数（人）	0	7	35	11	14
比例（%）	0.0	10.45	52.24	16.42	20.89

表 14-33（a）　良乡一村（国情）调查户家庭收入情况　（单位：元）

序号	总收入额	经营收入	工资收入	财产收入	转移收入	序号	总收入额	经营收入	工资收入	财产收入	转移收入
1	121340	35000	75000	9000	2340	26	60930	20000	40000	—	930
2	112840	27000	—	—	85840	27	10520	10000	—	—	520
3	29160	25000	—	—	4160	28	51560	25000	25000	—	1560
4	92360	—	80000	10200	2160	29	110780	30000	80000	—	780
5	7040	—	—	2040	5000	30	60780	10000	50000	—	780
6	46880	10000	30000	4800	2080	31	64030	60000	—	3250	780
7	70560	20000	49000	—	1560	32	186780	150000	36000	—	780
8	71500	70000	—	—	1500	33	61040	60000	—	—	1040
9	80280	55000	24000	—	1280	34	36940	36420	—	—	520
10	106850	34900	70000	—	1950	35	82300	45000	36000	—	1300
11	126780	90000	36000	—	780	36	76040	25000	50000	—	1040
12	50780	20000	24000	6000	780	37	110560	40000	68000	—	2560
13	114300	75000	38000	—	1300	38	629600	600000	14900	—	14700
14	85780	25000	60000	—	780	39	29140	10000	18000	—	1140
15	17560	—	—	3840	13720	40	82880	66500	15600	—	780
16	22290	11550	9600	—	1140	41	100800	60000	40000	—	800
17	179080	75000	100000	3300	780	42	93210	90000	—	1650	1560
18	93300	68000	24000	—	1300	43	86040	85000	—	—	1040
19	54540	23500	30000	—	1040	44	73440	62000	—	10000	1440
20	99300	65000	33000	—	1300	45	54080	50000	3000	—	1080
21	179040	148000	30000	—	1040	46	107000	105440	—	—	1560
22	72540	57500	5000	5000	5040	47	65040	64000	—	—	1040
23	61705	30035	30835	—	835	48	30540	29500	—	—	1040
24	129960	98920	30000	—	1040	49	30520	30000	—	—	520
25	63280	60000	—	—	3280	50	136080	80000	55200	—	880

表 14-33（b）　　良乡一村调查户家庭收入来源结构

	经营性收入	工资性收入	财产性收入	转移性收入
收入额（元）	2968265	1310135	59080	182195
比重（%）	65.67	29.00	1.30	4.03

表 14 - 34 （a） 良乡一村（国情）调查户人均纯收入情况

（单位：元）

序号	总纯收入	人均纯收入	序号	总纯收入	人均纯收入
1	115220	12802.2	26	50930	10186
2	106196	15170.9	27	5520	2760
3	21760	7253.3	28	33560	5593.3
4	92360	18472	29	97280	16213.3
5	7040	7040	30	54780	18260
6	46880	9376	31	54030	18010
7	55560	9260	32	111780	37260
8	41500	13833.3	33	41040	10260
9	44380	11095	34	28819	5763.8
10	94919	18983.8	35	67300	16825
11	82180	27292.2	36	71040	11840
12	40780	13593.3	37	95130	15855
13	64300	12860	38	229600	45920
14	73780	18445	39	9140	3046.7
15	17560	8780	40	62180	20726.7
16	16942	8471	41	74800	24933.3
17	164080	41020	42	73210	14642
18	50100	10020	43	54040	13510
19	32610	8152.5	44	23440	5860
20	84300	16860	45	44080	11020
21	80680	16136	46	57730	14432.5
22	32540	8135	47	41040	10260
23	35705	11901.7	48	17740	4435
24	64542	12908.4	49	30520	15260
25	33280	8320	50	112080	28020

表 14 - 34 （b） 良乡一村调查户户均与人均收入构成状况

人均纯收入构成	5000 元及以下	5001—10000 元	10001—15000 元	15001—20000 元	20000 元以上
农户数（户）	3	12	16	12	7
比重（%）	6.0	24.0	32.0	24.0	14.0
户均纯收入构成	10000 元及以下	10000—50000 元	50001—100000 元	100000 元以上	
农户数（户）	3	19	22	6	
比重（%）	6.0	38.0	44.0	12.0	
户均收入构成	10000 元及以下	10000—50000 元	50001—100000 元	100000 元以上	
农户数（户）	1	9	25	15	
比重（%）	2.0	18.0	50.0	30.0	

表 14 - 35（a）　良乡一村（国情）调查户家庭支出情况　（单位：元）

序号	总收支出	经营成本	生活消费	财产支出	转移支出	序号	总收支出	经营成本	生活消费	财产支出	转移支出
1	81004	6120	64884	—	10000	26	37701	10000	24701	—	3000
2	26029	6644	16385	—	3000	27	16836	5000	11836	—	1000
3	26170	7400	18770	—	—	28	41360	18000	22360	—	1000
4	46120	—	44120	—	2000	29	35000	13500	18500	—	3000
5	3720	—	3120	—	600	30	18395	6000	12395	—	—
6	16040	—	12040	—	4000	31	129715	100000	23715	—	6000
7	31620	15000	16020	—	600	32	100805	75000	19805	—	6000
8	60620	30000	30620	—	—	33	41800	20000	21800	—	—
9	64144	35900	13244	—	15000	34	30965	8121	18344	—	4500
10	56221	11931	44290	—	—	35	30355	15000	13355	—	2000
11	60250	44600	15650	—	—	36	15250	5000	8250	—	2000
12	26919	10000	15319	—	1600	37	45550	15430	30120	—	—
13	74435	50000	21935	—	2500	38	465329	400000	63329	—	2000
14	22445	12000	8945	—	1500	39	30365	20000	9065	—	1300
15	11030	—	11030	—	—	40	61385	20700	40185	—	500
16	18363	5348	13015	—	—	41	48525	26000	20525	—	2000
17	49895	15000	28895	—	6000	42	41875	20000	21275	—	600
18	67885	43200	21685	—	3000	43	48865	32000	15665	—	1200
19	43062	21930	21132	—	—	44	116739	50000	66739	—	—
20	40715	15000	24715	—	1000	45	61435	10000	50435	—	1000
21	140060	98360	28790	12910	—	46	74787	49270	25517	—	—
22	76000	40000	26000	—	10000	47	48740	24000	23740	—	1000
23	61175	26000	34175	—	1000	48	30025	12800	17225	—	—
24	104991	65418	38573	—	1000	49	26120	—	21120	—	5000
25	59254	30000	29254	—	—	50	38871	24000	14871	—	—

表 14 - 35（b）　　良乡一村调查户消费结构状况

户均支出构成	经营成本	生活消费	财产支出	转移支出
支出额（元）	1479672	1217478	12910	104900
比重（%）	54.03	41.91	0.45	3.61

表 14-36（a） 良乡一村（国情）调查户家庭支出情况 （单位：元）

序号	总收支出	人均支出	生活消费	人均生活消费	序号	总收支出	人均支出	生活消费	人均生活消费
1	81004	9000.4	64884	7209.3	26	37701	7540.2	24701	4940.2
2	26029	3718.4	16385	2340.7	27	16836	8418	11836	5918
3	26170	8723.3	18770	6256.7	28	41360	6893.3	22360	3726.7
4	46120	9224	44120	8824	29	35000	5833.3	18500	3083.3
5	3720	3720	3120	3120	30	18395	6131.6	12395	4131.7
6	16040	3208	12040	2408	31	129715	13238.3	23715	7905
7	31620	5270	16020	2670	32	100805	33601.7	19805	6601.7
8	60620	20206.7	30620	10206.7	33	41800	10450	21800	5450
9	64144	16036	13244	3311	34	30965	6193	18344	3668.8
10	56221	11244.2	44290	8858	35	30355	7588.8	13355	3338.8
11	60250	20083.3	15650	5216.7	36	15250	2541.7	8250	1375
12	26919	8973	15319	5106.3	37	45550	7591.7	30120	5020
13	74435	14887	21935	4387	38	465329	93065.8	63329	12665.8
14	22445	7481.7	8945	2236.3	39	30365	10121.7	9065	3021.7
15	11030	5515	11030	5515	40	61385	20461.7	40185	13395
16	18363	9181.5	13015	6507.5	41	48525	16175	20525	6841.7
17	49895	12473.8	28895	7223.8	42	41875	8375	21275	4255
18	67885	13577	21685	4337	43	48865	12216.3	15665	3916.3
19	43062	10765.5	21132	5283	44	116739	29184.8	66739	16684.8
20	40715	8143	24715	4943	45	61435	15358.8	50435	12608.8
21	140060	28012	28790	5758	46	74787	18696.8	25517	6379.3
22	76000	19000	26000	6500	47	48740	12185	23740	5935
23	61175	20391.7	34175	11391.7	48	30025	7506.3	17225	4306.3
24	104991	20998.2	38573	7714.6	49	26120	13060	21120	10560
25	59254	14813.5	29254	7313.5	50	38871	9717.8	14871	3717.8

表 14-36（b） 良乡一村调查户人均消费结构状况

人均消费支出	5000 元及以下	5001—10000	10001—15000	15001—20000	20000 元以上
农户数（户）	4	20	12	5	9
比重（%）	8.0	40.0	24.0	10.0	18.0
人均生活消费	3000 元及以下	3001—5000	5001—8000	8001—10000	10000 元以上
农户数（户）	5	15	19	2	9
比重（%）	10.0	30.0	38.0	4.0	18.0

表 14 – 37（a）　　　良乡一村（国情）调查户生活消费结构情况

（单位：元）

序号	生活消费总额	食品	衣着	居住	交通通信	医疗保健	家用设备	文教娱乐	服务消费	其他商品
1	64884	27184	5000	22400	3500	2300	2900	1000	400	200
2	16385	3105	400	2520	360	10000	—	—	—	—
3	18770	7770	2000	2000	300	4000	2000	200	200	300
4	44120	10000	2000	5600	2000	13000	1000	10000	120	400
5	3120	2000	200	420	200	100	—	50	100	50
6	12040	5460	1000	2400	600	1280	—	950	300	50
7	16020	6380	600	4600	3500	450	—	100	300	90
8	30620	14220	3000	3900	4000	2000	1000	1000	1000	500
9	13244	7294	1000	2260	800	1000	500	100	200	90
10	44290	15820	2000	2920	1500	20000	—	1500	300	250
11	15650	7390	2000	3270	2000	300	—	240	200	250
12	15319	9124	1000	2320	2000	225	—	400	200	50
13	21935	12120	3000	2660	2400	375	—	800	400	180
14	8945	4700	700	2300	400	225	—	500	—	120
15	11030	7580	600	1550	440	200	200	50	50	360
16	13015	9115	800	1850	300	100	—	300	300	250
17	28895	15060	2000	5300	4700	725	—	960	100	50
18	21685	9100	2000	1400	400	775	7000	960	—	50
19	21132	7652	1000	9130	1000	1000	500	—	500	350
20	24715	7980	3000	4760	3000	4375	—	1000	500	100
21	28790	18540	3000	1600	2100	1000	500	1500	500	50
22	26000	15860	1000	3000	1200	240	3600	1000	—	100
23	34175	10775	1000	5500	8400	3100	500	3800	300	800
24	38573	26550	2000	7493	1460	1000	—	—	—	70
25	29254	16230	2000	3164	1500	500	700	4500	400	260

序号	生活消费总额	食品	衣着	居住	交通通信	医疗保健	家用设备	文教娱乐	服务消费	其他商品
26	24701	9566	3000	3100	1800	5375	—	960	800	100
27	11836	6246	200	2690	300	2000	—	—	150	250
28	22360	15710	1200	2800	1300	450	—	800	—	100
29	18500	9150	800	3500	700	4000	—	100	200	50
30	12395	7310	1000	1900	1500	225	—	200	200	60
31	23715	11090	1800	2330	1360	225	5500	1000	200	210
32	19805	8930	1000	5400	2000	1225	—	900	300	50
33	21800	7600	4000	7600	1200	800	—	—	500	100
34	18344	13000	1000	2200	1560	500	—	—	—	84
35	13355	5020	1000	3600	1200	1225	960	—	300	50
36	8250	5200	300	1400	600	450	—	200	—	100
37	30120	10690	2000	3030	2000	12000	—	—	150	250
38	63329	24695	3000	19800	8000	200	1000	5084	500	1050
39	9065	4030	1500	1720	1000	225	—	300	200	90
40	40185	7645	6000	5040	1500	1000	6100	12200	400	300
41	20525	11024	2000	3340	3000	241	—	500	300	120
42	21275	7980	3000	6520	1000	2375	—	—	300	100
43	15665	8905	500	2840	1000	300	—	2000	—	120
44	66739	28055	4000	12580	11600	700	4100	5084	500	120
45	50435	8375	1000	1710	1000	10000	—	28300	—	50
46	25517	14307	4000	3430	1000	500	300	1200	200	580
47	23740	6300	2000	2100	3000	1200	300	8800	—	40
48	17225	10775	1500	1910	700	1000	500	500	300	40
49	21120	13770	400	2900	3000	1000	—	—	—	50
50	14871	8161	2000	2000	200	1000	600	500	180	230

表 14 – 37（b）　　　良乡一村调查户消费结构状况

户均消费构成	食品	衣着	居住	交通	医疗	设备	文教	服务	其他
消费额（元）	10811	1810	4288	1992	2330	7952	1991	241	92
比重（%）	44.4	7.43	17.61	8.18	9.57	3.27	8.18	0.99	0.37

表 14 - 38（a） 良乡一村（国情）调查户人均生活消费结构情况

（单位：元）

序号	人均生活消费	食品	衣着	居住	交通通信	医疗保健	家用设备	文教娱乐	服务消费	其他商品
1	7209.3	3020.4	555.6	2511	388.9	255.6	322.2	111.1	44.4	—
2	2340.7	443.6	57.1	360	51.4	1428.6	—	—	—	—
3	6256.7	2590	666.7	766.7	100	1333.3	666.7	66.7	66.7	—
4	8824	2000	400	1180	400	2600	200	2000	24	20
5	3120	2000	200	470	200	100	—	50	100	—
6	2408	1092	200	490	120	256	—	190	60	—
7	2670	1063.3	100	781.7	583.3	75	—	16.7	50	—
8	10206.7	4740	1000	1333	1333	666.7	333.3	333.3	333.3	133.3
9	3311	1823.5	250	587.5	200	250	125	25	50	—
10	8858	3164	400	594	300	4000	—	300	60	40
11	5216.7	2463.3	666.7	1090	666.7	100	—	80	66.7	66.7
12	5106.3	3041	333.3	790	666.7	75	—	133.3	66.7	—
13	4387	2424	600	568	480	75	—	160	80	—
14	2236.3	1175	175	605	100	56.3	—	125	—	—
15	5515	3790	300	805	220	100	100	25	25	150
16	6507.5	4557.5	400	950	150	50	—	150	150	100
17	7223.8	3765	500	1338	1175	181.3	—	240	25	—
18	4337	1820	400	290	80	155	1400	192	—	—
19	5283	1913	250	2295	250	250	125	—	125	75
20	4943	1596	600	972	600	875	—	200	100	—
21	5758	3708	600	330	420	200	100	300	100	—
22	6500	3965	250	775	300	60	900	250	—	—
23	11391.7	3591.7	333.3	1900	2800	1033.3	166.7	1266.7	100	200
24	7714.6	5310	400	1513	292	200	—	—	—	—
25	7313.5	4057.5	500	806	375	125	175	1125	100	50
26	4940.2	1913.2	600	645	360	1075	187	—	160	—
27	5918	3123	100	1370	150	1000	—	—	75	100
28	3726.7	2618.3	200	483.4	216.7	75	—	133.3	—	—
29	3083.3	1525	133.3	591.6	116.7	666.7	—	16.7	33.3	—
30	4131.7	2436.7	333.3	653.3	500	75	—	66.7	66.7	—

续表

序号	人均生活消费	食品	衣着	居住	交通通信	医疗保健	家用设备	文教娱乐	服务消费	其他商品
31	7905	3696.7	600	846.7	453.3	75	1833.3	333.3	66.7	—
32	6601.7	2976.7	333.3	1817	666.7	408.3	—	300	100	—
33	5450	1900	1000	1925	300	200	—	—	125	—
34	3668.8	2600	200	456.8	312	100	—	—	—	—
35	3338.8	1255	250	912.5	300	306.3	240	—	75	—
36	1375	866.7	50	250	100	75	—	33.3	—	—
37	5020	1781.7	333.3	513.3	333.3	2000	—	—	25	33.3
38	12665.8	4939	600	3990	1600	40	200	1016.8	100	180
39	3021.7	1343.3	500	603.3	333.3	75	—	100	66.7	—
40	13395	2548.3	200	1747	500	333.3	2033.3	4066.7	133.3	33.3
41	6841.7	3674.7	666.6	1153	1000	80.3	—	166.7	100	—
42	4255	1596	600	1324	200	475	—	—	60	—
43	3916.3	2226.3	125	740	250	75	—	500	—	—
44	16684.8	7013.8	1000	3175	2900	175	1025	1271	125	—
45	12608.8	2093.8	250	440	250	2500	—	7075	—	—
46	6379.3	3576.8	1000	877.5	250	125	75	300	50	125
47	5935	1575	500	535	750	300	75	2200	—	—
48	4306.3	2693.8	375	487.5	175	250	125	125	75	—
49	10560	6885	200	1475	1500	500	—	—	—	—
50	3717.8	2040.3	500	507.5	50	250	150	125	45	50

表 14 – 38 （b） 良乡一村调查户人均生活消费结构状况

人均生活消费	食品	衣着	居住	交通	医疗	设备	文教	服务	其他
消费额（元）	2760.26	415.75	1033.1	516.4	514.72	211.2	503.39	64.17	27.13
比重（%）	45.65	6.88	17.09	8.54	8.51	3.49	8.33	1.06	0.45

表 14 - 39（a）　良乡一村（国情）调查户食物结构状况　（单位：元）

序号	食品消费总额	谷物	豆类	蛋类	蔬菜	食油	烟酒	肉类	水果	其他
1	27184	2500	100	864	1500	2400	—	2500	2000	15320
2	3105	70	70	200	800	225	—	1300	200	240
3	7770	720	60	480	500	780	1800	1950	500	980
4	10000	1400	200	800	400	800	1400	1500	2000	1500
5	2000	400	—	100	400	100	—	250	150	600
6	5460	1000	60	400	500	500	1000	1200	600	200
7	6380	1000	120	300	100	120	2000	1400	900	440
8	14220	240	50	400	400	1000	4000	4680	400	3050
9	7294	1000	300	400	360	1600	720	2400	160	354
10	15820	2000	300	560	2160	1000	—	4400	1080	4320
11	7390	240	120	152	1000	1200	3000	1000	400	278
12	9124	1440	160	400	1000	1000	300	3000	1200	624
13	12120	1300	90	120	150	1800	200	4000	800	3660
14	4700	1000	100	350	400	400	500	1200	500	250
15	7580	660	150	400	150	2080	1500	1300	300	1040
16	9115	3000	75	240	1200	1000	—	2200	300	1100
17	15060	400	160	800	800	800	4000	4000	1000	3100
18	9100	1320	600	200	300	1000	2520	2600	400	160
19	7652	1878	50	216	400	1200	—	1680	200	2028
20	7980	600	60	120	500	600	1000	1500	500	3100
21	18540	2500	30	600	500	2700	—	3600	500	8110
22	15860	2200	60	480	400	2000	1000	2800	120	6800
23	10775	2200	30	270	150	600	2000	675	800	4050
24	26550	1420	360	700	480	1400	12160	2430	200	7400
25	16230	1680	30	450	360	1200	2160	2200	1000	7150

序号	食品消费总额	谷物	豆类	蛋类	蔬菜	食油	烟酒	肉类	水果	其他
26	9566	880	96	240	800	700	—	2000	800	4050
27	6246	1150	60	240	1440	1200	100	1680	360	16
28	15710	2000	100	480	1000	1600	5000	3300	400	1830
29	9150	1400	200	180	250	1000	2000	2200	180	1740
30	7310	1200	160	320	800	400	200	3000	800	430
31	11090	1440	200	480	1000	1200	2000	3000	200	1570
32	8930	1100	30	400	1000	1000	—	2000	800	2600
33	7600	600	400	800	1000	1000	—	2000	1500	300
34	13000	750	200	400	300	650	6000	1300	200	3200
35	5020	600	120	400	800	1000	—	1000	300	800
36	5200	960	160	320	400	500	200	1200	500	960
37	10690	1140	110	720	720	2250	2700	1440	400	1210
38	24695	1680	60	540	300	2200	10000	4400	1500	4015
39	4030	400	240	260	200	900	100	1200	500	230
40	7645	1100	45	140	700	1400	—	600	300	3360
41	11024	1440	160	400	1000	1000	2000	3000	1200	824
42	7980	720	100	240	800	480	2000	2000	600	1040
43	8905	960	120	400	600	600	3500	1200	1000	525
44	28055	2650	115	600	700	2250	7200	4400	500	9640
45	8375	1725	100	100	1000	1300	2500	1000	400	250
46	14307	1864	120	400	1440	1440	2400	3520	1500	1623
47	6300	1100	40	120	500	400	—	2400	900	840
48	10775	1440	90	1200	500	1800	2500	2000	225	1020
49	13770	1500	70	1200	500	600	—	4000	800	5100
50	8161	1200	36	180	150	1300	2720	1100	400	1075

表 14 – 39（b）　　　良乡一村调查户食物结构状况

总消费构成	谷物	豆类	蛋类	蔬菜	食油	烟酒	肉类	水果	其他
消费额（元）	63167	6467	20762	32810	55676	94380	110705	32475	124102
比重（%）	11.69	1.2	3.84	6.07	10.30	17.46	20.48	6.0	22.96
户均消费构成	谷物	豆类	蛋类	蔬菜	食油	烟酒	肉类	水果	其他
消费额（元）	1263.3	129.3	415.24	656.2	1113.5	1887.6	2214.1	649.5	2482.04
比重（%）	11.69	1.2	3.84	6.07	10.30	17.46	20.48	6.0	22.96

表 14 – 40（a）　　良乡一村（国情）调查户人均食物结构状况

（单位：元）

序号	食品消费总额	谷物	豆类	蛋类	蔬菜	食油	烟酒	肉类	水果	其他
1	27184	277.8	11.1	96	166.7	266.7	—	277.8	222.2	1702.2
2	3105	100	10	28.6	24.3	32.1	—	185.7	28.6	34.3
3	7770	240	20	160	166.7	260	600	650	166.7	326.7
4	10000	280	40	160	80	160	280	300	400	300
5	2000	400	—	100	400	100		250	150	600
6	5460	200	12	80	100	100	200	240	120	40
7	6380	166.7	20	50	16.7	20	333.3	233.3	150	73.3
8	14220	80	16.7	133.3	133.3	333.3	1333	1560	133.3	1016.7
9	7294	250	75	100	90	400	180	600	40	88.5
10	15820	400	60	112	432	200	—	880	216	864
11	7390	80	40	50.7	333.3	400	1000	333.3	133.3	92.7
12	9124	480	53.3	133.3	333.3	333.3	100	1000	400	208
13	12120	260	18	24	30	360	40	800	160	732
14	4700	250	25	87.5	100	100	125	300	125	62.5
15	7580	330	75	200	75	1040	750	650	150	520
16	9115	1500	37.5	120	600	500	—	1100	150	550
17	15060	100	40	200	200	200	1000	1000	250	775
18	9100	264	120	40	60	200	504	520	80	32
19	7652	469.5	12.5	54	100	300	—	420	50	507
20	7980	120	12	24	100	120	200	300	100	620
21	18540	500	6	120	100	540	—	720	100	1622
22	15860	550	15	120	100	500	250	450	30	1700
23	10775	733.3	10	90	50	200	666.7	225	266.7	1350
24	26550	284	72	140	96	280	2432	486	40	1480
25	16230	420	7.5	112.5	90	300	540	550	250	1787.5

续表

序号	食品消费总额	谷物	豆类	蛋类	蔬菜	食油	烟酒	肉类	水果	其他
26	9566	176	19.2	128	160	140	—	400	160	810
27	6246	575	30	120	720	600	50	840	180	8
28	15710	333.3	16.7	80	166.7	266.7	833.3	550	66.7	305
29	9150	233.3	33.3	30	416.7	166.7	333.3	366.7	30	290
30	7310	400	53.3	106.7	133.3	133.3	66.7	1000	266.7	143.3
31	11090	480	33.3	160	333.3	400	1000	666.7	66.7	523.3
32	8930	366.6	10	133.3	333.3	333.3	—	666.7	266.7	866.7
33	7600	150	100	200	250	250	—	500	375	75
34	13000	150	40	80	60	130	1200	260	40	640
35	5020	150	30	100	200	250	—	250	125	200
36	5200	160	26.7	53.3	66.7	83.3	33.3	200	83.3	160
37	10690	190	18.3	120	120	375	450	240	66.7	201.7
38	24695	336	12	108	60	440	2000	880	300	803
39	4030	133.3	80	86.7	66.7	300	33.3	400	166.7	76.7
40	7645	366.7	15	46.7	233.3	466.7	—	200	100	1120
41	11024	480	53.3	133.3	333.3	333.3	666.6	1000	400	274.7
42	7980	144	20	48	160	96	400	400	120	208
43	8905	240	30	100	150	150	875	300	250	131.3
44	28055	662.5	28.8	150	175	562.5	1800	1100	125	2410
45	8375	431.3	25	25	250	325	625	250	100	62.5
46	14307	466	30	100	360	360	600	880	375	405.8
47	6300	275	10	30	125	100	—	600	225	210
48	10775	360	22.5	300	125	450	625	500	56.3	255
49	13770	750	35	600	250	300	—	2000	400	2550
50	8161	300	9	45	37.5	325	680	275	100	268.8

表14-40（b）　　良乡一村调查户人均食物结构状况

人均消费构成	谷物	豆类	蛋类	蔬菜	食油	烟酒	肉类	水果	其他
消费额（元）	340.9	31.8	112.4	185.6	291.6	456.1	575.1	163.1	603.7
比重（%）	12.35	1.15	4.07	6.72	10.56	16.52	20.83	5.93	21.87

14-41（a）良乡一村（国情）调查户人均收入与支出情况

（单位：元）

序号	人均收入	人均支出	人均纯收入	人均生活消费	序号	人均收入	人均支出	人均纯收入	人均生活消费
1	13482.2	9000.4	12802.2	7209.3	21	17787.5	7540.2	10186	4940.2
2	16120	3718.4	15170.9	2340.7	22	12850	8418	2760	5918
3	9720	8723.3	7253.3	6256.7	23	64800	6893.3	5593.3	3726.7
4	18472	9224	18472	8824	24	27500	5833.3	16213.3	3083.3
5	7040	3720	7040	3120	25	11000	6131.6	18260	4131.7
6	9376	3208	9376	2408	26	13333.3	13238.3	18010	7905
7	16260	5270	9260	2670	27	20000	33601.7	37260	6601.7
8	16960	20206.7	13833.3	10206.7	28	15860	10450	10260	5450
9	15000	16036	11095	3311	29	13110	6193	5763.8	3668.8
10	11760	11244.2	18983.8	8858	30	5160	7588.8	16825	3338.8
11	23833.3	20083.3	27292.2	5216.7	31	46926.6	2541.7	11840	1375
12	20070	8973	13593.3	5106.3	32	17360	7591.7	15855	5020
13	21370	14887	12860	4387	33	26510	93065.8	45920	12665.8
14	42260	7481.7	18445	2236.3	34	22680	10121.7	3046.7	3021.7
15	16926.7	5515	8780	5515	35	44770	20461.7	20726.7	13395
16	22860	9181.5	8471	6507.5	36	18660	16175	24933.3	6841.7
17	21445	12473.8	41020	7223.8	37	13635	8375	14642	4255
18	8780	13577	10020	4337	38	19860	12216.3	13510	3916.3
19	11145	10765.5	8152.5	5283	39	35808	29184.8	5860	16684.8
20	51560	8143	16860	4943	40	18135	15358.8	11020	12608.8

续表

序号	人均收入	人均支出	人均纯收入	人均生活消费	序号	人均收入	人均支出	人均纯收入	人均生活消费
41	16000	28012	16136	5758	46	20568.3	18696.8	14432.5	6379.3
42	26950	19000	8135	6500	47	25992	12185	10260	5935
43	15460	20391.7	11901.7	11391.7	48	15820	7506.3	4435	4306.3
44	19156	20998.2	12908.4	7714.6	49	12186	13060	15260	10560
45	23780	14813.5	8320	7313.5	50	5260	9717.8	28020	3717.8

表 14－41（b） 良乡一村调调查农户人均收支结构状况

人均纯收入	5000 元及以下	5001—10000 元	10001—15000 元	15001—20000 元	20000 元以上
农户数（户）	3	12	16	12	7
比重（%）	6.0	24.0	32.0	24.0	14.0
人均生活消费	3000 元及以下	3001—5000 元	5001—8000 元	8001—10000 元	10000 元以上
农户数（户）	5	15	19	2	9
比重（%）	10.0	30.0	38.0	4.0	18.0
人均收入	5000 元及以下	5001—10000 元	10001—15000 元	15001—20000 元	20000 元以上
农户数（户）	—	6	10	16	18
比重（%）	—	12.0	20.0	32.0	36.0
人均消费支出	5000 元及以下	5001—10000 元	10001—15000 元	15001—20000 元	20000 元以上
农户数（户）	4	20	12	5	9
比重（%）	8.0	40.0	24.0	10.0	18.0

表14-42（a） 良乡一村（国情）调查户家庭债务状况 （单位：元）

序号	债务总额	欠集体	欠亲友	欠银行	序号	债务总额	欠集体	欠亲友	欠银行
1	500000	—	500000	—	26	—	—	—	—
2	20000	—	20000	—	27	—	—	—	—
3	—	—	—	—	28	—	—	—	—
4	220000	—	—	220000	29	—	—	—	—
5	—	—	—	—	30	—	—	—	—
6	—	—	—	—	31	—	—	—	—
7	40000	—	40000	—	32	50000	—	—	50000
8	—	—	—	—	33	40000	—	40000	—
9	10000	—	10000	—	34	60000	—	60000	—
10	—	—	—	—	35	40000	—	40000	—
11	50000	—	—	50000	36	—	—	—	—
12	380000	—	60000	320000	37	—	—	—	—
13	240000	—	—	240000	38	50000	—	—	50000
14	—	—	—	—	39	—	—	—	—
15	—	—	—	—	40	—	—	—	—
16	30000	—	30000	—	41	—	—	—	—
17	—	—	—	—	42	—	—	—	—
18	—	—	—	—	43	18000	—	18000	—
19	—	—	—	—	44	360000	—	—	360000
20	—	—	—	—	45	13000	—	13000	—
21	150000	—	—	150000	46	—	—	—	—
22	—	—	—	—	47	40000	—	40000	—
23	—	—	—	—	48	8000	—	8000	—
24	—	—	—	—	49	—	—	—	—
25	—	—	—	—	50	10000	—	10000	—

表14-42（b） 良乡一村调查户债务规模与结构状况

	债务总额			银行贷款			亲友借款		
	总额度	单最高	单最低	额度	最高	最低	额度	最高	最低
债务额（元）	2329000	500000	8000	1440000	360000	50000	889000	500000	8000
比重（%）	—	—	—	61.83	—	—	38.17	—	—

表 14 –43 （a）　　良乡一村（国情）调查户借款、贷款用途状况

（单位：元）

序号	上学	看病	盖房	经营	其他	序号	上学	看病	盖房	经营	其他
1	—	—	—	√	—	26	—	—	—	—	—
2	—	√	—	—	—	27	—	—	—	—	—
3	—	—	—	—	—	28	—	—	—	—	—
4	—	—	√	—	—	29	—	—	—	—	—
5	—	—	—	—	—	30	—	—	—	—	—
6	—	—	—	—	—	31	—	—	—	—	—
7	—	√	—	—	—	32	—	—	—	√	—
8	—	—	—	—	—	33	—	—	—	√	—
9	—	—	—	√	√	34	—	—	—	√	—
10	—	—	—	—	—	35	—	—	√	—	—
11	—	—	—	√	—	36	—	—	—	—	—
12	—	—	√	—	—	37	—	—	—	—	—
13	—	—	√	—	—	38	—	—	—	√	—
14	—	—	—	—	—	39	—	—	—	—	—
15	—	—	—	—	—	40	—	—	—	—	—
16	—	—	√	—	—	41	—	—	—	—	—
17	—	—	—	—	—	42	—	—	—	—	—
18	—	—	—	—	—	43	—	—	√	—	—
19	—	—	—	—	—	44	—	—	√	—	—
20	—	—	—	—	—	45	—	—	√	—	—
21	—	—	√	—	—	46	—	—	—	—	—
22	—	—	—	—	—	47	—	—	√	—	—
23	—	—	—	—	—	48	—	—	√	—	—
24	—	—	—	—	—	49	—	—	—	—	—
25	—	—	—	—	—	50	—	—	—	√	—

表 14 –43 （b）　　良乡一村调查户借款、贷款主要用途状况

	合计	上学	看病	盖房	经营	其他
农户数（户）	21	—	2	11	8	—
比重（%）	42.0	—	9.52	52.38	38.10	—
调查户贷款额（元）	2329000	—	60000	1499000	770000	—
户均贷款额（元）	46580	—	1200	299980	15400	—
人均贷款额（元）	11197.1	—	288.46	7206.73	3701.92	—

表 14－44（a）　　良乡一村（国情）调查户医疗与社会保障情况（一）

（单位：元）

序号	年医疗费	慢性病人	五年大病	合作医疗	社保人数	序号	年医疗费	慢性病人	五年大病	合作医疗	社保人数
1	2000	—	—	4	2	26	5000	1	—	5	5
2	1000	1	1	2	2	27	2000	2	—	2	2
3	4000	2		3	3	28	180	—	—	6	2
4	13000	1	1	5	2	29	4000	1	—	3	2
5	500	—	—	1	1	30	300	—	—	3	1
6	1000	1	1	4	3	31	350	—	—	3	2
7	1500	1	1	6	2	32	1000	—	—	3	2
8	3000	—		3	—	33	500	—	—	4	—
9	1000	—		2	2	34	500	—	—	2	2
10	30000	2	1	5	2	35	1000	—	1	4	2
11	200	—	1	3	2	36	300	1	1	6	2
12	800	1	1	3	2	37	12000	2	2	6	1
13	300	—	—	5	3	38	200	—	—	5	2
14	4000	1	1	3	2	39	4000	1	1	3	—
15	200	—		2	2	40	1000	—	—	3	1
16	100	1		3	2	41	4500	—	—	3	2
17	500	—		3	2	42	2000	—	—	5	2
18	4000	—	1	5	2	43	2000	—	—	4	2
19	1000	1	2	4	3	44	400	—	—	4	1
20	4600	—	1	5	2	45	10000	1	1	4	2
21	1000	1	—	3	2	46	500	—	—	4	2
22	300	—	1	2	2	47	1200	—	—	2	1
23	1000	—	1	2	2	48	100	1	—	4	2
24	1000	1	—	4	2	49	1000	—	1	2	2
25	500	—	—	4	3	50	1000	2	—	4	2

表 14－44（b）　　良乡一村调查户医疗与社会保障情况（一）

户均年医疗费	500 元以下	500—1000	1001—1500	1501—2000	2000 元以上		
频数（户）	12	19	2	4	13		
频率（%）	24.0	38.0	4.0	8.0	26.0		
参加新农合	参加	未参加	慢性病人	有	无	五年大病人	有	无
频数（户）	50	0	频数（户）	21	29	频数（户）	21	29
频率（%）	100.0	0.0	频率（%）	42.0	58.0	频率（%）	42.0	58.0

表 14-45（a）　　良乡一村（国情）调查户医疗与社会保障情况（二）

（单位：人、元）

序号	大病人数	大病类型	治疗地点	治疗费用	报销额度	序号	大病人数	大病类型	治疗地点	治疗费用	报销额度
1	—	—	—	—	—	26	—	—	—	—	—
2	1	心脏	5、6	120000	17000	27	—	—	—	—	—
3	1	糖尿	5	7851	1800	28	—	—	—	—	—
4	1	心脏	5	7500	3500	29	—	—	—	—	—
5	—	—	—	—	—	30	—	—	—	—	—
6	1	脑血	5	400	3000	31	—	—	—	—	—
7	1	白血	6	250000	17400	32	—	—	—	—	—
8	—	—	—	—	—	33	—	—	—	—	—
9	—	—	—	—	—	34	—	—	—	—	—
10	1	手术	5	4000	700	35	1	妇科	4	3000	800
11	1	事故	5	5000	—	36	1	脑瘫	6	30000	—
12	1	骨质	5	5000	—	37	2	瘤、膜	5、6	42000	16000
13	—	—	—	—	—	38	—	—	—	—	—
14	1	冠心	4	3000	2100	39	1	腺瘤	5	30000	
15	—	—	—	—	—	40	—	—	—	—	—
16	1	手伤	5	4000	2400	41	—	—	—	—	—
17	—	—	—	—	—	42	—	—	—	—	—
18	1	肠胃	6	23000	3000	43	—	—	—	—	—
19	2	肿瘤	6、5	19000	4500	44	—	—	—	—	—
20	1	良瘤	5	4700	3000	45	1	心脏	4、5	7300	4000
21	—	—	—	—	—	46	—	—	—	—	—
22	1	火伤	5	25000	—	47	—	—	—	—	—
23	1	胃病	5	30000	—	48	—	—	—	—	—
24	—	—	—	—	—	49	1	膝盖	5、6	10000	
25	—	—	—	—	—	50	—	—	—	—	—

表 14-45（b）　　良乡一村调查户医疗与社会保障情况（二）

（单位：人、元、%）

	人数	大病人类型				治疗地点			治疗费用	
		心脏病胃病	脑血栓脑瘫	癌症肿瘤	外伤其他	乡内	县内	县外	自费医疗	新农报销
数值	23	6	3	5	9	3	12	8	59155	79200
比重	—	26.09	13.04	21.74	39.13	13.04	52.18	34.78	87.4	12.57

表14-46（a）　良乡一村（国情）调查户子女上学情况

序号	在读子女	借钱上学	借款来源	是否辍学	辍学原因	序号	在读子女	借钱上学	借款来源	是否辍学	辍学原因
1	2	—	—	—	—	26	1	—	—	—	—
2	1	—	—	—	—	27	—	—	—	—	—
3	—	—	—	—	—	28	1	—	—	—	—
4	1	—	—	—	—	29	1	—	—	—	—
5	—	—	—	—	—	30	—	—	—	—	—
6	1	—	—	—	—	31	1	—	—	—	—
7	1	—	—	是	生病	32	—	—	—	—	—
8	1	—	—	—	—	33	1	—	—	—	—
9	—	—	—	是	困难	34	—	—	—	—	—
10	1	—	—	—	—	35	1	—	—	—	—
11	—	—	—	—	—	36	—	—	—	—	—
12	—	—	—	—	—	37	—	—	—	—	—
13	1	—	—	—	—	38	1	—	—	—	—
14	—	—	—	—	—	39	—	—	—	—	—
15	—	—	—	—	—	40	1	—	—	—	—
16	—	—	—	—	—	41	—	—	—	—	—
17	—	—	—	—	—	42	—	—	—	—	—
18	1	—	—	—	—	43	1	—	—	—	—
19	1	—	—	—	—	44	—	—	—	—	—
20	1	—	—	—	—	45	2	—	—	—	—
21	2	—	—	—	—	46	2	—	—	—	—
22	1	—	—	—	—	47	2	—	—	—	—
23	1	是	亲友	—	—	48	1	是	亲友	—	—
24	—	—	—	—	—	49	—	—	—	—	—
25	1	是	亲友	—	—	50	—	—	—	—	—

表14-46（b）　良乡一村调查户子女上学情况

是否有在校生	有	无	是否借钱读书	有	无	是否辍学	有	无
频数（户）	29	21	频数（户）	3	47	频数（户）	2	48
频率（%）	58.0	42.0	频率（%）	6.0	94.0	频率（%）	4.0	96.0

表 14 – 47 （a）　　良乡一村（国情）调查户书籍购买与报刊订阅情况

序号	报刊订阅	订阅支出	书籍购买	购买支出	书刊借阅	序号	报刊订阅	订阅支出	书籍购买	购买支出	书刊借阅
1	是	300	否	—	是	26	否	—	是	100	否
2	否	—	否	—	否	27	否	—	否	—	否
3	是	146	否	—	否	28	否	—	否	—	否
4	否	—	否	—	否	29	否	—	否	—	否
5	否	—	否	—	否	30	否	—	否	—	否
6	否	—	否	—	否	31	是	80	否	—	是
7	否	—	是	100	是	32	否	—	否	—	否
8	否	—	否	—	否	33	否	—	否	—	否
9	否	—	否	—	是	34	否	—	否	—	是
10	否	—	是	300	是	35	否	—	否	—	是
11	否	—	否	—	否	36	否	—	否	—	是
12	否	—	否	—	是	37	否	—	否	—	否
13	否	—	否	—	是	38	是	144	否	—	是
14	否	—	否	—	是	39	否	—	否	—	是
15	否	—	否	—	是	40	否	—	否	—	是
16	否	—	否	—	否	41	否	—	否	—	是
17	是	50	2	—	是	42	是	300	否	—	是
18	否	—	是	100	是	43	否	—	否	—	否
19	是	130	否	—	否	44	否	—	否	—	否
20	否	—	否	—	否	45	否	—	否	—	否
21	否	—	是	120	是	46	否	—	是	100	是
22	否	—	否	—	否	47	否	—	否	—	是
23	否	—	否	—	是	48	否	—	否	—	是
24	否	—	否	—	是	49	是	100	否	—	是
25	否	—	否	—	是	50	是	170	否	—	否

表 14 – 47 （b）　　良乡一村调查户书籍购买与报刊订阅情况

是否订阅报刊	有	无	是否购买书籍	有	无	是否借阅书刊	有	无
频数（户）	9	41	频数（户）	5	45	频数（户）	25	25
频率（%）	18.0	82.0	频率（%）	10.0	90.0	频率（%）	50.0	50.0

表 14 - 48（a）　良乡一村（国情）调查户政治及社会活动参与度

序号	是否参选	是否当选	选举理由				合作组织	序号	是否参选	是否当选	选举理由				合作组织
			1	3	4	5					1	3	4	5	
1	是	是	√	√	√	—	2	26	是	是	√	√	√	—	2
2	是	否	√	√	√	—	2	27	是	是	√	√	—	√	2
3	是	是	√	√	√	√	2	28	是	是	√	√	√	—	2
4	是	是	√	√	√	—	2	29	是	是	—	√	—	—	1
5	是	是	√	—	—	—	2	30	是	是	√	√	—	√	2
6	是	是	√	—	—	—	2	31	是	是	√	—	—	—	1
7	是	是	√	√	√	—	2	32	是	是	√	√	√	—	2
8	是	是	—	√	—	—	2	33	是	是	√	√	√	—	2
9	是	是	—	√	—	√	2	34	是	是	√	√	√	—	2
10	是	是	√	√	√	—	2	35	是	是	√	—	—	—	1
11	是	是	—	√	—	—	2	36	是	是	√	—	—	—	2
12	是	是	√	√	—	—	2	37	是	是	√	—	—	—	2
13	是	是	√	√	√	—	1	38	是	是	√	√	√	—	2
14	是	是	√	√	—	—	2	39	是	是	√	√	√	—	2
15	是	是	√	√	—	—	2	40	是	是	—	—	—	—	2
16	否	—	—	—	—	—	2	41	是	是	√	√	—	—	1
17	是	是	√	√	√	√	1	42	是	是	√	√	—	—	2
18	是	是	√	√	√	√	1	43	是	是	—	√	—	—	2
19	是	是	—	√	—	—	2	44	是	是	√	√	√	—	1
20	是	是	—	√	—	—	1	45	是	是	—	—	√	√	2
21	是	是	—	√	—	—	2	46	是	是	√	√	—	—	2
22	是	是	√	√	√	√	2	47	是	是	√	—	—	—	2
23	是	是	—	√	√	—	2	48	是	是	√	√	—	—	1
24	是	是	√	—	—	√	2	49	是	是	—	√	—	√	2
25	是	是	—	√	√	—	2	50	是	是	√	√	√	√	1

表 14 - 48（b）　良乡一村调查户政治及社会活动参与度

是否参选	是	否	是否当选	是	否	是否参与合作组织	是	否
频数（人）	49	1	频数（人）	48	1	频数（户）	13	37
频率（%）	98.0	2.0	频率（%）	97.9	2.1	频率（%）	26.0	74.0

选举理由	公正廉洁	带领致富	有威信	替民说话	无其他候选人
频数（人）	37	44	26	21	0
频率（%）	28.9	34.38	20.3	16.41	—

（二）村级数据

表 14－49（a）　　良乡一村（国情）全村 1982 年人口规模与性别结构状况

（单位：人）

序号	年份	人口	男性	女性	序号	年份	人口	男性	女性
1	1930—1939	29	14	15	38	1976	2	1	7
2	1940	7	5	2	39	1977	4	2	4
3	1941	6	3	3	40	1978	8	3	5
4	1942	4	1	3	41	1979	3	1	3
5	1943	6	3	3	42	1980	9	5	2
6	1944	8	5	3	43	1981	3	3	1
7	1945	4	1	3	44	1982	9	4	10
8	1946	8	4	4	45	1983	12	6	11
9	1947	6	2	4	46	1984	2	—	3
10	1948	4	1	3	47	1985	6	2	4
11	1949	7	3	4	48	1986	12	4	10
12	1950	1	—	1	49	1987	10	3	3
13	1951	4	2	2	50	1988	11	3	8
14	1952	9	5	4	51	1989	10	5	6
15	1953	5	3	2	52	1990	9	6	7
16	1954	11	7	4	53	1991	10	5	7
17	1955	7	2	5	54	1992	7	1	6
18	1956	12	5	7	55	1993	8	5	3
19	1957	14	10	4	56	1994	3	3	—
20	1958	9	4	5	57	1995	8	7	1
21	1959	3	—	3	58	1996	7	6	1
22	1960	5	3	2	59	1997	7	4	3
23	1961	3	2	1	60	1998	7	4	3
24	1962	13	3	10	61	1999	6	2	4
25	1963	18	7	11	62	2000	6	3	3
26	1964	9	6	3	63	2001	2	1	1
27	1965	10	6	4	64	2002	3	3	—
28	1966	13	3	10	65	2003	6	2	4
29	1967	10	7	3	66	2004	6	4	2
30	1968	14	6	8	67	2005	2	2	—
31	1969	13	7	6	68	2006	5	2	3
32	1970	10	3	7	69	2007	5	3	2
33	1971	14	7	7	70	2008	4	2	2
34	1972	6	4	2	71	2009	4	2	2
35	1973	9	5	2	72	2010	4	2	2
36	1974	4	3	4	73	2011	4	2	2
37	1975	5	3	5	74	2012	4	3	1

表 14-49（b1）　良乡一村全村1982 年人口年龄与性别结构状况

年龄结构	16 岁以下	16—25 岁	26—35 岁	36—45 岁	46—60 岁	60 岁以上
人口数（人）	75	83	68	87	141	94
比重（%）	13.69	15.15	12.41	15.86	25.73	17.16
性别比	100：99.83	100：99.95	100：176	100：109.8	100：113.64	100：114.6

性别结构	1930—1948		1949—1967		1968—1986		1987—2005		2006—2012	
人口（人）	82		163		145		128		30	
比重（%）	14.96		29.74		26.45		23.36		5.47	
性别	男性	女性	男性	女性	男性	女性	男性	女性	男性	女性
	39	43	78	85	69	76	69	59	16	14
比重（%）	47.56	52.44	47.85	52.15	47.59	52.41	53.91	46.09	53.33	46.67

表 14-49（b2）　良乡一村（国情）全村中学和大学在校学生性别结构状况

（单位：人）

1993—2000年出生	初中	高中	职高	女性高中生	1983—1993年出生	大学	女性大学生
	17	29	6	5		12	8

表 14-49（b3）　良乡一村（国情）全村劳力从业和60 岁及以上劳力状况

（单位：人）

1952—1995年出生	劳动力数	务农	女性务农	经商	打工	女性打工	1930—1952年出生	劳动力数
	309	166	76	33	110	53		26

表 14－50（a）　　良乡一村（国情）全村农户家庭住房情况

（单位：m²、间）

序号	人口	住房建筑面积 3×7.2×间	人均住房面积	房屋间数	序号	人口	住房建筑面积 3×7.2×间	人均住房面积	房屋间数
1	9	453.6	50.4	8＋10＋3	38	3	—	—	5＋6
2	4	129.6	32.4	6	39	3	86.4	28.8	4
3	6	172.8	28.8	8	40	3	86.4	28.8	4
4	5	151.2	30.2	7	41	3	194.4	64.8	4＋5
5	1	108	108	5	42	5	86.4	17.3	4
6	7	129.6	18.5	6	43	6	129.6	21.6	2＋4
7	6	108	18.0	5	44	4	194.4	48.6	4＋5
8	4	86.4	21.6	4	45	4	86.4	21.6	4
9	3	194.4	64.8	5＋4	46	6	172.8	28.8	3＋5
10	3	194.4	64.8	4＋5	47	4	194.4	48.6	4＋5
11	3	86.4	28.8	4	48	4	129.6	32.4	6
12	5	194.4	38.9	4＋5	49	3	86.4	28.8	4
13	5	172.8	34.6	8	50	4	172.8	43.2	8
14	3	194.4	64.8	3＋6	51	3	86.4	28.8	4
15	2	86.4	43.2	4	52	4	86.4	21.6	4
16	2	86.4	43.2	4	53	6	108	18.0	5
17	3	259.2	86.4	4＋8	54	3	86.4	28.8	4
18	5	194.4	38.9	4＋5	55	1	86.4	86.4	4
19	4	108	27.0	5	56	5	172.8	34.6	4＋4
20	5	108	21.6	5	57	1	86.4	86.4	4
21	5	108	21.6	5	58	5	86.4	17.3	4
22	4	86.4	21.6	4	59	4	86.4	21.6	4
23	4	—	—	5	60	5	194.4	38.9	9
24	5	86.4	17.3	4	61	4	151.2	37.8	7（2）
25	4	108	27.0	5	62	1	108	108.0	5
26	5	216	43.2	4＋6	63	4	259.2	64.8	7＋5
27	2	216	108	3＋7	64	2	172.8	86.4	8
28	6	—	—	4＋4＋8	65	4	86.4	21.6	4
29	3	108	36.0	5	66	4	172.8	43.2	8
30	3	86.4	28.8	4	67	3	86.4	28.8	4
31	3	129.6	43.2	6	68	7	280.8	41.1	5＋4＋4
32	3	172.8	57.6	4＋4	69	5	43.2	8.6	2
33	4	86.4	21.6	4	70	2	194.4	97.2	4＋5
34	2	172.8	86.4	8	71	4	—	—	—
35	5	108	21.6	5	72	4	172.8	43.2	4＋4
36	6	194.4	32.4	4＋5	73	2	—	—	—
37	6	216	36.0	5＋5	74	3	216	72.0	4＋（6）

续表

序号	人口	住房建筑面积 3×7.2×间	人均住房面积	房屋间数	序号	人口	住房建筑面积 3×7.2×间	人均住房面积	房屋间数
75	6	216	36.0	5+5	108	3	86.4	28.8	4
76	4	86.4	21.6	4	109	5	108	21.6	5
77	3	86.4	28.8	4	110	2	86.4	43.2	4
78	3	86.4	28.8	4	111	5	172.8	35.6	4+4
79	1	86.4	86.4	4	112	4	108	27.0	5
80	2	86.4	43.2	4	113	1	86.4	86.4	4
81	5	172.8	34.6	4+4	114	2	194.4	97.2	4+5
82	6	194.4	32.4	5+4	115	2	—	—	—
83	8	—	—	—	116	3	86.4	28.8	4
84	1	—	—	—	117	2	151.2	75.6	7
85	5	172.8	34.6	4+4	118	6	216	36.0	5+5
86	9	216.0	24.0	4+6	119	6	86.4	17.3	4
87	2	172.8	86.4	4+4	120	3	108	36.0	5
88	3	86.4	28.8	4	121	6	194.4	32.4	5+4
89	1	86.4	86.4	4	122	2	108	54.0	5
90	2	86.4	43.2	4	123	4	172.8	43.2	8
91	2	86.4	43.2	4	124	1	86.4	86.4	4
92	5	86.4	17.3	4	125	3	86.4	28.8	4
93	5	108	21.6	5	126	2	129.6	64.8	6
94	4	108	27.0	5	127	4	86.4	21.6	4
95	3	108	36.0	5	128	5	194.4	38.9	4+5
96	5	—	—	—	129	4	172.8	43.2	4+4
97	3	151.2	50.4	7	130	5	86.4	17.3	4
98	2	86.4	43.2	4	131	4	86.4	21.6	4
99	5	86.4	17.3	4	132	4	108	27.0	5
100	6	86.4	14.4	4	133	4	86.4	21.6	4
101	5	172.8	34.6	8	134	5	108	21.6	5
102	8	194.4	24.3	4+5	135	4	108	27.0	5
103	6	108	18.0	5	136	4	86.4	21.6	4
104	2	—	—	—	137	6	129.6	21.6	6
105	1	194.4	194.4	9	138	4	108	27.0	5
106	3	86.4	21.6	4	139	1	86.4	86.4	4
107	3	108	36.0	5	140	2	108	54.0	5

表 14-50（b）　　良乡一村全村人均住房面积状况

	10m² 以下	10—20m²	21—30m²	31—40m²	41—50m²	50m² 以上
农户数（户）	11	8	50	24	17	30
比例（%）	7.86	5.71	35.70	17.15	12.15	21.43

表 14－51 （a）　　良乡一村（国情）全村耕地面积状况　　（单位：亩）

序号	承包面积	调整面积		经营面积	序号	承包面积	调整面积		经营面积
		调入	调出				调入	调出	
1	15	—	7.5	7.5	39	7	4	—	11
2	6.8	—	—	6.8	40	5	—	—	5
3	4	—	—	4	41	6	3.5	—	9.5
4	8.5	—	8.5	—	42	7	7	—	14
5	1.7	—	1.7	—	43	8	7	—	15
6	4	—	4	—	44	12	28	—	40
7	10	—	—	10	45	8.5	—	—	8.5
8	7	51	—	58	46	7	23	—	30
9	5	5.1	—	10.1	47	8	—	—	8
10	7.2	—	—	7.2	48	7.3	—	—	7.3
11	10	26	—	36	49	3.4	—	3.4	—
12	5	5	—	10	50	7	8	—	15
13	9	12	—	21	51	8	—	8	—
14	4	—	—	4	52	8	—	8	—
15	3.2	—	3.2	—	53	8	—	2	6
16	4	—	—	4	54	1.3	—	1.3	—
17	5	—	—	5	55	8	—	—	8
18	8	5	—	13	56	13	—	13	—
19	6	—	—	6	57	8	1	—	9
20	9	1	—	10	58	15	—	—	15
21	6	4	—	10	59	5	—	5	—
22	6.8	16.2	—	23	60	13	—	—	13
23	8	—	—	8	61	7	—	4	3
24	7	31	—	38	62	1	—	1	0
25	7	3	—	10	63	7	—	—	7
26	7	—	—	7	64	3	—	—	3
27	3	—	—	3	65	5	1	—	6
28	12	—	—	12	66	8	1	—	9
29	6.75	—	—	6.75	67	3	1.5	—	4.5
30	5.5	—	—	5.5	68	5	—	—	5
31	6	39	—	45	69	1.5	—	1.5	—
32	7	13	—	20	70	8	2	—	10
33	6	12	—	18	71	3.5	—	3.5	—
34	3.2	—	—	3.2	72	8	7	—	15
35	7	8	—	15	73	7	—	7	—
36	10	—	—	10	74	5	—	5	—
37	10	—	—	10	75	3.5	—	—	3.5
38	80	50	—	130	76	8	—	—	8

续表

序号	承包面积	调整面积		经营面积	序号	承包面积	调整面积		经营面积
		调入	调出				调入	调出	
77	5	—	3	2	109	1.3	—	1.3	0
78	3.5	—	3.5	0	110	3	1	—	4
79	3	5	—	8	111	5	2	—	7
80	5	—	—	5	112	5	—	2	3
81	8	9	—	17	113	9	—	9	0
82	7	—	7	0	114	8	—	—	8
83	5	12	—	17	115	7	—	—	7
84	10	—	10	0	116	7	—	—	7
85	3	—	3	0	117	8	—	8	0
86	3.5	—	3.5	0	118	1.7	—	1.7	0
87	1.3	—	1.3	0	119	10	—	—	10
88	6.5	—	—	6.5	120	6	—	6	0
89	—	—	—	—	121	5	—	5	0
90	6.5	—	6.5	—	122	5	3	—	8
91	6.5	4	—	10.5	123	10	—	6	4
92	8	—	—	8	124	3.5	—	3.5	0
93	10	—	—	10	125	7	—	—	7
94	1.3	—	1.3	0	126	8	—	8	0
95	1.3	—	—	1.3	127	5	—	2	3
96	6	—	—	6	128	3	—	—	3
97	11	—	—	11	129	5	—	—	5
98	1.3	—	1.3	0	130	5	—	—	5
99	8	—	—	8	131	3	—	—	3
100	8	—	—	8	132	8	—	—	8
101	5	—	—	5	133	8	—	—	8
102	5	4	—	9	134	6.5	—	6.5	0
103	7	—	5	2	135	3.5	3.5	—	7
104	6.5	0.5	—	7	136	3	—	3	0
105	8	—	8	—	137	10	—	—	10
106	6	—	6	—	138	8	—	8	—
107	8	—	—	8	139	1.3	—	1.3	0
108	3.5	—	3.5	0	140	3.5	—	—	3.5

表 14-51（b）　　　良乡一村全村耕地面积状况

	经营面积	流动面积	流出面积	流入面积
数量（亩）	1145.15	641.1	221.8	419.3
户均（亩）	22.90	12.82	4.44	8.39
人均（亩）	2.12	1.19	1.07	2.02

表 14 – 52（a）　　良乡一村（国情）全村农户收入情况　　（单位：元）

序号	总收入	经营性	工资性	其他性	序号	总收入	经营性	工资性	其他性
1	121340	35000	75000	11340	36	140780	80000	60000	780
2	112840	27000	—	85840	37	34720	30000	—	4720
3	29160	25000	—	4160	38	106040	80000	25000	1040
4	92360	—	80000	12360	39	113400	80000	25000	8400
5	7040	—	—	7040	40	179080	75000	100000	4080
6	46880	10000	30000	6880	41	93300	68000	24000	1300
7	81300	—	70000	11300	42	54540	23500	30000	1040
8	84800	—	70000	14800	43	99300	65000	33000	1300
9	90000	20000	60000	10000	44	179040	148000	30000	1040
10	70560	20000	49000	1560	45	72540	57500	5000	10040
11	71500	70000	—	1500	46	61705	30035	30835	835
12	80280	55000	24000	1280	47	129960	98920	30000	1040
13	106850	34900	70000	1950	48	28600	10000	—	18600
14	126780	90000	36000	780	49	27000	27000	—	—
15	50780	20000	24000	6780	50	37840	30000	5000	2840
16	114300	75000	38000	1300	51	76600	48000	25000	3600
17	85780	25000	60000	780	52	39200	30000	—	9200
18	17560	—	—	17560	53	80000	80000	—	—
19	22290	11550	9600	1140	54	45200	13000	25000	7200
20	51560	50000	—	1560	55	170000	120000	50000	—
21	80000	30000	50000	—	56	53500	—	40000	13500
22	215600	200000	—	15600	57	130000	130000	—	—
23	77300	75000	—	2300	58	145200	—	120000	25200
24	172400	50000	120000	2400	59	12700	—	—	12700
25	71340	—	60000	11340	60	36900	—	—	36900
26	142300	40000	100000	2300	61	6400	—	—	6400
27	77100	10000	60000	7100	62	86040	25000	60000	1040
28	64800	—	—	64800	63	91300	30000	60000	1300
29	110000	80000	30000	—	64	48840	—	40000	8840
30	22000	12000	10000	—	65	105000	75000	30000	—
31	40000	25000	15000	—	66	90000	50000	40000	—
32	100000	100000	—	—	67	63280	60000	—	3280
33	31720	30000	—	1720	68	60930	20000	40000	930
34	52440	50000	—	2440	69	10520	10000	—	520
35	5160	—	—	5160	70	51560	25000	25000	1560

续表

序号	总收入	经营性	工资性	其他性	序号	总收入	经营性	工资性	其他性
71	110780	30000	80000	780	106	120000	60000	60000	—
72	60780	10000	50000	780	107	90000	60000	30000	—
73	64030	60000	—	4030	108	104940	—	90000	14940
74	115680	40000	70000	5680	109	40000	—	—	40000
75	8800	—	—	8800	110	131740	30000	100000	1740
76	7200	3000	—	4200	111	107200	—	100000	7200
77	104800	60000	40000	4800	112	90000	—	90000	—
78	122840	70000	50000	2840	113	80000	80000	—	—
79	6400	—	—	6400	114	138100	65000	70000	3100
80	100000	30000	70000	—	115	22200	—	—	22200
81	100000	75000	25000	—	116	93210	90000	—	3210
82	80000	20000	60000	—	117	86040	85000	—	1040
83	100000	100000	—	—	118	73440	62000	—	11440
84	106000	106000	—	—	119	54080	50000	3000	1080
85	100000	100000	—	—	120	107000	105440	—	1560
86	82640	70000	—	12640	121	65040	64000	—	1040
87	8240	—	—	8240	122	30540	29500	—	1040
88	91040	90000	—	1040	123	30520	30000	—	520
89	186780	150000	36000	780	124	136080	80000	55200	880
90	61040	60000	—	1040	125	102000	60000	30000	12000
91	36940	36420	—	520	126	91900	—	80000	11900
92	82300	45000	36000	1300	127	54400	12000	40000	2400
93	76040	25000	50000	1040	128	18200	12000	5000	1200
94	110560	40000	68000	2560	129	60000	60000	—	—
95	629600	600000	14900	14700	130	80000	20000	60000	—
96	29140	10000	18000	1140	131	25000	12000	13000	—
97	82880	66500	15600	780	132	200000	—	200000	—
98	100800	60000	40000	800	133	85000	25000	60000	—
99	19400	—	—	19400	134	230000	200000	30000	—
100	10340	—	—	10340	135	85000	65000	20000	—
101	60000	60000	—	—	136	38400	30000	—	8400
102	100000	70000	30000	—	137	121460	55000	60000	6460
103	80000	80000	—	—	138	70640	—	60000	10640
104	140800	100000	30000	10800	139	6360	—	—	6360
105	110680	70000	30000	10680	140	25520	25000	—	520

表 14 – 52 （b）　　良乡一村全村农户收入结构状况

总收入构成	经营性收入	工资性收入	财产性收入	转移性收入
收入额（元）	6693265	4163135	233700	577575
比重（％）	57.37	35.68	2.00	4.95

表 14 – 53（a）　　良乡一村（国情）全村人均收入情况　　（单位：元）

序号	人均收入	序号	人均收入	序号	人均收入	序号	人均收入
1	13482.2	36	46926.6	71	12210	106	30000
2	16120	37	17360	72	26250	107	22500
3	9720	38	26510	73	22500	108	20988
4	18472	39	22680	74	19280	109	20000
5	7040	40	44770	75	8800	110	21956.7
6	9376	41	18660	76	7200	111	26800
7	16260	42	13635	77	26200	112	30000
8	16960	43	19860	78	17548.6	113	26666.7
9	15000	44	35808	79	6400	114	23016.7
10	11760	45	18135	80	20000	115	11100
11	23833.3	46	20568.3	81	25000	116	18642
12	20070	47	25992	82	26666.7	117	21510
13	21370	48	15820	83	33333.3	118	18360
14	42260	49	12186	84	26500	119	13520
15	16926.7	50	5260	85	25000	120	26750
16	22860	51	8593.3	86	16528	121	16260
17	21445	52	18463.3	87	2060	122	7635
18	8780	53	20260	88	22760	123	15260
19	11145	54	21343.3	89	62260	124	34020
20	51560	55	9533.3	90	15260	125	25500
21	16000	56	13500	91	7388	126	18380
22	26950	57	7568	92	20575	127	18133.3
23	15460	58	19150	93	12673.3	128	9100
24	19156	59	19600	94	18426.7	129	30000
25	23780	60	40000	95	125920	130	26666.7
26	17787.5	61	9040	96	9713.3	131	12500
27	12850	62	34000	97	27626.7	132	40000
28	64800	63	13375	98	33600	133	17000
29	27500	64	43333	99	9700	134	76666.7
30	11000	65	24200	100	10340	135	42500
31	13333.3	66	6350	101	30000	136	19200
32	20000	67	12300	102	33333.3	137	20243.3
33	15860	68	6400	103	26666.7	138	17660
34	13110	69	21510	104	23466.6	139	6360
35	5160	70	18620	105	22136	140	12760

表 14 – 53（b）　　　　良乡一村全村人均收入情况

人均收入构成	15000 元以下	15001—20000 元	20001—25000 元	25001—30000 元	30000 元以上
农户数（户）	41	37	25	19	18
比重（%）	29.29	26.43	17.86	13.57	12.86

（三）乡镇数据

表 14 – 54 （a）　　里岔镇村级基本情况：人口与耕地

行政村	人口（人）	户数（户）	耕地（亩）	人均耕地	行政村	人口（人）	户数（户）	耕地（亩）	人均耕地
里　岔	1011	285	909	0.899	崔家庄	524	138	1200	2.29
河　北	1335	362	2100	1.573	槐树底	398	115	690	1.734
前　堂	664	196	850	1.28	董家村	315	100	672	2.133
后　堂	324	85	500	1.543	孙家庄	577	147	815	1.412
甘沟庄	858	230	1780	2.075	西大村	500	130	720	1.44
黄家岭	1150	310	2668	2.32	黄家阿洛	470	129	835	1.777
韩家庄	730	210	971	1.33	刘辛庄	643	171	1250	1.944
薛家庄	380	95	505	1.329	徐家乔村	658	184	1290	1.96
米家庄	468	140	707	1.511	王家乔村	716	190	1370	1.913
高木寨	774	211	1600	2.067	赵家乔村	830	220	1700	2.048
朱家屯	150	44	391	2.601	远家阿洛	388	110	900	2.32
刘　节	308	84	833	2.705	王家阿洛	248	70	560	2.258
横　沟	140	40	270	1.929	赵家阿洛	373	110	1200	3.217
陡岭前	94	32	290	3.085	贺家屯	83	23	250	3.012
林家庄	900	236	1970	2.189	杭埠岭	111	30	211	1.901
沙家庄	410	130	910	2.22	沙南庄	1114	320	2174	1.952
游家屯	350	92	510	1.457	高福庄	740	200	1100	1.486
郭家洼	580	160	1246	2.148	后良乡	1530	420	2843	1.858
胡家村	908	260	1860	2.048	良乡一村	546	158	756	1.385
南　楼	1118	320	2300	2.057	良乡二村	496	150	815	1.643
刘家小庄	433	132	870	2.009	良乡三村	478	142	782	1.636
谭家一村	557	157	1036	1.86	薛家河	190	57	189	0.995
谭家二村	555	150	900	1.622	前朱陈沟	1724	527	3638	2.11
谭家三村	677	196	1154	1.705	后朱陈沟	579	172	1360	2.349
谭家四村	470	140	840	1.787	墩　泊	536	165	1161	2.166
肖家村	775	220	1730	2.232	孙家洼	208	63	273	1.313
杨家庄	303	80	530	1.749	—	—	—	—	—

数据来源：山东青岛市里岔镇政府办公室统计数字资料计算。

表 14 – 54 （b）　　里岔镇村级基本情况：人口与耕地状况

人均耕地状况	1 亩以下	1.1—1.5 亩	1.51—2.0 亩	2.1—2.5 亩	2.5 亩以上
频数（村）	2	9	19	18	5
频率（%）	3.77	16.98	35.85	33.96	9.43

表 14 - 55 （a） 里岔镇村级基本情况：人均与集体收入状况

行政村	人均纯收入（元）	集体总收入（万元）	可支配收入（万元）	行政村	人均纯收入（元）	集体总收入（万元）	可支配收入（万元）
里　岔	14955	52	45.77	崔家庄	11585	12.42	2.42
河　北	15813	45	33	槐树底	10138	3.8	2.8
前　堂	11566	6	5	董家村	10994	3.5	2.5
后　堂	12571	6	6	孙家庄	12213	28.31	2.67
甘沟庄	7600	10.9	2.9	西大村	11627	8.6	2.8
黄家岭	10508	9	2	黄家阿洛	11202	18	2
韩家庄	12938	21	21	刘辛庄	8849	3.26	2.26
薛家庄	11321	6.46	2.46	徐家乔村	12800	11.7	8
米家庄	10790	2.46	2.46	王家乔村	12500	53.45	34.45
高木寨	9500	8	2	赵家乔村	11346	5.56	2.56
朱家屯	11447	3	3	远家阿洛	12325	3.24	2.24
刘　节	11189	2.06	2.06	王家阿洛	11665	4.42	1.92
横　沟	13200	2.51	2.51	赵家阿洛	13340	2.2	2.2
陡岭前	11904	2.8	2.8	贺家屯	11610	2.98	2.98
林家庄	12139	7.8	2.8	杭埠岭	10185	2.69	2.69
沙家庄	11280	2.25	2.25	沙南庄	11202	3.69	2.29
游家屯	12667	3.66	2.66	高福庄	14500	4	2
郭家洼	12644	7.56	2.56	后良乡	14523	14	13
胡家村	12852	9.98	2.98	良乡一村	12639	14.76	4.76
南　楼	13750	5.4	3	良乡二村	12378	13.7	4.7
刘家小庄	12418	2.84	2.84	良乡三村	12573	7.6	1.67
谭家一村	13413	12.5	12.5	薛家河	12500	3.52	2.52
谭家二村	12924	3.4	2.4	前朱陈沟	13131	18	14
谭家三村	12350	16.61	16.61	后朱陈沟	13350	3.6	2.6
谭家四村	12300	12.01	12.01	墩　泊	13964	2.25	2.25
肖家村	12211	19.97	18.42	孙家洼	11850	3	2.8
杨家庄	10452	4.58	4.58	—	—	—	—

数据来源：山东青岛市里岔镇政府办公室统计数字资料计算。

表 14 - 55 （b） 里岔镇村级基本情况：人均与集体收入状况

人均纯收入	10000 元以下	10001—11500 元	11501—13000 元	13001—14500 元	14500 元以上
频数（村）	3	13	26	8	3
频率（%）	5.66	24.5	49.06	15.09	5.66
集体总收入	5 万以下	5 万—10 万	10.1 万—15 万	15.1 万—20 万	20 万以上
频数（村）	40	3	4	2	4
频率（%）	75.47	5.66	7.55	3.77	7.55

表 14 – 56 （a）　里岔镇张应社区基本情况：人口与耕地

行政村	户数（户）	农用（亩）	耕地（亩）	人均耕地	行政村	户数（户）	农用（亩）	耕地（亩）	人均耕地
大朱戈	760	3578	3425	1.283	后河崖	145	600	600	1.282
大河流	670	4334	4087	1.77	洋河崖	208	974	930	1.388
王子山	82	663	663	2.24	臧家庄	220	1313	1268	1.686
王家兰	70	690	690	2.794	河流孟	80	538	427	1.642
朱戈刘	402	3000	2500	1.641	前　芦	98	700	120	0.449
闫家屯	60	680	680	3.022	后　芦	69	729	95	0.48
东　杭	168	1050	1000	1.613	前官庄	77	480	468	1.958
西　杭	156	898	890	1.595	宋家庄	130	770	210	0.575
大草泊	236	2160	1970	2.585	东　沟	200	1420	1190	1.763
小草泊	152	1500	1500	2.994	西　沟	230	2250	1980	2.516
西官庄	222	1900	1900	2.568	高山沟	220	1480	1430	1.919
梁家屯	200	1850	1720	2.556	辛　屯	83	668	363	1.278
史家屯	150	1300	1300	2.6	河流史	200	1250	1100	1.549
赵家岭	150	1400	1300	2.68	河流董	185	1410	1320	2.182
周小庄	206	1715	1655	2.348	白庙子	218	1550	1300	1.852
东张应	460	2820	1950	1.309	大埠头	202	1233	1093	1.631
西张应	190	1210	1140	2.36	小埠头	78	510	450	1.8
赵家庄	149	690	600	1.268	大孟慈	370	3432	3100	2.623
曲家庄	36	380	380	3.14	于家村	155	768	744	1.473
院　后	201	960	860	1.348	染房庄	106	1100	742	1.948
寺　西	120	520	520	1.436	陡岭后	164	1510	1210	2.283
寺　前	188	1200	1100	1.93	石崖子	236	1900	1400	1.795
集南头	80	430	380	1.545	高家庄	121	903	834	2.034
前河崖	332	2050	2050	1.952	龙王庙	187	1022	920	1.357

数据来源：山东青岛市里岔镇政府办公室统计数字资料计算。

表 14 – 56 （b）　里岔镇张应社区基本情况：人口与耕地状况

人均耕地状况	1 亩以下	1.1—1.5 亩	1.51—2.0 亩	2.1—2.5 亩	2.5 亩以上
频数（村）	3	10	18	6	11
频率（%）	6.3	20.83	37.5	12.5	22.92

表 14－57（a）　里岔镇张应社区基本情况：劳动力与人均纯收入状况

行政村	人均纯收入（元）	人口（人）	劳动力（人）	户均劳力	行政村	人均纯收入（元）	人口（人）	劳动力（人）	户均劳力
大朱戈	12240	2670	1632	2.147	后河崖	12970	468	286	1.972
大河流	12456	2309	1268	1.893	洋河崖	12149	670	378	1.817
王子山	7297	296	186	2.268	臧家庄	12593	752	470	2.136
王家兰	7287	247	150	2.142	河流孟	12577	260	150	1.875
朱戈刘	12760	1523	906	2.253	前　芦	8801	267	156	1.592
闫家屯	7333	225	124	2.067	后　芦	7980	198	110	1.594
东　杭	12000	620	280	1.667	前官庄	7054	239	130	1.688
西　杭	12007	558	340	2.179	宋家庄	12000	365	205	1.577
大草泊	12283	762	454	1.924	东　沟	13230	675	378	1.89
小草泊	12036	501	284	1.868	西　沟	12149	787	466	2.026
西官庄	12068	740	430	1.937	高山沟	11651	745	398	1.809
梁家屯	12125	673	400	2	辛　屯	12359	284	154	1.855
史家屯	12100	500	300	2	河流史	12070	710	350	1.75
赵家岭	12124	485	295	1.967	河流董	12099	605	370	2
周小庄	11915	705	478	2.32	白庙子	12051	702	425	1.949
东张应	12718	1490	810	1.761	大埠头	12134	670	335	1.658
西张应	12133	483	280	1.474	小埠头	12240	250	147	1.885
赵家庄	12156	473	182	1.221	大孟慈	12132	1182	689	1.862
曲家庄	12066	121	61	1.694	于家村	12079	505	363	2.342
院　后	12116	638	380	1.891	染房庄	12073	381	145	1.368
寺　西	12569	362	248	2.067	陡岭后	12132	530	320	1.951
寺　前	12018	570	320	1.702	石崖子	12026	780	400	1.695
集南头	12358	246	148	1.85	高家庄	12073	410	240	1.983
前河崖	12354	1050	623	1.935	龙王庙	12139	678	415	2.219

数据来源：山东青岛市里岔镇政府办公室统计数字资料计算。

表 14－57（b）　里岔镇村级基本情况：人口与耕地状况

（单位：个、%）

人均纯收入	1 万元以下	1 万—1.21 万元	1.211 万—1.23 万元	1.23 万元以上
频数（村）	6	17	14	11
频率（%）	12.5	35.42	29.17	22.92
户均劳动力	1 人以下	1.5—1.8 人	1.81—2.0 人	2 人以上
频数（村）	3	11	22	12
频率（%）	6.25	22.92	45.83	25.0